江苏省高校哲学社会科学研究重点项目"企业盈余下行风险对宏观经济的预测价值及作用机制研究"（编号：2018SJZDI088）

江苏省社会科学基金一般项目"基于深度学习的企业非财务信息预测江苏经济走势研究"（编号：18EYB010）

基于深度学习的文本数据预测
宏观经济走势研究

杨七中　著

中国财经出版传媒集团

经济科学出版社

Economic Science Press

图书在版编目（CIP）数据

基于深度学习的文本数据预测宏观经济走势研究/
杨七中著．－－北京：经济科学出版社，2022.10
ISBN 978－7－5218－4130－5

Ⅰ.①基… Ⅱ.①杨… Ⅲ.①宏观经济形势－经济预
测－研究 Ⅳ.①F015

中国版本图书馆 CIP 数据核字（2022）第 194488 号

责任编辑：刘　莎
责任校对：王肖楠
责任印制：邱　天

基于深度学习的文本数据预测宏观经济走势研究

杨七中　著

经济科学出版社出版、发行　新华书店经销
社址：北京市海淀区阜成路甲 28 号　邮编：100142
总编部电话：010－88191217　发行部电话：010－88191522
网址：www.esp.com.cn
电子邮箱：esp@ esp.com.cn
天猫网店：经济科学出版社旗舰店
网址：http：//jjkxcbs.tmall.com
固安华明印业有限公司印装
710×1000　16 开　18 印张　280000 字
2022 年 10 月第 1 版　2022 年 10 月第 1 次印刷
ISBN 978－7－5218－4130－5　定价：79.00 元

前　言

FOREWORD

　　预测宏观经济走势对于政府出台宏观经济调控政策和企业拟定经营决策具有十分重要的应用价值，一直以来都是学术研究的热点和难点。

　　首先，本书遵循刚刚兴起的微观数据预测宏观经济增长理论框架，探索了汇总会计盈余数据在预测宏观经济增长中的价值和作用机制，发现当经济处于常态运行时，微观企业汇总会计盈余具有预测宏观经济增长的信息增量，但在考虑会计数据的时滞性和低频度问题，特别是当下突发公共事件高发和经济不确定性日增的情形下，利用汇总会计盈余数据预测宏观经济走势容易失灵的局限性越发明显。

　　其次，本书着重研究新闻文本数据对宏观经济增长的预测作用：一是基于词袋模型构建的新闻文本情感指数基本能够同步反映宏观经济增长率的走势，但却无法提供超前预测能力，出现这种结果的可能原因是词袋模型需要依赖于金融经济专用词典，而词典中的积极或消极情感词语更可能是经济已经出现显著上行或下行时，才出现在新闻文本中。同时词袋模型无法反映不同词语之间的语义关联，而这些语义关联往往隐藏着重要的预测信息，因此词袋模型仅能同步反映宏观经济走势，却无法提前捕捉预测信息。二是采用"BERT + BiLSTM"双向深度学习模型，提取财经新闻文本的语义逻辑信息，构建财经新闻文本情感指数，结合混频数据模型更能够超前预测宏观经济走势。

　　最后，本书对宏观经济走势对微观企业决策的经济后果做进一步研究，如宏观经济走势是否影响企业的未来研发投入决策、金融化决策以及股价崩盘风险等。

相较于同类主题的书籍，本书至少在以下三个方面取得了进展：一是在预测方法方面，深度学习模型可以提取更多的文本语义逻辑信息，突破了词袋模型无法提取文本语义信息的瓶颈，提升了新闻情感的预测时效性；二是在预测频率方面，高频数据的新闻文本具有日日发生、时时发生的特点，突破了传统的统计数据、调查问卷和定期财务报告等低频数据的约束，可以做到提前预测、实时预测，这对于当下经济环境不确定性日益增加、经济形势日益严峻而言，能够实时掌握经济走势，及时出台动态经济调控政策，更具重要的实际意义；三是预测精度方面，融合结构化数值信息和非结构化文本信息将提高宏观经济预测的精度。

全书共分为九章：第一章是绪论；第二章是汇总企业会计盈余预测宏观经济走势；第三章是年报文本、内部控制与盈余管理抑制；第四章是基于多源数据的上市公司财务困境预警；第五章是基于词袋模型的新闻文本即时预测宏观经济走势；第六章是基于深度学习的新闻文本即时预测宏观经济走势；第七章是宏观经济走势、税盾效应与研发投入；第八章是宏观经济走势与企业金融化——基于全国和江苏的比较；第九章是企业金融化、债务结构与股价崩盘风险。

由于笔者能力有限，书中的内容不免会有欠妥甚至错误之处，诚恳地希望得到广大读者的意见和反馈。

作者
2022 年 6 月

目录
CONTENTS

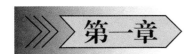

绪　　论

2019年习近平总书记在省部级主要领导干部开班式上指出"未雨绸缪，精准研判，妥善应对经济领域可能出现的重大风险"。2020年习近平总书记就"十四五"规划起草建议"防范化解各类风险隐患，……实现经济行稳致远、社会和谐安定"。2021年12月习近平总书记在中央经济工作会议上强调"各方面要积极推出有利于经济稳定的政策，政策发力适当靠前"。表明党和政府始终把防范经济风险、稳定经济增长作为重要任务，这必然要求采用新的视角和技术，加强信息接收、分析、评估、实时监测预测经济运行，前移决策焦点、及时消除隐患。

在实际工作和学术研究中，我们通常使用国内生产总值（GDP）来反映一国（或地区）的经济实力和经济增长走势，使用消费价格指数（CPI）和生产价格指数（PPI）等指标来反映通货膨胀状况，政策制定者和市场投资者若能越早越精确地获得相关数据，越容易使政府和企业更及时地做出决策预判，减少市场的不稳定性和投融资损失，有助于经济发展行稳致远。

学术界预测宏观经济走势先后经历了统计数据—问卷调查—汇总会计盈余—文本数据—大数据等几个阶段：

第一节 ▶ 统计数据阶段

统计部门核算 GDP 有三种方法，即生产法、收入法和支出法。三种方法从不同角度反映国民经济生产活动最终成果。生产法是从常住单位在生产过程中创造新增价值的角度，衡量核算期内生产活动最终成果的方法。即从生产过程中创造的货物和服务价值中，扣除生产过程中投入的中间货物和服务价值，得到增加值。将国民经济各行业生产法增加值相加，得到生产法国内生产总值。

核算公式： GDP = 总产出 − 中间投入

收入法是从常住单位在生产过程中形成收入角度来反映核算期内生产活动最终成果的方法。按照这种核算方法，增加值由劳动者报酬、生产税净额、固定资产折旧和营业盈余四部分相加得到。国民经济各行业收入法增加值之和等于收入法国内生产总值。

核算公式：GDP = 劳动者报酬 + 生产税净额 + 固定资产折旧 + 营业盈余

支出法是从货物和服务最终使用的角度，衡量所有常住单位核算期内生产活动最终成果的方法。包括最终消费支出、资本形成总额、货物和服务净出口三部分。

核算公式：GDP = 最终消费支出 + 资本形成总额 + 货物和服务净出口

理论上，通过三种不同方法核算的国内生产总值结果应当一致，但在实际操作过程中，由于资料来源不同，不同计算方法所得出的结果会出现差异，这种差异称为统计误差，统计误差在可接受的范围内允许存在。

不难发现，以上核算国内生产总值的三种方法均是由统计部门先在微观层面汇总常住单位的产值，然后再在宏观层面加总得到国家（或地区）的 GDP 数值。它们的优点是数据有根有据，基本能够反映经济运行的真实状况，对于调控宏观经济运行具有重要价值。但缺点是统计和核验数据需要较长时间和巨大成本，使得统计机关公布的 GDP 数据的频率仅限于年度、半年度、季度，因此这些方法就存在时滞性和低频度问题，在此基础上需要探索更具时效性和高频度的预测方法便成为学术研究的重要方向之一。

第二节　问卷调查阶段

不定期地开展经济走势问卷调查是弥补时滞性的方式之一。调查问卷通常是采访一些宏观经济学家、企业家或经济分析师关于未来宏观经济走势的主观判断，如预期看好、看坏、保持不变。业界最知名的调查问卷是由美国密歇根大学、费城联邦储备银行、世界经合组织和欧盟委员会共同发起的经济走势问卷调查（ETS），它常是用作设计世界经济景气指数、消费者信息指数、采购经理购买指数等众多经济指标的主要成分。国内知名的调查问卷有企业家信心指数、采购经理购买指数等。克莱沃亚（Claveria，2021）使用基于 19 个欧盟成员国的工业和消费者问卷调查，生成一个国家层面的信心指数，用来预测 GDP 增长率。问卷调查有如下优点：一是基于业内一线从业人士，信息源可靠；二是各行各业人员分布广泛，信息量翔实；三是问卷调查通常领先于官方数据公布，信息更及时。但问卷调查也存在一些缺点，虽然专家调查取自一手资料，有其权威性，但是也存在着主观性强、样本数量有限、采集成本较高、低频、时效性差等不足，长期以来较少使用在学术研究方面。

第三节　汇总会计盈余阶段

近年来，学界兴起基于微观汇总会计盈余预测宏观经济增长的理论框架（Konchitchki and Patatoukas，2014a，2014b），该理论框架的现实依据在于：

上市公司产值占据国民经济 GDP 很大的比重。例如中国上市公司协会发布数据显示，2021 年中国上市公司共实现营业总收入 64.97 万亿元，占全年 GDP 总额的 56.81%，上市公司汇总会计盈余占 GDP 比重逐年上升，因此汇总会计盈余和 GDP 两者具有显著的相关性，并且相较于统计数据获取成本较高来说，获取由各家上市公司自己定期公布的会计盈余数据的成本较低，因此基于该理论框架预测宏观经济增长具有一定的应用价值：一是预测 GDP 增长，用汇总会计盈余预测 GDP 增长（Konchitchki and Patatoukas，2014a；唐松等，2015；方军雄等，2015；罗宏等，2016；2020），将会计盈余作结构分解预测 GDP 增长（Konchitchki and Patatoukas，2014b；王化成等，2012；卿小权等，2017），用非经常性盈余预测 GDP 增长（Abdalla and Carabias，2017）；二是预测通货膨胀，用汇总会计盈余预测未来通货膨胀（Shivakumar，2007；Cready and Gurun，2010；Patatoukas，2014；罗宏等，2017；赵刚，2021），汇总未预期盈余预测未来通胀（Kothari et al.，2013）。

尽管汇总会计盈余数据取得成本较低，并且被证明在经济处于常态运行时，具有预测未来宏观经济走势的信息含量，但是会计盈余数据也面临以下约束和挑战：一是会计盈余数据容易受到人为操纵从而导致信息失真；二是覆盖面偏低，通常只有上市公司才有义务对外公布会计数据，而数量更多的中小企业的会计数据是不公开、无法获得的；三是会计盈余数据发布的频率较低，通常频率为"季度""半年度""年度"，存在一定的时滞性，特别是当遇到外界突发事件对宏观经济造成重大冲击时，会计数据将无法做到即时预测宏观经济的变动趋势，出现所谓的预测失灵。因此，思考和探索会计数据之外预测宏观经济的新数据源具有非常意义。

第四节 ▶ 文本数据阶段

预测宏观经济走势除了依赖"硬信息"之外，还需要借助"软信息"，前者包括客观和直接的量化指标，比如上文的生产和就业数据、会计盈余数据等。而后者包括主观和间接的质性指标，比如消费者信心调查问卷、宏观经济分析师预测等。这些指标已经被证明具有很好的经济预测能力（Souleles，2004），然而正如前文所述，"硬信息"存在以下两点"硬伤"：一是时效性问题，即硬信息是反映过去已经发生的事件，通常具有一定的时间落差，无法及时反映当下进行或即将发生的事件；二是常态性问题，即硬信息在经济处于常态运行周期时，预测比较准确，一旦经济受到外生突发事件冲击，传统线性预测模型的前提假设将不再成立，预测也不再准确。因此，需要寻找能够更客观而又及时反映不确定状态下经济运行的新的信息源。

而文本数据作为会计数据的前置驱动信息，具有更强的及时性、宽泛性、可解读性，含有会计数据之外的增量信息（Mayew，2015；Loughran and Mcdonald，2016；Bushee，2018）。但由于非财务文本信息难以量化，多用于定性方面解读，却很少用于实证量化研究，近年来随着计算机自然语言处理的发展，文本分析广泛应用于会计财务领域：

一、年报文本

上市公司年报中的管理层分析与讨论（MD&A）作为公司年报文本信息的重要载体，是向市场传递无法用会计数字量化的非财务信息重要渠道，其包含许多事关公司经营状况和未来发展的决策有用的增量信息，可以缓解投资者、分析师等外部信息使用者与公司之间的信息不对称程度（Bryan，1997；贺建刚，2013）。国外研究发现其与未来盈利水平、投资者行为、股票预期收益率甚至是管理层欺诈行为存在关联性，认为分析师盈余电话会议、10—K 年度报告和新闻媒体关注等文本信息是传递企业价值信息的重要方式，能够引发资产价格调整和资本市场显著反应（Price，2012；Chen，2014）。迷雾指数越高的公司（年报越难以读懂），其盈利水平越差，报告越易读懂，则小股东更愿意持股（Li，2008，2015）。

MD&A 和盈余电话会议语意越正向，则股票收益率越高、波动性越低（Kothari，2009），盈余电话会议中管理者特定语意与未来业绩正相关，即语意越正向，未来四个季度的资产报酬率越高（Davis，2015）。正向语意和负向语意与市场反应显著相关（Jegadeesh，2013），甚至可以预测管理层欺诈（Purda，2015）。国内会计与财务领域的文本分析研究处于刚刚兴起阶段，学者研究了年报语调与年报披露后的内部人交易行为之间的关系（曾庆生等，2018），年报文本的词频－逆向文档频率（TF-IDF）能提高财务困境预测的准确性（陈艺云等，2019），文本相似度较高的年报风险信息披露通过省去部分审计工作程序进而降低审计费用（王雄元等，2018），年报可读性越低，分析师关注水平、预测质量也越低（刘会芹等，2020），年报文本信息复杂性越高，资产误定价的可能性越大（贺康，2020），年报语调越积极越能显著降低非标准审计意见的出具概率（李世刚等，2020），然而也有学者发现较高年报可读性会减少企业的创新活动，这给出了过多的信息披露对创新不利的证据，信息披露是一把双刃剑（李春涛等，2020）。

然而目前较少有研究将年报文本应用于预测宏观经济增长，虽然年报文本与会计数据存在同样的时滞性和低频度问题，但是对其能否提高宏观经济预测的精度，仍然是值得深入探索的话题。

二、新闻文本

在当今新媒体数字化时代，新闻传播已经实现覆盖面广、速度快、频率高等特点。特别是在突发公共事件对宏观经济造成冲击时，财经新闻文本具有实时预测宏观经济的增量信息，对于构建我国宏观经济神经感知系统，推进数据作为生产要素的新发展机制，洞察宏观经济走势的内在驱力，厘清突发事件对宏观经济的冲击路径，研判不同经济主题的未来动向，更具有理论借鉴和决策预判价值。

近年来，新闻文本情绪分析开始应用于金融和经济研究，国外学者泰

洛克 (Tetlock, 2007)、卡西亚 (Carcia, 2013) 利用纽约时报金融专栏文章测量金融市场情绪;贝克尔、布鲁姆和戴维斯 (Baker, Bloom and Davis, 2016) 使用 10 年报纸文本计量经济政策的不确定性;夏皮罗和威尔森 (Shapiro and Wilson, 2019) 运用文本情绪分析联邦公开市场委员会会议内容来估计央行的目标函数;巴尔巴利亚 (Barbaglia, 2021a) 利用 26 家主流媒体共计 2 700 万条新闻文本,构建文本情绪预测欧洲五国的宏观经济走势,结果发现文本情绪指数可以显著地预测 GDP 增长,并且在控制传统宏观经济变量情况下,结论保持稳健,巴尔巴利亚 (2021b) 还提出了一种细粒度文本分析方法,基于美国六大主流报纸新闻文本,预测宏观经济走势,发现几个细粒度文本情绪与经济周期波动紧密吻合,并且四个主要宏观经济变量的显著预测指标,当把文本情绪指标纳入宏观经济因子模型时,能显著地提高模型预测能力;埃林森 (Ellingsen, 2021) 使用道琼斯新闻数据库的 2 000 万条新闻文本,预测美国的 GDP、消费和投资增长,新闻文本包含有传统结构数据之外的增量信息,对于预测消费增长特别具有信息含量。

国内学者游家兴 (2018) 以我国八家主流财经媒体的 20 万份新闻报道为样本,研究发现我国媒体在新闻报道时存在显著的地域偏见,龙文 (2019) 使用 LDA 方法对宏观财经新闻的话题进行提取,发现通过财经新闻话题分布来构建预测模型可以获得股票超额收益率,沈艳 (2021) 研究媒体报道在提高未成熟金融市场信息透明度中的作用。姜富伟 (2021a) 使用基于洛克伦和麦当纳 (Loughran and MacDonald) 构建中文金融情感词典,计算我国财经媒体文本情绪指标,发现媒体文本情绪可以更准确地衡量我国股市投资者情绪变化,对股票回报有显著的样本内和样本外预测能力,姜富伟 (2021b) 分析中国人民银行货币政策执行报告的文本情绪、文本相似度和文本可读性等多维文本信息,发现文本情绪的改善会引起显著为正的股票市场价格反应,货币政策报告文本情绪还与诸多宏观经济指标显著相关,林建浩 (2021) 利用央行沟通文本进行宏观经济预测,结果显示央行沟通测度有助于提升预测能力,表明沟通中少量的前瞻性指引具有持续的预测能力，验证非结构化文本大数据具有提升中国宏观经济实时预测能力，唐晓彬（2021）采用文本挖掘技术扩充关键词，结果发现对 CPI 具有更高的预测准确度和更充分的解释性。

综上可知，国内外有关新闻文本信息的研究方兴未艾，至少提供两点启示：一是新闻文本具有结构化数据以外的信息增量，具有预测价值；二是新闻文本应用于宏观经济预测的研究偏少，具有深入研究的意义。

三、大数据阶段

国外较早利用大数据进行经济预测研究，主要体现在：（1）数据多源。一是利用在线搜索指数、电商平台数据、夜间灯光、电力大数据、银行支付结算、手机信令等偏结构化数据预测商品价格波动、失业率变化、房地产市场、区域经济及宏观经济增长（Aakitas，2009；Simeon & Torsten，2011，2012；Creswell and Clark，2017；Adams，2021）；二是使用在线评论、电话会议、年报文本、新闻图片、卫星图像等"影、音、图、文"非结构化数据预测消费者信心指数、金融市场波动、宏观经济走势（Loughran，2011；Rönnqvist，2017；Tilly，2021；Mukherjee，2021；Obaid，2021）；三是采用新闻文本，构建财经新闻情感词典，标注文本情感指数，分析不同经济主题，预测 GDP 增长（Ardia，2019；Shapiro，2020；Consoli，2021）。（2）模型优化。随着研究的不断深入，易面临数据混频和高维困境，于是学者们对传统的 ARIMA 模型进行优化：一是解决大 T 带来的混频问题，使用桥接方程、混频抽样模型、混频向量自回归、带随机波动项的贝叶斯混频模型处理混频数据（Ghysels，2004，2006；Aruoba，2009；Schorfheide，2015；Carriero，2015）；二是解决大 N 带来的维度灾难问题，使用动态因子模型、混频动态因子模型、非线性动态因子模型来降维（Geweke，1977；Stock and Watson，1991；Mariano，2003；Barnett，2016；Forni，2018）；三是构建深度学习模型，早期深度学习多用于预测金融市场波动，近年通过构建深度学习动态因子模型预测宏观经济，如预测美国失业率、GDP（Cook and Hall，2017；Loermann，2019；Andreini，2020）。（3）时效提升。随着在线数据获取和模型改进，宏观经济的预测时效从年度、季度、月度精确到实时预测，如哈佛大学学者卡瓦罗（Cavallo，2016）的团队采集了70多个国家、300多个零售商的共500万种在线商品价格，建立通胀指数日发布系统，实时预测通货膨胀。

目前国内研究呈现愈加重视利用大数据预测宏观经济的趋势，可概括为两个方面：（1）理论体系建构和研究疆域拓展。俞立平（2013，2015）、徐晋（2014）、尹伯成（2017）、钟穗（2018）等学者利用大数据思想对一般均衡经济理论进行深化，提出了"大数据经济学"概念，建构大数据计量经济学、大数据统计学和大数据领域经济学系列新兴交叉学科体系。吴力波（2015，2021）基于大数据的宏观经济预测体系，针对劳动力市场、金融、商品价格、空污防治、海运和能源等领域开展研究，极大地拓展了大数据经济学预测研究的疆域。（2）数据类型和模型时效持续精进。一是挖掘新数据，包括采用经济不确定性指数（黄宁，2014；鲁晓东，2017）、夜间灯光数据（徐康宁，2015）、互联网搜索行为（刘涛雄，2015，2019；何强，2020）、线上消费价格和网络搜索价格指数（张虎，2020）预测宏观经济GDP和CPI，分析中国经济增长的真实性，发现央行货币政策报告文本有助于改善宏观经济和股票市场预测（姜富伟，2021；林建浩，2021），文本挖掘技术扩充关键词对CPI具有更高的预测准确度和更充分的解释性（唐晓彬，2021）；二是构建新模型，包括：（1）混频数据模型（刘金全，2010）、混频VAR模型（张劲帆，2018；周德才，2018）、混频DSGE模型（尚玉皇，2018）、混频时变FAVAR模型（刘金全，2019）、随机波动混频数据模型（尚玉皇＆郑挺国，2021），学者们发现混频数据模型比传统AR、OLS模型更能提升预测精度和时效（郑挺国，2013；高华川，2016；张伟，2020）；（2）混频数据结合动态因子模型，构建金融状况指数（肖强，2021），将我国季度GDP预测频率由"季度"提高到"日度"（王霞，2020，2021）；（3）基于深度学习LSTM&US模型，用微博大数据构建的经济不确定性指数与宏观经济发展趋势一致（何婧，2020），预测消费者信心指数（唐晓彬，2020），提高短期 GDP 预测能力（肖争艳，2020）。

国内外相关研究述评。综上所述，在预测宏观经济方面，国内外学者提供了丰硕的研究成果，值得学习和借鉴，但还存在以下研究节点：（1）结构化数据使用多，非结构化文本数据使用少，且多为年报文本，鲜见新闻文本。年报文本仅能衡量经济运行总体概况，而新闻文本却可深挖底层关键变量；（2）动态因子模型研究多，深度学习模型研究少。随着截面维度增多，特别是高维度文本数据纳入动态因子模型，会面临"高维、碎尾、噪声"等可扩展性难题，导致模型拟合效果虽好，但预测质量不佳，引入深度学习技术可应对这一挑战；（3）宏观调控和结构调整思路多，微观机制与增长风险评估研究少。中国经济高质量发展需要精准施策，刻绘影响宏观经济的微观机制及传导路径，及增长风险评估。

本书的学术价值和应用价值：一是相对于已有研究的独到学术价值：以财经新闻文本实时信息流构建宏观经济共同波动因子，挖掘经济运行底层关键解释变量，使得制定政策更具针对性，延伸了当前对宏观经济预测研究的广度；同时，构建深度学习混频动态因子模型对宏观经济预测质效进行评估和提升，在降维、多元、混频等方面优化传统非线性预测模型，使得参与预测的变量更加全面和精确，提升了当前宏观经济预测研究的深度。二是相对于已有研究的独到应用价值：从宏观经济角度来看，央行可以基于最新数据实时更新对当前经济状况及未来经济形势判断，进而制定出更具有时效性、精准度的宏观调控政策；从微观企业决策角度来看，企业能够更加明晰地认清当前经济形势，更加及时地调整投融资方案和发展战略等。无论是对国家的宏观调控还是对市场的微观决策都具有重要价值。

第二章

汇总企业会计盈余预测宏观经济走势

第一节 ▶▶ 引言

　　GDP 增长率和通货膨胀水平等宏观经济指标是政府进行宏观调控、企业投融资战略、个人投资规划的重要决策参考。因此，准确预测宏观经济变化发展趋势无论是对政府部门经济调控，还是微观企业经营决策均具有重要的实际意义。鉴于此，本书遵循刚刚兴起的"从微观数据到宏观预测"理论框架（Konchitchki and Patatoukas，2014a，2014b），实证检验汇总企业会计盈余对未来宏观经济 GDP 增长率和通货膨胀水平的信息含量和预测能力。具体来说，笔者以 2003～2018 年我国 A 股上市公司季度数据为样本，检验汇总会计盈余变化对未来 GDP 增长和通货膨胀水平的预测价值，并考察投资需求机制和消费需求机制对汇总会计盈余预测通货膨胀水平的影响。研究发现，汇总会计盈余变化是宏观经济的领先指标，与未来的宏观经济 GDP 和通货膨胀水平走势显著正相关，其中对 GDP 增长率和通货膨胀 PPI 指标至少有领先五个季度的预测能力，但是宏观经济分析师在预测未来宏观经济走势时，并没有考虑企业会计盈余信息。在分别经过更换代理变量、会计信息质量分组和制度变迁等系列稳健性检验之后，主要研究结论依然成立。本书的研究丰富了汇总会计盈余信息对宏观经济指标的预测价值研究，既为宏观经济预测提供微观数据支持，又为政府部门进行宏观调控、制定有效的经济政策提供落实路径。

第二节 ▶ 文献回顾与假设提出

预测宏观经济运行走势对于政府政策制定和企业决策实践至关重要，本书遵循刚刚兴起的"从微观数据到宏观预测"理论框架，以微观企业汇总会计盈余为切入点，研究其在宏观经济预测中的应用价值及作用机制，服务于经济政策制定和微观企业实践。

传统的会计文献通常聚焦于公司微观层面的研究，比如检验会计盈余或其他财务变量对资本市场的影响等。近年来，新兴起一股会计文献研究汇总企业会计盈余信息预测宏观经济的发展趋势：

一、国内外研究现状及趋势

（一）微观会计信息对宏观经济预测

前期有关宏微观两者关系，大多是研究宏观经济政策对微观企业的影响（姜国华等，2011；靳庆鲁等，2012；孔东民等，2013；钱雪松等，2015；黎文靖等，2016；饶品贵等，2016，2017）。近年兴起"从微观数据到宏观预测"理论框架，开始考察微观会计盈余对未来宏观经济增长和通货膨胀等指标预测作用：一是预测 GDP 增长，用汇总会计盈余预测 GDP 增长（Konchitchki and Patatoukas，2014a；唐松等，2015；方军雄等，2015；罗宏等，2016；2020），将会计盈余作结构分解预测 GDP 增长（Konchitchki and Patatoukas，2014b；王化成等，2012；卿小权等，

2017），用非经常性盈余预测 GDP 增长（Abdalla and Carabias，2017）；二是预测通货膨胀，用汇总会计盈余预测未来通货膨胀（Shivakumar，2007；Cready and Gurun，2010；Patatoukas，2014；罗宏等，2017；赵刚，2021），汇总未预期盈余预测未来通胀（Kothari et al.，2013），影响政府的货币政策（Gallo et al.，2016）；三是制度变迁、会计信息与宏观经济预测，发现国际财务报告准则增强了会计盈余的价值相关性（Barth et al.，2008；Horton and Serafeim，2010），提高了分析师的预测精度（Tan et al.，2011），国内新会计准则提高会计盈余预测 GDP 增长和通货膨胀的信息含量（唐松等，2015；张先治等，2015），政府治理、股权分置改革和法律环境改善提高会计盈余预测 GDP 和通货膨胀的能力（钱爱民等，2016；罗宏等，2017）。国内外这方面研究还是偏少，大多以经济平稳期为研究样本，较少考虑外生突发事件对宏观经济的冲击，研究视角相对单一，亟待深化和创新。

（二）微观会计信息对宏观经济预测的作用机制

目前分析微观会计信息对宏观经济预测作用机制的研究尚不多。一是投资（消费）需求机制，汇总会计盈余增长主要是通过引起未来的投资需求和商品服务价格增加，而不是消费需求和消费品价格改变，最终导致 GDP 改变和通货膨胀（Shivakumar and Uran，2017；罗宏等，2017）；二是资本市场机制，张先治（2013）认为，在投资者情绪的作用下，会计准则变革引发的企业财务行为的变化通过一种加速传导机制作用于资本市场和宏观经济，学者们发现投资者情绪引发资本市场波动和跨市场效应（徐浩萍等，2013；张宗新等，2013；李合龙等，2014；巴曙松，2016；宋献中等，2017）；三是劳动力市场机制，盈余增长离散程度能预测劳动力流动趋势和失业率变化，以及最终 GDP 重述（Nallareddy and Ogneva，2017），汇总会计盈余具有预测未来劳动力市场的信息含量，经常性盈余能够预测未来就业增加和减少（Hann and Li，2017）。国内外在微观会计信息对宏观经济的作用机制方面研究还刚起步，研究成果数量较少，这为

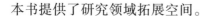

本书提供了研究领域拓展空间。

综观国内外研究现状，宏观经济对微观企业影响的研究形成了良好基础，微观会计信息对宏观经济作用的研究还处于起步阶段。两者直接关联的研究多，中间作用机制的研究少；会计盈余收益增长视角的研究多，会计盈余风险下行视角的研究少；采用规模性指标的量的研究多，挖掘结构性指标的质的研究少。本书遵循刚刚兴起的"从微观数据到宏观预测"理论框架，以汇总会计盈余作为切入点，研究微观企业的汇总会计盈余的预测宏观经济信息含量，通过何种成分、何种机制作用于宏观经济，多大程度上解释宏观经济分析师的分析偏误。特别考虑了新冠肺炎疫情对宏观经济的冲击，以及预测准确度的变化和如何改进，研究拓展了微观会计信息影响宏观经济的研究领域，为预测宏观经济提供了新的分析视角，服务于政府政策制定和企业决策实践。

二、汇总会计盈余预测宏观经济增长

汇总会计盈余所以能发挥对宏观经济增长的预测作用，其理论基础在于：（1）税后的汇总企业会计盈余是 GDP 的重要组成。其占比巨大且波动不断，比如 2020 年 A 股四千余家上市公司实现总营收 53.07 万亿元，占全国 2020 年 GDP（101.6 万亿元）的 52%，同比增长 2.53%，是近五年内增速最低的一年。因此，汇总会计盈余信息和宏观经济之间有着密切的关系，特别是在 2008 年全球金融危机期间，公司资产负债表的公允价值计量模式所引发的顺周期效应已经足以证明这一点，这对于政策制定者和学术研究者具有重要的启示。（2）会计盈余包含可以用来预测股票价格的信息。奥尔森（Olhson，1995）著名的剩余收益模型使用企业资产负债表和利润表的数据来计算股票价值，坎贝尔和希勒（Camp and Shiller，1988）认为实际盈利的长期均值能很好地预测未来的股息率，且该变量和当前价格的比值可以很好地预测未来的价格。希勒（Shiller，2000）认为，资产价格的异常波动是由于预期收益率的波动引起，其背后的根本原因是会计盈余受到冲击，并且汇总会计盈余一旦受到冲击，其叠加效应甚至会引发金融市场巨大的震荡。（3）会计盈余是经济活动的领先指标。尽管从计量时间看，会计盈余是对企业过去已完成交易和事项的反映，然而确定的会计盈余信息是企业进行新的投融资决策的参照基准，是降低未来盈余预测不确定性的重要依据，良好的会计盈余质量，可以降低企业未来融资成本。科塔里、卢埃林和沃纳（Kothari，Lewellen and Warner，2014）发现盈余信息披露后，可以预测未来五个季度的投资活动，而分析师对盈余预测越乐观，企业未来的投资额越高（Arif，2012）。克雷恩和马加特（Klein and Marguardt，2006）基于经济周期角度研究发现，当控制了会计稳健性和样本选择偏差后，公司会计盈余盈亏变动与宏观经济周期存在显著的相关性。孔奇茨和帕塔托卡斯（Konchitchki and Patatoukas，2014a）基于季度会计盈余数据发现，当控制当期 GDP 增长、汇率风险、市场利差等因素后，汇总会计盈余数据可以对未来四个季度的 GDP 增长发挥预测效应，基于上述分析，本书提出两个竞争性的研究假设 H1A 和 H1B：

H1A：企业汇总会计盈余信息能够预测未来宏观经济增长趋势。

H1B：企业汇总会计盈余信息不能预测未来宏观经济增长趋势。

如果假设 H1 得到支持，再加上资本市场是足够有效率的话，那么微观企业的会计盈余信息将受到宏观经济分析师们的注意，将被其用作进行宏观经济走势判断，作为提高其预测精准度的决策支持工具，并且能够消除其预测数据与真实数据之间的误差，即汇总会计盈余不显著影响分析师的预测误差。然而，在现实工作中，一方面是我国上市公司的会计信息质量还需要进一步提高，另外微观的会计信息琐碎繁杂，会增加宏观经济分析师的使用成本，分析师们更倾向于使用行业层面、市场层面和货币政策层面等中观数据。甚至还对会计数据心存偏见。例如，有分析师宣称："我们蔑视会计，我自己从来没有修过会计课程，我们还可以改造会计，当然我们应该学一点儿会计，尽管会计所传递的信息我们已经知晓。"

目前对于分析师是否考虑会计盈余信息，结论尚存分歧。孔奇茨和帕塔托卡斯（2014a）发现宏观分析师在作出经济预测时并不考虑会计盈余信息，席瓦库玛（Shivakumar，2017）也发现宏观分析在预测通货膨胀时，没有考虑会计盈余信息。方军雄（2015）则发现宏观分析师在经济预测时明显考虑了会计盈余信息，但是不同经验背景的分析师在利用会计盈余信息上存在显著差异。为了给上述分歧进一步提供佐证，我们有必要研究宏观分析师是否在经济预测时考虑会计盈余信息。本书提出两个竞争性的研究假设 H2A 和 H2B：

H2A：宏观分析师在进行经济预测时，会考虑会计盈余信息。

H2B：宏观分析师在进行经济预测时，不考虑会计盈余信息。

三、汇总会计盈余预测宏观经济通货膨胀

席瓦库玛（2007）发现汇总会计盈余与未来通货膨胀水平正相关，帕塔托卡斯（2014）发现汇总盈余的变动影响未来季度通货膨胀变动，席瓦库玛（2017）具体研究了汇总会计盈余影响通货膨胀的作用机制，发现主要是通过投资需求机制发挥作用，而消费需求机制的影响较弱。罗宏（2017）研究了我国企业汇总会计盈余对通货膨胀的影响，发现汇总会计盈余能有效预测未来通货膨胀水平，并且对于不同通货膨胀指标其预测能力存在差异，这种预测效应在强制制度变迁实施以后更为明显。赵刚（2021）基于省级层面数据研究了汇总会计盈余影响未来通货膨胀的投资需求机制和消费机制作用，发现部分通过投资需求机制实现。但不会通过消费需求机制实现。目前，汇总会计盈余对通货膨胀作用机制的研究仍然较少，本研究有助于丰富汇总会计盈余对宏观经济指标影响机理的研究，有利于为政府部门进行宏观调控，制定精准的经济政策提供决策参考。

（一）投资需求机制

我国通货膨胀的主要推动力来自投资需求，具体到微观企业层面，随着企业获利水平的增强，预示着企业的投资机会潜力巨大，过度自信的管理层会通过购买大宗商品来扩大投资规模。而此时随着企业盈利能力的提

高，会从银行那里更融入获得更优惠的贷款，企业更有资金进行扩大投资，从而带动了生成资料价格的普遍上涨。另外，根据部门转移理论，企业盈利水平提高和投资规模扩大，也会推动工人数量和工资水平上涨，从而影响产品的出厂价格。

特别是我国改革开放四十多年来，绝大部分时间都是靠投资需求来推动国民经济增长，其间经过数次由投资过热引发的通货膨胀现象，比如1992年前后的通货膨胀问题，以及2008年全球金融危机，我国推出"四万亿"投资刺激计划加以应对。投资过热除了通货膨胀还造成大量僵尸企业，资源闲置浪费，影响社会安定等危机。这也是党中央于2018年提出的"三去一降一补"，深化供给侧结构性改革政策的初衷，根本就是要改善投资需求机制质量。

综上所述，会计盈余的增长使得企业扩大了固定资产投资规模，而由于短期商品和服务的供给相对缺乏弹性，投资需求增加会导致市场上生产资料价格普遍上涨，外加上职工人数和工资水平的提高，内外因素共同推高了企业出厂产品与服务价格，容易引发未来通货膨胀发生。因此，提出如下假设H3：

H3：汇总会计盈余增长能够通过增加投资需求来影响未来通货膨胀水平。

（二）消费需求机制

消费需求对通货膨胀也会造成影响，消费者大量的购买活动会引发羊群效应，造成产品供不应求，商品价格会持续上涨，即消费需求机制。

企业盈余增长会让企业有更多的股利分配给投资者，更高的薪酬发放给职工，从而会刺激消费。布兰奇福劳（Blanchflower，1996）发现盈余的变化伴随着职工薪酬的变化，两者的弹性系数是0.08。胡永刚（2012）发现股票价格上升10%或下降10%时，城镇居民消费将平均增加1.05%或下降2.29%。同样地，盈余下滑也会降低投资者、雇员的收入，影响其消费需求，严重的经济下滑甚至会导致高的失业率，卿小权（2018）

研究发现汇总会计盈余与未来四个季度的失业率显著负相关，与净增就业人数呈显著正相关。因此，微观企业的盈余变化会影响个人财富从而影响个体消费需要的变化，在宏观上就会反映在消费品与价格上，进而影响未来通货膨胀。

但需要注意的是，我国企业所处的实际情况与西方不同：一是资本市场起步较晚，制度发展不完善，很多上市公司利用资本市场大肆进行圈钱，大股东随意侵害中小股东利益，并不定期发放股利，投机氛围浓厚（魏志华，2014）；二是筹资渠道有限，很多企业盈利后，并不用于提高职工薪酬，而是作为留存收益，供将来扩大投资所用；三是由于受到传统文化影响，我国居民储蓄意识强，而过度消费意愿不高，个人财富能否转换为购买力有待进一步研究。综上，本书提出两个竞争性的研究假设 H4A 和 H4B：

H4A：汇总会计盈余能够通过增加消费需求正向影响未来通货膨胀水平。

H4B：汇总会计盈余无法通过增加消费需求正向影响未来通货膨胀水平。

第三节 ▶ 数据来源和研究设计

一、数据来源

研究选择 GDP 增长率和通货膨胀水平作为被解释变量。借鉴孔奇茨（Konchitchki，2014a）等的研究，通货膨胀水平用生产者价格指数（PPI）和消费者价格指数（CPI）作代理变量，以固定资产投资价格指数（*Fix-Inv*）作为投资需求中介变量，以城镇居民人均消费支出（*Expdtr*）和城镇居民人均可支配收入（UPCDI）作为消费需求中介变量。宏观分析师 GDP 预测数据来源于北京大学国家发展研究院定期发布的朗润预测。样本期间为 2003 年第一季度到 2018 年第四季度，共 64 期。在具体计算时，对数据上下 1% 进行 Winsorize 处理，以避免异常值影响。本书数据来源于前瞻宏观数据库和 Wind 数据库。

二、研究设计

借鉴特塔里等（Kothari et al.，2013）、孔奇茨等（2014a，2014b）、罗宏等（2017）学者的研究，本书同时采用向量自回归模型（VAR）和最小二乘法（OLS）考察会计盈余是否具有宏观预测价值，即预测未来 GDP 增长和通货膨胀水平：

$$Z_{i,q+1} = AZ_{i,q} + \varepsilon_{i,q} \qquad (2-1)$$

模型（1）是向量自回归模型（VAR），VAR 模型常用于处理宏观经济中相互影响的变量之间可能存在的内生性问题，其中 Z 是向量，具体包括：（1）GDP、PPI、CPI 变量；（2）居民人均消费支出（$Expdtr$）和人均可支配收入（UPCDI）；（3）汇总会计盈余变化（AER）；（4）控制变量，包括一年期定期存款月度利率同比变化指标（IR）、十年期与一年期国债到期收益率之差的同比变化指标（TR）、广义货币供应量同比变化指标（$AM2$）、上证 300 指数季度同比变化指标（$SZ300$）。在进行 VAR 回归前，本书利用 ADF 单位根检验法对向量进行平稳性检验，发现模型满足平稳性条件，避免了伪回归现象。此外根据时间序列的 AIC-SC 信息准则确定最佳滞后阶数是 1 阶，在此基础上进行了 VAR（1）模型估计。

$$GDP_{i,q+k} = \alpha + \beta_1 AER_{i,q} + \beta_2 GDP_{i,q} + ControlVar + \varepsilon_{i,q} \qquad (2-2)$$

$$Forecast\ Error_{i,q+k} = \alpha + \beta_1 AER_{i,q} + \beta_2 GDP_{i,q} + ControlVar_{i,q} + \varepsilon_{i,q} \qquad (2-3)$$

模型（2）是用来检验假设 H1，其中的 GDP_{q+k} 表示 $q+k$ 季度的 GDP 同比增长率，$k=\{1,2,3,4\}$；AER_q 表示季度 q 的汇总会计盈余变化指标，首先将各公司季度营业利润除以季度营业收入，得到 $E_{i,q}$；其次各公司季度相比于上年同季度 $E_{i-1,q}$ 的变化额 $\Delta E_{i,q}$（$E_{i,q} - E_{i-1,q}$）；最后，以公司季度初的总市值为权数，对各公司季度 $\Delta E_{i,q}$ 进行加权平均，得到汇总盈余变化指标 AER_q，$ControlVar$ 表示控制变量，包括 IR、TR、$AM2$、$SZ300$，ε 是随机扰动项。

模型（3）是用来检验假设 H2，$Forecast\ Error$ 表示 $q+k$ 季度的实际 GDP 值与宏观经济分析师预测值之误差，如果 β_1 系数在某个预测季度显著不为零，则说明当期的汇总会计盈余对该季度的 GDP 预测误差指标具有预测作用，也即表明宏观经济分析未能吸收汇总会计盈余的信息含量。

$$Inflation_{i,q+k} = \alpha + \beta_1 AER_{i,q} + \beta_2 Inflation_{i,q} + ControlVar + \varepsilon_{i,q} \quad (2-4)$$

$$MediaVar_{i,q+1} = \alpha + \beta_1 AER_{i,q} + \beta_2 MediaVar_{i,q} + ControlVar + \varepsilon_{i,q} \quad (2-5)$$

$$Inflation_{i,q+k} = \alpha + \beta_1 AER_{i,q} + \beta_2 Inflation_{i,q} + \beta_3 MediaVar_{i,q} + ControlVar + \varepsilon_{i,q}$$

$$(2-6)$$

模型（4）~（6）是用来检验假设 H3 和 H4，$Inflation$ 表示生产者价格指数（PPI）或消费者价格指数（CPI）同比增长率。$MediaVar$ 表示宏观层面的投资需求与消费需求，投资需求用固定资产投资价格指数（$Fix-Inv$）代理，消费需求用城镇居民人均消费支出（$Expdtr$）和人均可支配收入（UPCDI）分别代理，控制变量同上。

第四节 ▶ 实证结果与分析

一、描述性统计与相关性分析

表 2-1 报告了主要变量的描述性统计分析，在 2003~2018 年，GDP 均值是 0.093，最小值是 0.062，最大值是 0.143，符合我国过去二十多年 GDP 实际增长情况。PPI 与 CPI 在均值和中位数上差别不大，但 PPI 的

标准差明显大于 CPI 的标准差，说明 PPI 在样本期间有较大的波动，与罗宏（2017）的数据基本一致。AER 的均值为 0.011，标准差为 0.055，最小值为 – 0.117，最大值为 0.149，与罗宏（2017）、卿小权（2017）研究基本一致。$FixInv$ 的均值是 0.002，$Expdtr$ 的均值是 0.079，比赵刚（2021）的 0.027 和 0.096 偏小，这可能是本书是国家层面数据，而赵刚（2021）使用的是省级层面数据。其他控制变量与前期学者研究基本一致。

表 2 – 1　　　　　　　　　　　主要变量的描述性统计

变量	N	均值	标准差	中位数	最小值	最大值
GDP_q	64	0.093	0.023	0.091	0.062	0.143
PPI_q	64	0.017	0.043	0.027	– 0.077	0.097
CPI_q	64	0.024	0.020	0.022	– 0.015	0.080
AER	64	0.011	0.055	0.008	– 0.117	0.149
$FixInv_q$	64	0.002	0.004	0.003	– 0.008	0.010
$Expdtr_q$	64	0.079	0.080	0.094	– 0.236	0.167
$UPCDI_q$	64	0.106	0.028	0.100	0.059	0.195
IR_q	64	0.091	0.369	0.094	– 0.674	0.991
TR_q	64	0.287	0.827	0.046	– 0.837	2.613
$AM2_q$	64	0.156	0.045	0.150	0.080	0.290
$SZ300_q$	64	0.102	0.481	– 0.043	– 0.642	1.840

二、实证结果与分析

（一）向量自回归分析

1. VAR 滞后阶数和单位根检验

图 2 – 1 是向量自回归滞后阶数检验，可见 AIC、HQIC 和 SBIC 三个指标都表明 VAR 模型最大滞后阶数取一阶滞后。

Selection-order criteria

Sample: 2003q1-2018q4　　　　　　　　　　Number pf obs　　=　　64

lag	LL	LR	df	p	FPE	AIC	HQIC	SBIC
0	−144.001				1.6e−08	4.75004	4.85636	5.0199
1	134.355	556.71	64	0.000	2.0e−11*	−1.94858	−0.991779*	0.48016*
2	195.784	122.86	64	0.000	2.4e−11	−1.86825	−0.060951	2.71938
3	247.961	104.36	64	0.001	4.4e−11	−1.4988	1.15899	5.24771
4	331.946	167.97*	64	0.000	4.0e−11	−2.12331*	1.38498	6.78209

图 2 −1　向量自回归的滞后阶数

图 2 − 2 是单位根稳定性检验表，可见系统中的所有变量都是稳定的，所有的根值都落在单位圆内，见图 2 − 3。

Eigenvalue stability condition

Eigencalue		Modulus
0.9218087		0.921809
0.7008375 +	0.4668774i	0.842109
0.7008375 −	0.4668774i	0.842109
0.8196645		0.819655
0.7114189 +	0.3792688i	0.806202
0.7114189 −	0.3792688i	0.806202
0.6577163		0.657716
0.5511862		0.551186
0.3137855 +	0.4287792i	0.531331
0.3137855 −	0.4287792i	0.531331
−0.1833558 +	0.2885696i	0.341894
−0.1833558 −	0.2885696i	0.341894
−0.2745824 +	0.07549552i	0.284772
−0.2745824 −	0.07549552i	0.284772
0.1512142 +	0.06611279i	0.165035
0.1512142 −	0.06611279i	0.165035

All the eigenvalues lie inside the unit circle.
VAR satisfies stability condition.

图 2 −2　单位根稳定性检验表

2. 脉冲效应检验

本部分研究汇总会计盈余对宏观经济变量的脉冲效应，具体是以汇总会计盈余为冲击变量，宏观经济 GDP、通货膨胀指标 PPI 和 CPI 等为响应变量，检验其是否对未来宏观经济变量具有显著影响及预期影响期数。

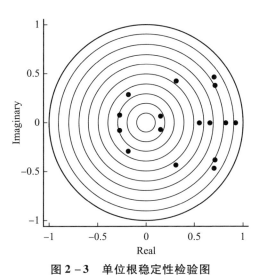

图 2 - 3　单位根稳定性检验图

　　图 2 - 4 报告了汇总会计盈余作为冲击变量，对作为响应变量的 GDP 增长率的脉冲效应。可以发现汇总会计盈余对未来 GDP 增长具有大约四个季度的脉冲影响，这为后面的实证研究提供了初步的证据。

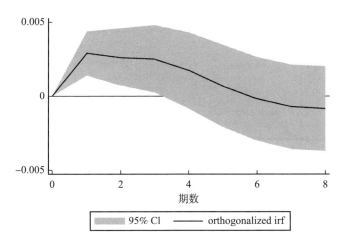

冲击变量：汇总会计盈余　响应变量：GDP增长率

图 2 - 4　汇总会计盈余对未来 GDP 增长率的脉冲效应

图 2-5 报告了汇总会计盈余作为冲击变量，对作为响应变量的通货膨胀 PPI 的脉冲效应。可以发现汇总会计盈余对未来通货膨胀 PPI 具有大约六个季度的脉冲影响，这为后面的实证研究提供了初步的证据。

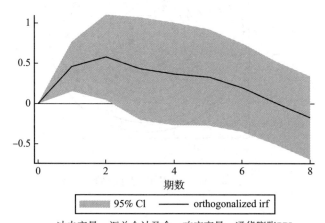

冲击变量：汇总会计盈余　响应变量：通货膨胀PPI

图 2-5　汇总会计盈余对通货膨胀 PPI 的脉冲效应

图 2-6 报告了汇总会计盈余作为冲击变量，对作为响应变量的通货膨胀 CPI 的脉冲效应。可以发现汇总会计盈余对未来通货膨胀 CPI 具有大约六个季度的脉冲影响，这为后面的实证研究提供了初步的证据。

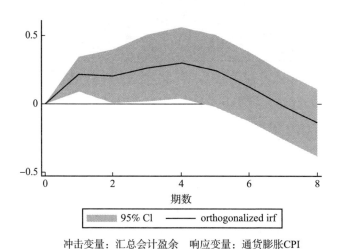

冲击变量：汇总会计盈余　响应变量：通货膨胀CPI

图 2-6　汇总会计盈余对通货膨胀 CPI 的脉冲效应

图2-7报告了汇总会计盈余作为冲击变量，对作为响应变量的固定资产投资价格指数的脉冲效应。可以发现汇总会计盈余对未来固定资产投资具有大约三个季度的脉冲影响，这为后面的汇总会计盈余可能以影响固定资产投资价格为中介变量，进而影响未来通货膨胀水平的实证研究提供了初步的证据。

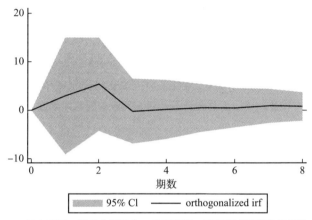

冲击变量：汇总会计盈余　响应变量：固定资产投资价格指数

图2-7　汇总会计盈余对固定资产投资的脉冲效应

图2-8和图2-9分别是汇总会计盈余作为冲击变量，对响应变量——城镇居民人均收入和城镇居民人均支出的脉冲效应，可见汇总会计盈余对这两个变量的影响期数较短、幅度较小，对城镇居民人均支出几乎没有发挥影响。这点与中国经济过去几十年大多是依赖投资和出口来驱动，而不是靠扩大内需驱动的发展路径基本相符，但是需要通过实证研究来做进一步检验。

（二）汇总会计盈余对宏观GDP的OLS回归分析

表2-2报告了季度汇总会计盈余变化对未来各季度GDP增长率的预测作用。模型1~模型6分别以q季度前推1、2、3、4、5和6期的GDP增长率作为被解释变量。本书发现，在控制当期GDP和相关控制变量情

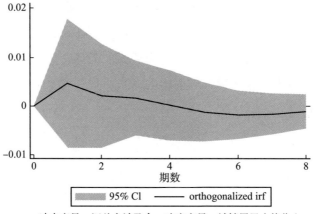

冲击变量：汇总会计盈余　响应变量：城镇居民人均收入

图 2 - 8　汇总会计盈余对人均收入的脉冲效应

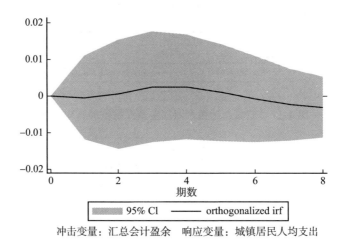

冲击变量：汇总会计盈余　响应变量：城镇居民人均支出

图 2 - 9　汇总会计盈余对人均支出的脉冲效应

况下，季度汇总会计盈余变化与 $q+5$ 期的季度 GDP 增长率均在 10% 显著
性水平上正相关，假设 H1A 得到支持。并且随着季度的前推，汇总会计
盈余对未来 GDP 增长率的显著性和解释力度呈现下降趋势（R^2 逐渐变
小），这与孔奇茨（Konchitchki，2014a）、方军雄（2015）等发现一致，
表明上市公司的会计盈余信息具有预测宏观经济增长趋势的"晴雨表"

功能，并且随着国家出台一系列举措来不断加强上市公司信息质量，会计盈余必将能更好地发挥影响宏观经济的决策价值，更好地服务于财政税收、人口就业等经济决策。

表 2 - 2　　　　汇总会计盈余对宏观经济 GDP 增长率预测回归结果

变量	模型 1	模型 2	模型 3	模型 4	模型 5	模型 6
	$GDP_{i,q+1}$	$GDP_{i,q+2}$	$GDP_{i,q+3}$	$GDP_{i,q+4}$	$GDP_{i,q+5}$	$GDP_{i,q+6}$
$AER_{i,q}$	0.065 *** (2.72)	0.082 *** (2.91)	0.105 *** (2.96)	0.100 ** (2.44)	0.054 * (2.00)	0.042 (1.30)
$GDP_{i,q}$	0.894 *** (13.49)	0.846 *** (9.72)	0.856 *** (8.06)	0.930 *** (9.11)	1.011 *** (12.09)	1.039 *** (12.27)
$Constant$	0.000 (0.11)	0.000 (0.01)	0.000 (0.14)	0.000 (0.12)	− 0.002 (− 0.36)	− 0.003 (− 0.49)
$ControlVar$	Yes	Yes	Yes	Yes	Yes	Yes
N	63	62	61	60	59	58
R^2	0.909	0.818	0.752	0.734	0.715	0.701
F 值	127.69	56.51	39.96	39.74	43.51	38.07

注：＊、＊＊和＊＊＊分别表示在 10%、5% 和 1% 的显著性水平上显著，下同。

表 2 - 2 的结果表明企业汇总会计盈余具有宏观经济预测价值，那么企业外部资本市场上的宏观分析师是否在进行经济预测时会考虑微观会计盈余信息呢？在表 2 - 3 的模型 1 ~ 模型 4 中，AER 的系数显著为正，这表明汇总会计盈余对于宏观分析师的预测误差具有解释力，也就意味着宏观分析师在进行经济预测时并没有考虑会计盈余信息，这与方军雄（2015）的研究并不一致，但与席瓦库玛（2017）的研究比较一致，假设 H2B 得到支持。本书认为，这比较符合国内的实际情况，通过阅读分析师报告容易发现，可能由于我国宏观分析师由于专业背景、分析成本、研究视角不同，他们更关注国家宏观和行业等政策效应，较少关注微观企业信息，反言之这说明，如果关注微观企业盈余信息，将有助于提高宏观分析师的预测精度。

表 2 – 3　　　　　　　　　　汇总会计盈余与宏观分析师经济预测

变量	模型 1	模型 2	模型 3	模型 4	模型 5
	$F\_Error_{i,q+1}$	$F\_Error_{i,q+2}$	$F\_Error_{i,q+3}$	$F\_Error_{i,q+4}$	$F\_Error_{i,q+5}$
$AER_{i,q}$	0.031 ** (2.45)	0.058 *** (3.18)	0.076 *** (3.69)	0.073 *** (5.45)	0.009 (0.37)
$GDP_{i,q}$	0.213 * (2.01)	0.228 ** (2.65)	0.138 * (1.82)	− 0.060 (− 1.00)	− 0.103 (− 1.06)
$Constant$	− 0.012 ** (− 2.33)	− 0.014 *** (− 3.86)	− 0.012 *** (− 3.89)	− 0.002 (− 0.70)	− 0.000 (− 0.12)
$ControlVar$	Yes	Yes	Yes	Yes	Yes
N	41	40	39	38	37
R^2	0.468	0.556	0.681	0.745	0.582
F 值	5.04	10.15	27.89	24.33	9.92

注：由于朗润预测数据从 2008 ~ 2016 年，笔者再手工收集部分数据，最终得到 42 个样本。

（三）汇总会计盈余对通货膨胀水平的 OLS 回归分析

表 2 – 4 报告汇总会计盈余对通货膨胀水平 PPI，以及投资需求机制的预测检验。模型 1 报告的是汇总会计盈余（AER）对投资需求（$FixInv$）的回归结果，模型 2 ~ 模型 11 分别报告了加入投资需求中介变量前后的汇总会计盈余（AER）对未来通货膨胀（PPI）的回归结果。回归结果表明，AER 对 PPI 的回归系数均显著为正，与罗宏（2017）、赵刚（2021）研究结论一致，验证了汇总会计盈余信息对未来通货膨胀水平具有预测功能的结论。模型 1 中，AER 对中介变量固定资产投资指数（$FixInv$）的回归系数显著为正，模型 2 是仅含 AER 对前推一期 PPI 的影响，模型 3 是同时包括 AER 和 $FixInv$ 对前推一期 PPI 的影响，发现模型 3 的 AER 系数比模型 2 的系数变小，且 $Sobel$ 检验 P 值小于 1% ，这说明 AER 对 PPI 的影响，有一部分是通过 $FixInv$ 中介变量来作用的，故投资需求机制成立，并且中介效应存在于前推二期，假设 H3 得到支持。

表 2-4　　　　　　　汇总会计盈余与通货膨胀水平预测——PPI

变量	$FixInv_{i,q+1}$	$PPI_{i,q+1}$		$PPI_{i,q+2}$	
	模型 1	模型 2	模型 3	模型 4	模型 5
$AER_{i,q}$	0.801 ** (2.01)	0.021 *** (3.52)	0.017 *** (3.23)	0.027 *** (2.64)	0.021 ** (2.52)
$FixInv_{i,q+1}$			0.005 *** (4.86)		0.006 *** (2.73)
$PPI_{i,q}$		0.866 *** (12.26)	0.607 *** (6.48)	0.607 *** (4.95)	0.277 (1.60)
$Constant$	-0.072 (-1.32)	-0.001 (-1.57)	-0.002 ** (-2.46)	-0.002 * (-1.91)	-0.003 ** (-2.61)
$ControlVar$	Yes	Yes	Yes	Yes	Yes
N	63	63	63	62	62
R^2	0.832	0.822	0.863	0.540	0.608
P 值		0.000		0.000	

变量	$PPI_{i,q+3}$		$PPI_{i,q+4}$		$PPI_{i,q+5}$	
	模型 6	模型 7	模型 8	模型 9	模型 10	模型 11
$AER_{i,q}$	0.033 *** (2.97)	0.031 *** (2.92)	0.035 *** (3.14)	0.036 *** (3.01)	0.033 *** (2.96)	0.037 *** (3.18)
$FixInv_{i,q+1}$		0.003 (0.92)		-0.000 (-0.22)		-0.006 * (-1.96)
$PPI_{i,q}$	0.412 *** (2.72)	0.247 (1.16)	0.330 ** (2.17)	0.373 (1.72)	0.343 ** (2.39)	0.647 *** (3.57)
$Constant$	-0.003 * (-1.93)	-0.003 ** (-2.09)	-0.002 (-1.35)	-0.002 (-1.31)	-0.001 (-0.98)	-0.001 (-0.83)
$ControlVar$		Yes	Yes	Yes	Yes	Yes
N	61	61	60	60	59	59
R^2	0.383	0.409	0.312	0.313	0.311	0.375
P 值		0.126		0.168		0.201

表 2-5 报告汇总会计盈余对通货膨胀水平 CPI，以及消费需求机制的预测检验。模型 1 报告的是汇总会计盈余（AER）对消费需求（$Expdtr$）

的回归结果，模型 2～模型 11 分别报告了加入消费需求中介变量前后的汇总会计盈余（AER）对未来通货膨胀（CPI）的回归结果。回归结果表明，AER 对 CPI 的回归系数只有前推一期显著为正，与罗宏（2017）、赵刚（2021）研究结论一致，验证了汇总会计盈余信息对未来通货膨胀水平具有预测功能的结论。模型 1 中，AER 对中介变量城镇居民人均支出（$Expdtr$）的回归系数不显著，模型 2 是仅含 AER 对前推一期 PPI 的影响，模型 3 是同时包括 AER 和 $Expdtr$ 对前推一期 PPI 的影响，发现模型 3 的 $Expdtr$ 系数在 10% 水平上显著为负，且 $Sobel$ 检验 P 值并不小于 1%，这说明 AER 对 CPI 的影响较小，并且城镇居民人均支出（$Expdtr$）也没有发挥中介效应，故消费需求机制不成立，假设 H4B 得到支持。

表 2－5 汇总会计盈余与通货膨胀水平预测——CPI

变量	$Expdtr_{i,q+1}$	$CPI_{i,q+1}$		$CPI_{i,q+2}$	
	模型 1	模型 2	模型 3	模型 4	模型 5
$AER_{i,q}$	−0.067 （−0.59）	0.044 ** （2.05）	0.043 ** （1.99）	−0.000 （−0.02）	−0.001 （−0.05）
$Expdtr_{i,q+1}$			−0.009 * （−1.80）		−0.013 （−1.48）
$CPI_{i,q}$		0.772 *** （10.66）	0.779 *** （10.68）	0.344 *** （2.99）	0.355 *** （3.15）
$Constant$	0.003 （0.18）	−0.003 （−1.36）	−0.003 （−1.23）	−0.004 （−0.99）	−0.004 （−0.88）
$ControlVar$	Yes	Yes	Yes	Yes	Yes
N	63	63	63	62	62
R^2	0.552	0.887	0.888	0.753	0.608
P 值		0.389		0.362	

变量	$CPI_{i,q+3}$		$CPI_{i,q+4}$		$CPI_{i,q+5}$	
	模型 6	模型 7	模型 8	模型 9	模型 10	模型 11
$AER_{i,q}$	0.015 （0.35）	0.015 （0.33）	−0.006 （−0.14）	−0.005 （−0.12）	−0.038 （−0.74）	−0.035 （−0.66）

续表

变量	$CPI_{i,q+3}$		$CPI_{i,q+4}$		$CPI_{i,q+5}$	
	模型 6	模型 7	模型 8	模型 9	模型 10	模型 11
$Expdtr_{i,q+1}$		−0.006 (−0.55)		0.008 (0.64)		0.028 * (1.76)
$CPI_{i,q}$	0.010 (0.06)	0.014 (0.09)	−0.345 * (−1.95)	−0.3451 * (−1.97)	−0.541 *** (−3.63)	−0.561 *** (−3.66)
Constant	−0.003 (−0.47)	−0.002 (−0.43)	−0.002 (−0.34)	0.002 (0.31)	0.005 (0.78)	0.004 (0.69)
ControlVar		Yes	Yes	Yes	Yes	Yes
N	61	61	60	60	59	59
R^2	0.611	0.612	0.520	0.521	0.466	0.480
P 值	0.346		0.331		0.323	

表 2-6 报告汇总会计盈余对通货膨胀水平 CPI，以及消费需求机制的预测检验。模型 1 报告的是汇总会计盈余（AER）对消费需求（UPCDI）的回归结果，模型 2~模型 11 分别报告了加入消费需求中介变量前后的汇总会计盈余（AER）对未来通货膨胀（CPI）的回归结果。模型 1 中，AER 对中介变量城镇居民人均支出（UPCDI）的回归系数不显著，至少在前推三期的模型都不显著。这说明 AER 对 CPI 的影响较小，并且城镇居民人均支出（UPCDI）也没有发挥中介效应，故消费需求机制不成立，假设 H4B 得到支持。

表 2-6　　　　汇总会计盈余与通货膨胀水平预测——CPI

变量	$UPCDI_{i,q+1}$	$CPI_{i,q+1}$		$CPI_{i,q+2}$	
	模型 1	模型 2	模型 3	模型 4	模型 5
$AER_{i,q}$	0.003 (0.05)	0.044 ** (2.05)	0.046 ** (2.26)	−0.000 (−0.02)	0.000 (0.01)
$UPCDI_{i,q+1}$			−0.047 (−1.50)		−0.012 (−0.25)

续表

变量	$UPCDI_{i,q+1}$	$CPI_{i,q+1}$		$CPI_{i,q+2}$	
	模型 1	模型 2	模型 3	模型 4	模型 5
$CPI_{i,q}$		0.772 *** (10.66)	0.810 *** (11.01)	0.344 *** (2.99)	0.356 *** (3.12)
Constant	0.013 ** (2.24)	− 0.003 (− 1.36)	− 0.001 (− 0.32)	− 0.004 (− 0.99)	− 0.004 (− 0.70)
ControlVar	Yes	Yes	Yes	Yes	Yes
N	63	63	63	62	62
R^2	0.703	0.887	0.889	0.753	0.753
P 值		0.468		0.457	

变量	$CPI_{i,q+3}$		$CPI_{i,q+4}$		$CPI_{i,q+5}$	
	模型 6	模型 7	模型 8	模型 9	模型 10	模型 11
$AER_{i,q}$	0.015 (0.35)	0.010 (0.23)	− 0.006 (− 0.14)	− 0.018 (− 0.40)	− 0.038 (− 0.74)	− 0.056 (− 1.15)
$UPCDI_{i,q+1}$		0.101 (1.53)		0.223 *** (2.93)		0.323 *** (3.78)
$CPI_{i,q}$	0.010 (0.06)	− 0.071 (0.40)	− 0.345 * (− 1.95)	− 0.526 ** (− 2.63)	− 0.541 *** (− 3.63)	− 0.791 *** (− 4.57)
Constant	− 0.003 (− 0.47)	− 0.009 (− 1.26)	− 0.002 (− 0.34)	− 0.011 (− 1.60)	0.005 (0.78)	0.014 (− 1.99)
ControlVar		Yes	Yes	Yes	Yes	Yes
N	61	61	60	60	59	59
R^2	0.611	0.624	0.520	0.586	0.466	0.604
P 值	0.430		0.397		0.384	

三、稳健性检验

(一) 更换代理变量

对于宏观经济 GDP 增长率，本书使用宏观经济景气先行指数（INDEX）

作为 GDP 代理变量。表 2 – 7 中模型 1～模型 5 的结果表明 AER 对经济景气先行指数具有至少前推五个季度的显著预测作用，微观盈余信息对宏观经济具有预测价值这一结论依旧稳健。

表 2 – 7　　　　汇总会计盈余对宏观经济景气先行指数预测回归结果

变量	模型 1 $INDEX_{i,q+1}$	模型 2 $INDEX_{i,q+2}$	模型 3 $INDEX_{i,q+3}$	模型 4 $INDEX_{i,q+4}$	模型 5 $INDEX_{i,q+5}$	模型 6 $INDEX_{i,q+6}$
$AER_{i,q}$	0.126 ** (2.53)	0.105 * (1.85)	0.126 *** (3.17)	0.100 *** (2.84)	0.092 * (2.00)	0.036 (1.28)
$INDEX_{i,q}$	0.219 * (1.91)	0.199 (9.72)	0.332 *** (2.69)	0.428 *** (3.68)	0.311 * (2.09)	0.011 * (2.17)
Constant	– 0.003 ** (– 2.61)	– 0.002 (0.01)	– 0.002 * (– 2.55)	– 0.002 (– 1.93)	– 0.002 (– 1.36)	– 0.003 (– 0.89)
ControlVar	Yes	Yes	Yes	Yes	Yes	Yes
N	63	62	61	60	59	58
R^2	0.435	0.314	0.286	0.318	0.223	0.201
F 值	12.03	4.84	4.82	8.25	4.51	3.12

对于通货膨胀的投资需求中介变量，本书使用采购经理人指数（PMI）代替固定资产投资价格指数，表 2 – 8 的模型 1 表明 AER 对 PMI 具有正向显著预测作用，模型 2 在的 AER 系数比模型 3 的系数大，说明 PMI 起到了部分中介效应，并且至少存在前推两个季度的通货膨胀预测效应，研究结论保持稳健。

表 2 – 8　　　　汇总会计盈余与通货膨胀水平预测——PPI

变量	$PMI_{i,q+1}$ 模型 1	$PPI_{i,q+1}$		$PPI_{i,q+2}$	
		模型 2	模型 3	模型 4	模型 5
$AER_{i,q}$	0.088 * (1.92)	0.021 *** (3.52)	0.011 ** (2.23)	0.027 *** (2.64)	0.013 ** (2.02)

续表

变量	$PMI_{i,q+1}$	$PPI_{i,q+1}$		$PPI_{i,q+2}$	
	模型1	模型2	模型3	模型4	模型5
$PMI_{i,q+1}$			0.010 *** (2.73)		0.015 *** (7.84)
$PPI_{i,q}$		0.866 *** (12.26)	0.805 *** (11.34)	0.607 *** (4.95)	0.483 *** (5.43)
Constant	0.251 *** (3.07)	− 0.001 (−1.57)	− 0.018 *** (−3.02)	− 0.002 * (−1.91)	− 0.043 *** (−8.01)
ControlVar	Yes	Yes	Yes	Yes	Yes
N	55	55	55	54	54
R^2	0.546	0.822	0.840	0.540	0.687
P值		0.000		0.000	

（二）会计信息质量分组

前期研究发现陷入财务困境公司的会计信息质量与正常公司存在显著差异（Altman，1968；吴世农，2003；梁墨，2021），本书首先根据 Altman Z-Score 评分模型将全部公司按照破产分值高低分为两组，即高分组表示破产概率高、会计信息质量低，低分组则表示破产概率低、会计信息质量高，其次对两组样本公司分别计算汇总会计盈余指标，代入模型（2－1）进行回归，结果发现破产概率低、会计信息质量高的低分组的 AER 与未来前推三期的 GDP 显著正相关，而高分组的 AER 则仅对前推一期的 GDP 在 1% 水平上显著相关，对前推二期、三期 GDP 不显著相关，这说明 AER 具有预测未来 GDP 的价值，并且会计盈余质量越高，预测能力越强（见表 2－9）。

表 2 - 9　汇总会计盈余质量分组对宏观经济 GDP 增长率预测回归结果

变量	$GDP_{i,q+1}$		$GDP_{i,q+2}$		$GDP_{i,q+3}$	
	高分组	低分组	高分组	低分组	高分组	低分组
$AER_{i,q}$	0.015 * (1.72)	0.082 *** (3.91)	0.007 (1.26)	0.121 *** (2.84)	0.004 (1.01)	0.052 ** (2.30)
$GDP_{i,q}$	0.204 *** (3.32)	0.958 *** (11.32)	0.102 *** (6.02)	0.811 *** (7.35)	0.0201 *** (2.59)	0.739 *** (8.32)
Constant	0.000 (0.04)	0.000 (0.61)	0.000 (0.07)	0.000 (0.32)	- 0.001 (- 0.26)	- 0.003 (- 0.55)
ControlVar	Yes	Yes	Yes	Yes	Yes	Yes
N	63	63	62	62	61	61
R^2	0.780	0.902	0.668	0.789	0.535	0.754

（三）按照制度变迁进行分组

会计制度的变迁会提升会计盈余信息质量，进而会提高预测宏观经济的质效。方军雄（2015）、赵刚（2021）研究了我国会计准则 2007年与国际会计趋同改革优化了企业的外部制度环境，企业会计信息质量显著提高，检验发现会计盈余在会计准则改革前后对宏观经济预测存在显著差异，制度改革提高了预测有用性。本书研究内部控制规范实施后，对会计盈余信息质量的影响，验证内部控制制度变革是否显著提高会计盈余信息，并进而提高预测宏观经济的质效。将公司按照迪博内控指数分为高质量内部控制组和低质量内部控制组，研究两组会计盈余信息对宏观经济 GDP 和通货膨胀水平 PPI、CPI 的预测变化。结果显示，内部控制质量高组的 AER 系数显著高于内部控制质量低组，由此可见，内部控制制度优化后，公司会计盈余信息对宏观经济预测的程度更强。

2019 年 12 月，新冠肺炎疫情在全球范围突然暴发，给宏观经济发展造成了重大冲击，本书纳入疫情期间（2019Q1—2020Q4）的样本，研究汇总会计盈余能否保持显著预测效应，回归结果见表 2 - 10。

表 2 - 10   "突发公共事件"期间汇总会计盈余对宏观经济 GDP 增长率预测回归结果

变量	模型 1 $GDP_{i,q+1}$	模型 2 $GDP_{i,q+2}$	模型 3 $GDP_{i,q+3}$	模型 4 $GDP_{i,q+4}$	模型 5 $GDP_{i,q+5}$	模型 6 $GDP_{i,q+6}$
$AER_{i,q}$	0.065 (1.33)	0.011 (0.27)	0.011 (0.23)	0.011 (0.18)	0.032 (0.57)	0.021 (0.37)
$GDP_{i,q}$	0.602 *** (4.74)	0.596 *** (4.93)	0.553 *** (3.01)	0.926 *** (6.95)	0.986 *** (8.68)	0.972 *** (8.09)
$Constant$	0.011 (0.68)	- 0.005 (- 0.41)	- 0.008 (- 0.52)	- 0.032 ** (- 2.12)	- 0.032 ** (- 2.22)	- 0.029 ** (- 2.15)
$ControlVar$	Yes	Yes	Yes	Yes	Yes	Yes
N	75	74	73	72	71	70
R^2	0.558	0.658	0.579	0.582	0.585	0.594
F 值	61.53	15.91	9.68	20.38	27.24	26.89

表 2 - 10 的结果表明，在纳入突发公共事件期间样本的情况下，模型 1 ~ 模型 6 中 AER 的回归系数均不显著，即无法再预测宏观经济增长，这说明由于会计盈余数据存在时滞性，无法提前反映突发公共事件对宏观经济造成的重大冲击，因此汇总会计盈余预测宏观经济增长存在一定的局限

性，即在经济运行平稳期，具有较好的预测能力。一旦遇到突发事件冲击宏观经济，将导致预测失灵。

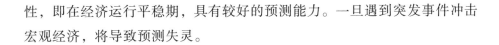

第六节　研究结论与展望

本书以 2003～2018 年 A 股上市公司的汇总会计盈余微观指标，研究其是否具有预测宏观经济增长趋势的信息含量，如 GDP 增长率和通货膨胀水平的变化趋势。实证研究发现：微观会计盈余具有预测宏观经济增长的信息增量，其中对 GDP 增长率具有前推 5 个季度的预测价值，对通货膨胀水平 PPI 指标具有前推 5 个季度的预测价值，对通货膨胀水平 CPI 指标具有前推 2 个季度的预测价值。借鉴中介效应检验方法发现，会计盈余对未来通货膨胀水平的影响部分是通过投资需求机制实现，但不会通过消费需求机制实现。并且上述结果在分别经过更换代理变量、会计信息质量分组和制度变迁等系列稳健性检验之后，主要研究结论依然稳健。

研究结论具有现实意义：一是对于企业来说，管理层应对未来经济形势保持理性判断，合理控制企业的投融资规模和生产成本，财务杠杆保持在合理的区间，避免经营盲目扩张，造成宏观经济过热，容易造成通膨风险。同时企业要加强内部控制等各种制度规范，提高公司会计信息质量，从内部保证高质量的会计信息生产准确和披露规范；二是对于政府部门而言，制定经济政策、进行宏观经济调控时，需要考虑企业会计盈余信息对宏观经济增长的预测价值，同时应完善企业外部制度环境，提升微观企业会计盈余信息的有用性；三是判断未来通货膨胀发展趋势，重点关注社会总投资规模与生产采购经理指数变动情况。

研究存在局限性：本书的研究期间是 2003～2018 年，在这段时间，中国经济运行基本保持在一个平稳的区间，很少受到重大外来突发事件的冲击，可以说是在一种常态环境中运行，而当未来宏观经济收到外来突发事件冲击时，由于会计数据存在时滞性，导致用已经发生的会计盈余信息无法再准确预测未来宏观经济增长趋势。如何改进预测方法，做到实时预测？这既是本书的局限，也是需要进一步研究的机遇。

第三章

年报文本、内部控制与盈余管理抑制

第一节 ▶ 引言

　　上市公司是资本市场发展的基石。提高上市公司信息质量是推动资本市场健康发展的内在要求，是新时代加快完善社会主义市场经济体制的重要内容。早在 2005 年 11 月，国务院批转了中国证监会《关于提高上市公司质量的意见》（国发〔2005〕34 号），中国上市公司的运作规范程度、公司治理水平和信息披露质量得到大大提高，资本市场也迎来较长时期的飞速发展，在促进国民经济发展中的作用日益凸显。但同时也要清醒地认识到，上市公司经营和治理不规范、发展质量良莠不齐等问题仍较突出，这与建设现代化经济体系、推动经济高质量发展的要求还存在一定差距。比如最近几年较为突出的股权质押频频爆雷现象，其底层问题仍然是上市公司财务信息质量不高，在当今"无股不押"、财务风险更容易跨机构、跨领域、跨市场爆炸式传播的时代，任何微观企业内部的财务风险，遇上外部环境不确定性的冲击，都可能会通过层层关系链衍射至整个资本市场，最终形成系统性金融风险，给整个宏观经济健康发展埋下巨大隐患。因此，2020 年 10 月国务院印发《关于进一步提高上市公司质量的意见》

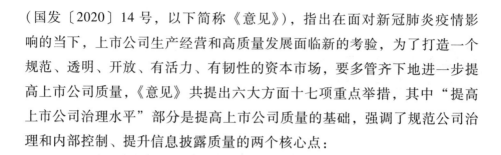

（国发〔2020〕14号，以下简称《意见》），指出在面对新冠肺炎疫情影响的当下，上市公司生产经营和高质量发展面临新的考验，为了打造一个规范、透明、开放、有活力、有韧性的资本市场，要多管齐下地进一步提高上市公司质量，《意见》共提出六大方面十七项重点举措，其中"提高上市公司治理水平"部分是提高上市公司质量的基础，强调了规范公司治理和内部控制、提升信息披露质量的两个核心点：

一、规范公司治理和内部控制

良好的公司治理是企业组织体系的上层建筑，更是抑制代理问题的制度基础：一是道德风险问题，当大股东和中小股东利益不一致时，大股东为了控制权私人收益，具有侵占中小股东利益动机，特别是在公司治理水平不高，外部监督不力的情形下，大股东更有机会操控不利于中小股东的信息来追逐自身利益，如通过高估收入、低估成本等虚假信息来实现利益输送，通过真实盈余管理行为进行掏空（高雷，2009；Jian，2010）。二是逆向选择问题，在信息不对称情形下，代理理论认为大股东及其代理人为了控制权私有化，会转向掏空行为，例如通过盈余管理来占用上市公司资金，定向增发中的利益输送，关联交易进行掏空，操控重大信息、披露虚假信息，通过股权再融资进行掏空（Johnson，2000；李增泉等，2004；Jiang，2010）。

有效的内部控制是信息生产和披露质量的过程保证。内部控制历经内部牵制、内部控制制度、内部控制结构、COSO内控框架和风险管理框架五阶段，旨在保证经营合法、资产安全、财报信息真实完整，发展脉络始终以风险管控为导向。《企业内部控制应用指引第14号——财务报告》明确规定财务报告的编制要求、方法、程序、职责分工、编报时间安排等环节的关键风险控制点，确定重大事项的会计处理政策和流程的关键风险控制点，以及保证资产债权债务清查的关键风险控制点等。可以说，内部控制全过程参与企业的业务流、资金流、信息流运动生产过程，实证研究发现内部控制对管理层、投资者、审计师等利益相关方的行为决策具有显著影响（Kothari，2009；kim，2016）：一是会计数据方面，良好的内部控制能提高会计盈余质量、会计稳健性、投资效率、研发绩效和客户关系，降低资本成本、现金持有，减少审计收费、审计师更替和分析师预测偏误（林钟高，2017；陈红，2018；Chalmers，2018）；二是年报文本方面，内控质量越好，越能抑制高管腐败、信息操纵，提高纳税诚信、减少税收规避（周美华，2016，2019；曹越，2018），降低法律诉讼风险、股价崩盘风险（毛新述，2013；叶康涛，2015）。而内控质量越差，财报可比性越差，导致股价崩盘风险越高（Chen，2016；Kim，2016；张瑞君，2017），财报透明度越差，银行信贷风险和成本越高（Kothari，2020），财报造假风险越高。从内控的目标、发展脉络和实证结果可见，内部控制天然地承担着年报文本的风险管控职能。

二、提升信息披露质量

《意见》指出，上市公司的财务信息应以提升透明度为目标，以投资者需求为导向，严格执行企业会计准则，优化信息披露编报规则，上市公司及其他信息披露义务人要充分披露有利于投资者作出价值判断和决策有用性所必需的信息，并做到简明清晰、通俗易懂。众所周知，公司临时公告、季度报、半年报、年报是信息披露的主要载体，其中公司年报作为定期报告，包含财务信息和非财务信息，并受到公司外部独立第三方的鉴定保证，是公司向外部传递高质量信息的重要载体，更是投资者进行价值判断和投资决策的主要依据。一直以来，聚焦于财务信息经济后果的研究是学术界的主流：一是微观视角的研究包括但不限于高质量的会计信息能够通过改善契约和监督，降低道德风险和逆向选择，提高公司资本配置效率（李青原，2009），能够降低审计收费（陈玥等，2017），可抑制过度投资行为（袁知柱等，2020），能够降低公司违规情形，提升公司违规被查处概率，从而降低公司违规行为（雷啸等，2021），能够促进公司间的信息传递，促进业绩预告的外溢效应，对投资者股票交易具有决策参考意义

（李青原等，2020）。关键审计事项的披露能降低信息不对称、提高会计信息质量和改善公司治理质量，从而显著降低企业股权融资成本。二是宏观视角的研究包括但不限于用汇总会计盈余预测 GDP 增长（Konchitchki and Patatoukas，2014a；唐松等，2015；方军雄等，2015；罗宏等，2016），将会计盈余作结构分解预测 GDP 增长（Konchitchki and Patatou-kas，2014b；王化成等，2012；卿小权等，2017），用非经常性盈余预测 GDP 增长（Abdalla and Carabias，2017），加强国防会计信息披露，可以有效降低信息不对称，发挥国防投资的"乘数效应"，提升国防投资对经济增长的贡献率（潘彬等，2020）；用汇总会计盈余预测未来通货膨胀（Shivakumar，2007；Cready and Gurun，2010；Patatoukas，2014；罗宏等，2017），汇总未预期盈余预测未来通胀（Kothari et al.，2013），影响政府的货币政策（Gallo et al.，2016），肖志超等（2020）基于盈余分解视角构建季度汇总应计项目和现金流，分别检验其对未来通货膨胀的预测价值，发现汇总应计项目变化与未来通货膨胀显著正相关，但汇总现金流与未来通货膨胀的相关性并不显著，进一步研究发现，汇总应计项目与未来宏观融资需求、固定资产投资以及居民收入等总需求变量显著正相关，说明会计盈余能反应未来的宏观经济变化。

而对于非财务信息经济后果的研究，尽管从理论上而言，其作为财务信息的前置驱动信息，应具有更强的及时性、宽泛性、可解读性，含有会计数据之外的增量信息（Mayew，2015；Loughran and Mcdonald，2016；Bushee，2018）。但由于非财务文本信息难以量化，多用于定性方面解读，却很少用于实证量化研究，近年来随着计算机自然语言处理的发展，文本分析广泛应用于会计财务领域。国外研究较成熟，呈现以下四个特点：一是文本语料多样，比如使用：（1）公司财报（Loughran，2011）；（2）新闻报章（Chen，2018；Lawrence，2018）；（3）网络平台（Bartov，2018）；二是量化指标多元，如包括文本长度、可读性、透明度、相似度、管理层语调、投资者情绪等（Loughran and Mcdonald，2016）；三是研究方法精进，从小样本手工编码阶段（Bryan，1997；Rogers，1997），到大样本计算机自动提取阶段

（Li，2008），再到机器学习统计分析阶段（Rönnqvist and Sarlin，2017），进而到人工智能深度学习阶段（Feng Mai，2019）；四是应用范围广泛，包括监控财报造假、预测公司破产风险、股价崩盘风险、金融系统风险（Rönnqvist and Sarlin，2017；Matin，2019；Cerchiello and Rönnqvist，2019）、分析师盈余预测（Bozanic，2015）和投资者判断等（Henry，2018）。国内会计文本研究方兴未艾，基于年报、业绩说明会或微博论坛等语料，采用词袋法量化管理层语调、可读性、相似度等指标，研究股价崩盘风险、分析师预测、财务困境预测等问题（林乐，2016；谢德仁，2017；王克敏等，2018；曾庆生，2018；王雄元，2018；陈艺云，2019）。胡楠等（2021）基于高层梯队理论和社会心理学中的时间导向理论，提出了管理者内在的短视主义特质与企业资本支出和研发支出的关系，并采用文本分析和机器学习技术构建出管理者短视主义指标从而对其进行实证检验。研究结果发现，年报 MD&A 中披露的"短期视域"语言能够反映管理者内在的短视主义特质，管理者短视会导致企业减少资本支出和研发支出。当公司治理水平、监督型机构投资者的持股比例以及分析师关注度越高时，管理者短视主义对这些长期投资的负向影响越易受到抑制。最终，管理者短视主义导致的研发支出减少和资本投资效率降低会损害企业的未来绩效。黄立新（2021）以 2012～2019 年沪深 A 股上市公司为样本，研究股权质押、非财务信息披露与股价波动之间的关系。实证研究后发现，存在大股东股权质押行为的上市公司股价波动较低，非财务信息披露水平较高。较高的非财务信息披露水平，可以提前发出风险预警，缓解信息不对称，并配合管理层更好地"包装"公司，以提升投资者信心、稳定投资者情绪，它部分中介了股权质押与股价波动之间的关系，并且该作用只在非国有样本中显著。

　　基于以上分析，本书拟在控制财务信息含量的情形下，探究非财务信息是否向市场传递了增量信息，能否抑制公司的盈余管理行为（包括应计盈余管理和真实盈余管理），以及内部控制质量能否发挥有效的调节效应。本研究有助于揭示非财务信息在抑制管理层机会主义行为、改善我国资本市场效率、引导价值投资等方面所发挥的作用，以及内部控制在规范信息披露等方面的既有成效和存在不足，本研究对提高上市公司信息质量，促进资本市场的平稳和健康发展，具有十分重要的理论和实际意义。

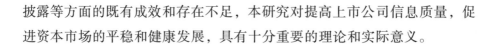

第二节 ▶ 文献回顾和假设提出

一、盈余管理

盈余管理一直是经济社会发展中的痼疾，作为衡量会计信息质量的主要特征，它既是上一轮会计信息失真的结果，又会成为下一轮会计信息失真的源头。如何从公司内部和外部提高上市公司信息质量，抑制盈余管理已是实务界和学术界共同关注的焦点问题。2020年10月国务院印发《关于进一步提高上市公司质量的意见》针对当下上市公司突出问题，要求积极稳妥化解上市公司股权质押风险，严格执行分层次、差异化的股权质押信息披露制度；严肃处置资金占用、违规担保问题；加重财务造假、资金占用等违法违规的行政刑事责任，大幅提高相关主体违法违规成本，而解决这些问题的背后都离不开对公司盈余管理行为的抑制。有学者认为董事会对公司的财务报告信息质量负有重要责任，董事会成员的专业技能和社会经历等特征都会影响会计信息的监督和控制效率，例如海外经历可以提高董事会监督管理层隐藏坏消息的动机和能力，从而降低股价崩盘风险（杨清香，2008）；连锁董事会引起盈余管理行为的传染效应，当企业的董事与高管具有较多的社会关系时会降低董事的监督效率，盈余管理程度更高（Cao，2019），民营企业董事长的党员身份会降低公司违规行为（戴亦一等，2017），具有信息技术背景的董事可以利用其在信息技术方面的优势监督会计信息的生产与报告过程，进而抑制盈余管理（袁蓉丽，2021）。有学者基于高管梯度理论和烙印理论，分析CEO海外经历对企业盈余管理和关联交易行为的治理作用（杜勇等，2018；张宇扬等，2021），研究独董个人特征对盈余管理的影响（向荣生等，2016）。

还有学者研究公司治理结构和内部控制对盈余管理行为的作用（张兆国等，2009；杨七中等，2014），分析师和机构投资者等对上市公司盈余管理影响（李善民等，2011；李延喜等，2011）。近年来逐渐兴起研究法律制度、宗教文化对公司盈余管理行为的影响（陈小林，2016；杜兴强等，2020）。上述研究大多基于人物特征等离散变量进行实证检验，缺少对公司战略、经营状况、子公司数量分布、市场竞争环境、未来盈利预测等关系公司未来发展所面临的机遇、挑战和各种风险等更为丰富的非财务文本质性信息的研究。

二、MD&A 信息含量

管理层分析与讨论（MD&A）作为公司年报文本信息的重要载体，是向市场传递无法用会计数字量化的非财务信息重要渠道，其包含许多事关公司经营状况和未来发展的决策有用的增量信息，可以缓解投资者、分析师等外部信息使用者与公司之间的信息不对称程度（Bryan，1997；贺建刚，2013）。近年来，国外学者通过计算机自然语言处理技术，提取出MD&A 文本内容包含的语意或情感变量，研究文本信息与投资者行为和市场反应等关系，结果发现其与未来盈利水平、投资者行为、股票预期收益率甚至是管理层欺诈行为存在关联性，认为分析师盈余电话会议、10—K年度报告和新闻媒体关注等文本信息是传递企业价值信息的重要方式，能够引发资产价格调整和资本市场显著反应（Price，2012；Chen，2014）。迷雾指数越高的公司（年报越难以读懂），其盈利水平越差，报告越易读懂，则小股东更愿意持股（Li，2008，2015）。MD&A 和盈余电话会议语意越正向，则股票收益率越高、波动性越低（Kothari，2009），盈余电话会议中管理者特定语意与未来业绩正相关，即语意越正向，未来四个季度的资产报酬率越高（Davis，2015）。正向语意和负向语意与市场反应显著相关（Jegadeesh，2013），甚至可以预测管理层欺诈（Purda，2015）。国内会计与财务领域的文本分析研究处于刚刚兴起阶段，学者研究了年报语调与年报披露后的内部人交易行为之间的关系（曾庆生等，2018），年报文本的词频－逆向文档频率（TF-IDF）能提高财务困境预测的准确性（陈艺云等，2019），文本相似度较高的年报风险信息披露通过省去部分审计工作程序进而降低审计费用（王雄元等，2018），年报可读性越低，分析师关注水平、预测质量也越低（刘会芹等，2020），年报文本信息复杂性越高，资产误定价的可能性越大（贺康，2020），年报语调越积极越能显著降低非标准审计意见的出具概率（李世刚等，2020），然而也有学者发现较高年报可读性会减少企业的创新活动，这给出了过多的信息披露对创新不利的证据，信息披露是一把"双刃剑"（李春涛等，2020）。

从前述研究可见，作为财务信息前置信息的年报文本信息具有财务信息之外的增量信息，可以预期随着这些非财务增量信息向市场传递，会大大降低信息不对称程度，进而抑制管理层的未来盈余管理行为。但通过分析MD&A文本信息可以发现，其内容多侧重于收入增长展望、业务环境、发展状况和未来盈利预期等总括性信息，这些恰恰构成预测未来应计盈余的影响因子，因此在有效率的资本市场上，向市场传递文本增量信息应能够抑制管理层的应计盈余管理行为。与应计盈余管理不同的是，真实盈余管理是管理层基于底层业务流程的利润操纵行为（Roychowdhury，2006），一方面由于管理层的故意误导，股东很难甄别财务目标的实现究竟是正常经营所致还是人为操纵所致，另一方面由于真实业务流程信息相对比较明细和琐碎，并且只要不违规，也无须在MD&A文本中额外披露（范经华等，2013），因此MD&A文本中的真实盈余管理信息增量较少。基于此，本部分提出假设H1和H2：

H1：年报文本的增量信息可以抑制管理层的未来应计盈余管理行为。

H2：年报文本的增量信息无法抑制管理层的未来真实盈余管理行为。

三、内部控制制度

内部控制制度作为企业信息生产和报告的保证机制，已成为世界各国提高公司治理水平的重要手段之一。2002年美国国会通过SOX法案强制要求企业加强内部控制，并要求管理层和审计师对内部控制情况进行评估。我国于 2008 年颁布《企业内部控制基本规范》，并相继发布相关应用指引。已有研究认为，内部控制既可以从信息源头上降低管理层的道德风险和逆向选择问题，从而抑制了管理层的盈余管理动机。在抑制道德风险方面：良好的内部控制制度，可以保证会计信息合规合法的程序正义，降低会计信息失真风险；通过权、利、责相互制衡机制，可以避免要害岗位人员的失职风险；完善的内部控制信息披露机制可以减少利益相关方的索、拿、要等权力寻租行为，避免贪污失节风险。在抑制逆向选择方面：高质量的内部控制还可以抑制管理层企图通过无效率的投资来建立个人帝国等行为。

同样，内部控制制度也可以从信息过程上通过组织控制、授权审批控制、预算控制、文件记录控制、风险控制、人力资源控制、内部审计控制等具体业务流程控制方法，堵住管理层的应计和真实盈余管理底层业务流程通道，因此，有效的内部控制能够抑制管理层的应计盈余管理和真实盈余管理行为，会对非财务增量信息的抑制盈余管理行为形成替代效应，基于此，本部分提出假设 H3 和 H4：

H3：内部控制可以抑制管理层的未来应计盈余管理行为，并与非财务增量信息形成抑制替代效应。

H4：内部控制可以抑制管理层的未来真实盈余管理行为，并与非财务增量信息形成抑制替代效应。

 第三节　▶　研究设计

一、样本选择和数据来源

鉴于 2007 年是新制定的《企业会计准则》开始实施的重要时点，2008 年是中国《企业内部控制规范》正式实施的时点，为了避免前后年度会计准则差异以及 2008 年全球金融危机产生的影响，本部分选取 2009

年作为样本区间的起点，以 2009～2019 年所有 A 股公司年度财务报告作为初始的研究样本。上市公司年度财务报告文件来自巨潮资讯网，其他研究数据来自 CSMAR 数据库、迪博公司内控与风险管理数据库。

文本增量信息数据处理步骤如下：

（1）剔除金融保险类、ST 类以及不超过两年的公司观测值，剔除缺失值。

（2）利用 python 编写爬虫程序从巨潮资讯网下载所有 A 股上市公司 2009～2019 年年度财务报告 PDF 文档。

（3）利用 solid converter 软件，将 PDF 文档转化成 TXT 文档，并利用正则表达式对数据进行如下清洗：一是表格的处理。由于年报中的表格内容多为会计数字，文字内容很少并且模板化为主，所含增量文本信息较少，故直接予以删除处理。二是剔除纯数字、各种标点符号等无用信息。三是提取年度报告中的 MD&A 章节文字。

（4）基于 Jieba 分词工具和搜狗财经专用词典对 MD&A 文本进行分词，并去除停用词，从而将非结构化的文本数据转化为词向量进行存储。

（5）文本向量化。借鉴亨利和霍伯格（Hanley and Hoberg, 2010）、孟庆斌等（2017）的研究思路，首先将每个公司年的 MD&A 文本以稀疏矩阵向量形式表示，即每个词语出现的频数。例如，某个 MD&A 文本包含 1 000 个词语，那么该文本就转化为 1 000 × 1 维的稀疏向量矩阵。其次，利用 scikit-learn 库的 Tfidf Transformer（）函数，将稀疏向量词频矩阵转化为 TF-IDF 词频逆矩阵向量。

（6）向量标准化。对于向量化的 TF-IDF 词频逆矩阵文本，仍需要解决文本长度不同导致的结果不可比问题。因此，需要进一步将 TF-IDF 词频逆矩阵进行标准化处理，得到标准化后的 TF-IDF 词频逆矩阵向量。

二、主要变量的定义和计算

（一）应计项盈余管理度量（DA）

应计项盈余管理的度量方法有多种，本书则在借鉴科塔里（Kothari,

2005）、弗朗西斯（Francis，2005）和多伊尔（Doyle，2007a）的方法基础上，选择修正的截面琼斯模型进行分行业分年度回归估计出度量盈余质量（Discretionary Accruals，DA）的指标，指标估计模型分别如下：

$$TA_{i,t} = \beta_0 + \beta_1(1/A_{i,t-1}) + \beta_2(\Delta REV_{i,t} - \Delta REC_{i,t}) + \beta_3 PPE_{i,t} + \varepsilon_{i,t}$$

$$(3-1)$$

模型式（3-1）中，TA 表示总应计项目，为营业利润减去经营活动现金流量之差；A 是上期期末总资产；ΔREV 为当期主营业务收入和上期主营业务收入之差；ΔREC 为应收账款的年度变动额除以上期期末总资产；PPE 是当期期末固定资产净值；ε 是残差。对样本公司进行分行业分年度回归，计算模型（3-1）的残差，即得到修正的截面琼斯模型下的超常应计，取绝对值即得到盈余管理的度量指标 DA。指标数值越大，表示盈余管理程度越大。

（二）真实活动盈余管理度量（RM）

目前关于真实活动盈余质量比较主流的度量方式是罗伊乔杜里（Roychowdhury，2006）提出的三个真实活动盈余管理模型，分别以异常经营现金流量（$ACFO$）、异常生产成本（$APROD$）和异常酌量性支出（$AEXP$）三种变量异常值之和的绝对值衡量真实盈余管理的程度。

1. 异常经营现金流量（$ACFO$）

$$\frac{CFO_{i,t}}{A_{i,t-1}} = \beta_0(1/A_{i,t-1}) + \beta_1(REV_{i,t}/A_{i,t-1}) + \beta_2(\Delta REV_{i,t}/A_{i,t-1}) + \varepsilon_{i,t}$$

$$(3-2)$$

上式中，CFO 表示当期经营活动的现金净流量，REV 表示当期营业收入，ΔREV 当期与上期营业收入变动额，对样本公司进行分行业分年度回归，计算模型（3-2）残差即为异常经营活动现金流量（$ACFO$）。

2. 异常生产成本（$APROD$）

$$\frac{RROD_{i,t}}{A_{i,t-1}} = \beta_0(1/A_{i,t-1}) + \beta_1(REV_{i,t}/A_{i,t-1}) + \beta_2(\Delta REV_{i,t}/A_{i,t-1})$$
$$+ \beta_3(\Delta REV_{i,t-1}/A_{i,t-1}) + \varepsilon_{i,t}$$

$$(3-3)$$

上式中，$PROD$ 表示当期实际生产成本，等于当期存货变动额加上当期营业成本，其他变量同前。对样本公司进行分行业分年度回归，计算模型（3-3）残差即为异常生产成本（$APROD$）。

3. 异常酌量性支出（$AEXP$）

$$\frac{EXP_{i,t}}{A_{i,t-1}} = \beta_0 \left(1/A_{i,t-1}\right) + \beta_1 \left(REV_{i,t-1}/A_{i,t-1}\right) + \varepsilon_{i,t} \qquad (3-4)$$

上式中，EXP 表示当期酌量性支出，为管理费用和销售费用之和。对样本公司进行分行业分年度回归，计算模型（3-4）残差即为异常酌量性支出（$AEXP$）。

4. 真实活动盈余管理总额（RM）

本书借鉴科恩（Cohen, 2008）方法，采用综合指标 RM 度量总的真实活动盈余管理程度和方向。

$$RM_{i,t} = APROD_{i,t} - ACFO_{i,t} - AEXP_{i,t} \qquad (3-5)$$

上式中，RM 表示当年真实活动盈余管理的程度和方向。取绝对值 ARM 衡量总的真实活动盈余管理程度。

（三）MD&A 文本信息增量的计算

尽管每个公司的 MD&A 文本都包含自身的经营状况总结、未来发展前景等独有信息，但也包含着外部宏观经济环境、市场竞争、行业风险等与其他公司类似的共有信息。因此，本部分参考亨利和霍伯格（2010）、孟庆斌等（2017）的研究，从行业和市场两个维度来分析公司 MD&A 中的信息含量。我们将这些与同行业其他公司或其他行业的公司重复或相似的信息定义为不具有信息含量的内容，同时将不同的信息定义为真正具有信息含量的内容，简称为信息增量。

我们通过以下方法对二者进行计算：（1）将公司 i 的 MD&A 信息按照前文所述的步骤得到标准化 TF-IDF 词频逆矩阵向量 $Norm_{i,t}$；（2）将公司 i 所在行业除该公司之外其他所有公司的标准化 TF-IDF 词频逆矩阵向量的算术平均定义为行业标准化 TF-IDF 词频逆矩阵向量 $Norm_{I,t}$；（3）将公司

i 所在行业之外其他行业所有公司的标准化 TF-IDF 词频逆矩阵向量进行算术平均，得到市场标准化 TF-IDF 词频逆矩阵向量 $Norm_{M,t}$。例如，假设某年度公司 i 所在行业有 P 个公司，整个市场有 Q 个公司，则该公司的行业标准化 TF-IDF 词频逆矩阵向量和市场标准化 TF-IDF 词频逆矩阵向量分别为：

$$Norm_{i,t} = \frac{1}{P} \sum_{j=1,j\neq i}^{P} Norm_{j,t} \qquad (3-6)$$

$$Norm_{M,t} = \frac{1}{Q-P} \sum_{j=1,j\neq i}^{Q-P} Norm_{j,t} \qquad (3-7)$$

进而，利用行业标准化 TF-IDF 词频逆矩阵向量和市场标准化 TF-IDF 词频逆矩阵向量对个股标准化 TF-IDF 词频逆矩阵向量进行分离：

$$Norm_{i,t} = \alpha_0 + \alpha_1 \times Norm_{i,t} + \alpha_2 \times Norm_{i,t} + \varepsilon_{i,t} \qquad (3-8)$$

其中，α_1 代表公司 i 的 MD&A 信息中能够被同行业其他公司所解释的部分，α_2 代表该公司能够被市场其他行业公司所解释的部分，残差 $\varepsilon_{i,t}$ 为行业和市场信息所不能解释的部分。由式（3-3）可以看出，α_1 越大，该公司 MD&A 中的信息与同行业其他公司重合度越高，即该公司 MD&A 中的信息可以更大程度上被行业层面的信息所解释；α_2 越大，该公司 MD&A 中的信息与市场中其他公司的信息重合度越高，即该公司 MD&A 中的信息可以更大程度上被市场层面的信息所解释。参考亨利和霍伯格（2010）、孟庆斌等（2017）的研究，本书将 $\alpha_1 + \alpha_2$ 定义为该公司的标准信息（记为 $Stdmda_{i,t}$，即 $Stdmda_{i,t} = \alpha_1 + \alpha_2$）；将残差向量各维度绝对值之和定义为信息增量（记为 $Infmda_{i,t}$，即 $Infmda_{i,t} = \sum |\varepsilon_{i,t}|$）。选取绝对值是为了避免标准信息与信息增量间的完全共线性。考虑和盈余管理程度的量纲差别，再除以 100 后得到信息增量水平（$Infc_{i,t}$）。

（四）内部控制水平衡量

借鉴周守华等（2013）、陈红等（2018）的做法，本部分引用 DIB 迪博内部控制与风险管理数据库的内部控制信息披露指数衡量企业内部控制水平。内部控制信息披露指数库是迪博公司基于内部控制五要素，结合十几年来内部控制与风险管理领域的实际经验，自行开发设计出内部控制信息披露指标体系，该指标体系包含 5 个一级指标，65 个二级指数；并运用该指标体系衡量上市公司自 2008 年以来的信息披露状况，得到每年的内部控制信息披露指数。该指数按照内控五要素进一步细分为内部环境指数、风险评估指数、控制活动指数、信息与沟通指数、内部监督指数。考虑和盈余管理程度的量纲差别，再除以 100 后得到内部控制水平（$ICI_{i,t}$）。

三、实证模型

本部分构建以下模型研究 MD&A 文本增量信息、内部控制与未来盈余管理之间的关系：

$$DA_{i,t}\&RM_{i,t,+1} = \beta_0 + \beta_1 \times Infc_{i,t} + \beta_2 \times ICI_{i,t} + \beta_3 \times Infc_{i,t} \times ICI_{i,t}$$
$$+ \beta \times Control_{i,t} + \sum Year + \sum Ind + \varepsilon_{i,t} \qquad (3-9)$$

其中，$DA\&RM$ 分别指应计盈余管理和真实盈余管理；$Infc$ 指公司 MD&A 中的增量信息；ICI 指内部控制水平。此外，根据已有的文献（孟庆斌等，2017；Feng Mei，2015），为了控制财务信息和公司治理水平的影响，本书在回归分析中控制两类变量，一类是衡量财务能力变量：当期盈余管理（$DA\&RM$）、资产规模（$Size$）、资产负债率（Lev）、营收增长率（$Growth$）、资产收益率（ROA）、是否亏损（$Loss$）、破产 Z 值（$Z\text{-}score$）。另一类是衡量公司治理水平变量：董事会规模（$Board$）、董事长兼任总经理（$Duality$）、高管平均薪酬（$Salary$）、大股东持股比（$Share1$）、两权分离度（$Wedge$）。$Year$、Ind 分别表示年份、行业固定效应，ε 为残差。为避免多重共线性问题，本书对交互项进行了中心化处理。主要变量的具体定义和说明见表 3-1。

表 3-1　　　　　　　　主要变量定义与说明

变量类型	变量名称	变量缩写	变量定义
因变量	盈余管理程度	DA	应计盈余管理，具体计算请参见公式（1）
		RM	真实盈余管理，具体计算请参见公式（3）~（5）

变量类型	变量名称	变量缩写	变量定义
自变量	文本信息增量	*Infc*	个股 MD&A 向量与行业和市场向量回归残差的绝对值之和，具体计算请参见公式（6）~（8）
	内部控制水平	*ICI*	迪博公司内控信息披露指数
	一内部环境	*ICI_env*	迪博公司内部环境指数
	一风险评估	*ICI_rsk*	迪博公司风险评估指数
	一控制活动	*ICI_act*	迪博公司控制活动指数
	一信息与沟通	*ICI_exchg*	迪博公司信息与沟通指数
	一内部监督	*ICI_spvse*	内部监督指数
财务能力控制变量	资产规模	*Size*	年末总资产的自然对数
	资产负债率	*Lev*	年末总负债与总资产比
	营收增长率	*Growth*	（当期营业收入－上期营业收入）/上期营业收入
	资产收益率	*ROA*	年末净利润与年末总资产之比
	是否亏损	*Loss*	公司当年亏损取值 1，反之取 0
	破产 Z 分值	*Z－Score*	Altman 公式计算的公司破产指数
公司治理控制变量	董事会规模	*Board*	董事会成员人数，并加 1 后取对数
	董事长任经理	*Duality*	董事长与 CEO 两职合一，取值 1，反之取 0
	高管平均薪酬	*Salary*	高管团队成员的平均薪酬（取对数）
	大股东持股比	*Share1*	第一大股东持股总数除以总股本
	两权分离度	*Wedge*	控制权－所有权计算得到
分组变量	股权性质	*SOE*	国有企业取值 1，反之取 0
	机构持股比	*Inst*	机构投资者持股量大于中位数取值 1，反之取 0
	分析师关注	*Analyst*	分析师关注度大于中位数取值 1，反之取 0

资料来源：巨潮资讯网、CSMAR 数据库、迪博内部控制与风险管理数据库、作者自行计算。

第四节 ▶ 实证结果分析

一、描述性统计

各变量的描述统计结果如表 3 - 2 所示。为避免极端值影响，在进行描述统计和回归分析之前，本书对所有连续变量进行上下 1% 缩尾处理。从表 3 - 2 可以看出，应计盈余管理（DA）和真实盈余管理（RM）的均值分别为 0.067 和 0.137，标准差分别为 0.083 和 0.152。文本信息增量的均值为 0.201，标准差为 0.041，内部控制水平的均值为 0.334，标准差为 0.085。可以发现因变量和自变量都存在较大差异，存在着一定的波动性，为本书的计量研究提供了基础。此外，其他控制变量的均值和标准差与以前文献的研究基本保持一致。

表 3 - 2　　　　　　　　　　　描述性统计分析

变量符号	N	均值	标准差	最小值	中位数	最大值
DA_{t+1}	21 413	0.067	0.083	0.00	0.043	0.808
RM_{t+1}	21 413	0.137	0.152	0.001	0.093	1.743
$Infc_t$	21 413	0.201	0.041	0.059	0.199	0.395
ICI_t	21 413	0.334	0.085	0.000	0.352	0.590
$Size_t$	21 413	22.097	1.285	18.662	21.919	26.250
Lev_t	21 413	0.432	0.211	0.033	0.426	2.205
$Growth_t$	21 413	0.218	0.569	-0.797	0.124	7.781
ROA_t	21 413	0.046	0.057	-0.531	0.040	0.270
$Loss_t$	21 413	0.068	0.251	0.000	0.000	1.000
$Z - score_t$	21 413	10.924	19.470	1.000	4.028	166.0449
$Board_t$	21 413	8.692	1.736	0.000	9.000	15.000
$Duality_t$	21 413	0.250	0.433	0.000	0.000	1.000
$Salary_t$	21 413	15.237	0.718	12.589	15.214	17.430
$Share1_t$	21 413	35.266	14.986	8.135	33.362	75.902
$Wedge_t$	21 413	4.662	7.513	0.000	0.000	30.871

资料来源：作者计算。

各变量的相关性分析见表 3 - 3。文本增量信息 Infc 和内部控制水平 ICI 均同未来盈余管理程度（无论是应计盈余管理 DA 还是真实盈余管理 RM）

表 3 - 3　相关性分析

变量	DA_{t+1}	RM_{t+1}	$Infc_t$	ICI_t	$Size_t$	Lev_t	$Growth_t$	ROA_t	$Loss_t$	$Z\text{-}score_t$	$Board_t$	$Duality_t$	$Salary_t$	$Share1_t$	$Wedge_t$
DA_{t+1}	1.000														
RM_{t+1}	0.432*	1.000													
$Infc_t$	-0.049*	-0.041*	1.000												
ICI_t	-0.085*	-0.067*	0.060*	1.000											
$Size_t$	-0.054*	-0.017*	-0.064*	0.152*	1.000										
Lev_t	0.110*	0.069*	-0.044*	-0.105*	0.481*	1.000									
$Growth_t$	0.176*	0.239*	-0.067*	-0.022*	0.046*	0.053*	1.000								
ROA_t	-0.019*	0.152*	-0.033*	0.044*	-0.028*	-0.337*	0.168*	1.000							
$Loss_t$	0.069*	0.069*	0.010	0.003	-0.057*	-0.057*	0.0133*	-0.118*	1.000						
$Z\text{-}score_t$	0.024*	0.024*	0.008	0.011	-0.121*	0.090*	0.128*	-0.061*	-0.014*	1.000					
$Board_t$	-0.048*	-0.027*	-0.028*	-0.048*	0.274*	0.158*	-0.023*	-0.061*	-0.019*	0.027*	1.000				
$Duality_t$	0.009	0.012	0.009	0.032*	-0.177*	-0.150*	0.015*	0.005	-0.008	-0.100*	-0.176*	1.000			
$Salary_t$	-0.077*	0.009	-0.017*	0.289*	0.533*	0.122*	0.011	0.049*	-0.102*	-0.095*	0.193*	-0.061*	1.000		
$Share1_t$	0.007	0.029*	-0.047*	-0.008	0.216*	0.071*	0.010	0.098*	-0.064*	0.435*	0.025*	-0.052*	-0.006	1.000	
$Wedge_t$	-0.006	0.016*	-0.007	-0.018*	0.060*	0.069*	-0.003	0.022*	-0.010	0.068*	0.058*	-0.056*	0.008	0.144*	1.000

显著负相关，且至少在10%水平上显著，这说明在不考虑其他因素影响的情况下，文本增量信息越多，公司未来盈余管理程度越低；内部控制水平越高，公司未来盈余管理程度越低，这与假设H1和假设H2相符。由于相关性分析并没有控制其他因素的影响，而已有研究发现，企业规模、负债水平、公司治理等因素对盈余管理均有显著影响，且这些变量往往也与文本增量信息和内部控制水平存在高度相关性。因此，需要通过多元回归分析，并进一步控制其他因素对未来盈余管理的影响，以得出更为可靠的结论。为排除多重共线性的影响，本书计算各变量的膨胀因子（VIF），数值均小于5，说明不存在多重共线性问题。

二、文本信息增量、内部控制对未来应计盈余管理的影响

本书首先采用模型（9）检验MD&A文本信息增量、内部控制对未来应计盈余管理程度的影响，回归结果见表3-4。第①列是研究在仅控制行业和年度固定效应下，文本信息增量对未来应计盈余管理的影响，$Infc$ 的回归系数为 -0.0849，且在1%水平上显著负相关，第②列是在控制财务信息和公司治理信息含量情况下，发现 $Infc$ 的回归系数为 -0.0701，且在1%水平上显著负相关，表明文本信息增量 $Infc$ 对管理层未来盈余管理行为仍具有显著抑制作用。说明MD&A文本信息增量能够向市场传递公司层面的信息，有助于降低信息不对称程度，从而抑制管理层未来应计盈余管理行为，故假设H1得到支持。第③列是在控制财务信息和公司治理信息含量情况下，同时考虑文本信息增量 $Infc$ 和内部控制水平 ICI 对未来应计盈余的抑制作用，发现 $Infc$ 和 ICI 的回归系数分别为 -0.0701 和 -0.0466，且均在1%水平上显著负相关，表明文本信息增量和内部控制水平均可对未来应计盈余管理行为发挥抑制作用。第④列是在第③列基础上进一步研究内部控制水平对文本信息增量的替代效应，$Infc \times ICI$ 的回归系数为 0.6779，且在1%水平上显著为正，而 $Infc$ 和 ICI 仍然保持显著为负，说明在抑制未来应计盈余管理行为方面，内部控制水平对文本信息增

量仅发挥了部分替代效应，故假设 H3 得到支持。

表 3 – 4　　　　　文本信息增量、内部控制对应计盈余管理的影响

变量名	① DA_{t+1}	② DA_{t+1}	③ DA_{t+1}	④ DA_{t+1}
$Infc_t$	-0.0849 *** (-3.89)	-0.0701 *** (-3.27)	-0.0671 *** (-3.14)	-0.0781 *** (-3.11)
ICI_t			-0.0466 *** (-3.17)	-0.0471 *** (-3.19)
$Infc_t \times ICI_t$				0.6779 ** (1.98)
DA_t		0.1549 *** (7.64)	0.1541 *** (7.59)	0.1536 *** (7.57)
$Size_t$		-0.0124 *** (-6.89)	-0.0123 *** (-6.80)	-0.0123 *** (-6.79)
Lev_t		0.0546 *** (4.05)	0.0532 *** (3.92)	0.0529 *** (3.89)
$Growth_t$		0.0018 (0.93)	0.0016 (0.85)	0.0009 (0.44)
ROA_t		0.0771 ** (2.31)	0.0768 ** (2.30)	0.0744 ** (2.24)
$Loss_t$		0.0147 *** (2.59)	0.0143 ** (2.53)	0.0142 ** (2.52)
$Z\text{-}score_t$		0.0000 (0.22)	-0.0000 (-0.02)	0.0000 (0.04)
$Board_t$		-0.0007 * (-1.76)	-0.0007 * (-1.85)	-0.0008 * (-1.88)
$Duality_t$		-0.0002 (-0.09)	-0.0002 (-0.14)	-0.0002 (-0.10)
$Salary_t$		-0.0048 *** (-2.97)	-0.0043 *** (-2.68)	-0.0042 *** (-2.64)
$Share1_t$		-0.0001 ** (-2.03)	-0.0001 * (-1.85)	-0.0001 * (-1.91)
$Wedge_t$		0.0002 (1.32)	0.0002 (1.35)	0.0002 (1.37)
年份和行业固定效应	控制	控制	控制	控制

续表

变量名	① DA_{t+1}	② DA_{t+1}	③ DA_{t+1}	④ DA_{t+1}
截距项	0.3935 *** (9.90)	0.3936 *** (9.90)	0.3911 *** (9.87)	0.3908 *** (9.83)
样本量	21 413	21 413	21 413	21 413
Adj. R²	0.036	0.066	0.067	0.068

注：*、** 和 *** 分别表示在 10%、5% 和 1% 的水平上显著。括号内为 t 值，经过公司层面和年度层面的聚类调整（Petersen，2009）。下表同。

三、文本信息增量、内部控制对未来真实盈余管理的影响

本书继续采用模型（3 - 9）检验 MD&A 文本信息增量、内部控制对未来真实盈余管理程度的影响，回归结果见表 3 - 5。第①列是研究在仅控制行业和年度固定效应下，文本信息增量对未来真实盈余管理行为的影响，*Infc* 的回归系数为 - 0.0822，在 1% 水平上显著负相关。第②列是在控制财务信息和公司治理信息含量情况下，发现 *Infc* 的回归系数为 - 0.0154，不再显著负相关，表明文本信息增量 *Infc* 对管理层未来真实盈余管理行为并不具有显著抑制作用。第③列是在控制财务信息和公司治理信息含量情况下，同时考虑文本信息增量 *Infc* 和内部控制水平 *ICI* 对未来真实盈余的抑制作用，发现 *Infc* 的回归系数为 - 0.0098，仍不再显著负相关，而内部控制水平 *ICI* 的回归系数为 - 0.0843，在 1% 水平上显著负相关，表明文本信息增量无法抑制未来真实盈余管理行为，而内部控制水平可对未来真实盈余管理行为发挥抑制作用。结果表明 MD&A 文本信息增量无法向市场传递公司底层业务流程的信息，无法抑制管理层未来真实盈余管理行为，故假设 H2 得到支持。第④列是在第③列基础上进一步研究内部控制水平对文本信息增量的替代效应，*Infc × ICI* 的回归系数为 1.0380，且在 1% 水平上显著为正，而 *ICI* 仍然保持显著为负，说明在抑制未来真实盈余管理行为方面，内部控制水平对文本信息增量发挥了完全替代效应，故假设 H4 得到支持。

表 3 - 5 文本信息增量、内部控制对真实盈余管理的影响

变量名	① RM_{t+1}	② RM_{t+1}	③ RM_{t+1}	④ RM_{t+1}
$Infc_t$	-0.0822 *** (-2.71)	-0.0154 (-0.49)	-0.0098 (-0.32)	-0.0257 (-0.72)
ICI_t			-0.0843 *** (-4.23)	-0.0852 *** (-4.24)
$Infc_t \times ICI_t$				1.0380 ** (2.03)
RM_t		0.2980 *** (17.01)	0.2972 *** (16.98)	0.2950 *** (17.08)
$Size_t$		-0.0221 *** (-9.72)	-0.0218 *** (-9.72)	-0.0218 *** (-9.70)
Lev_t		0.0775 *** (5.27)	0.0754 *** (5.17)	0.0751 *** (5.14)
$Growth_t$		-0.0048 (-1.11)	-0.0051 (-1.18)	-0.0058 (-1.32)
ROA_t		0.4388 *** (10.50)	0.4393 *** (10.51)	0.4376 *** (10.45)
$Loss_t$		0.0481 *** (4.90)	0.0475 *** (4.85)	0.0474 *** (4.84)
$Z-score_t$		-0.0001 (-0.87)	-0.0001 (-1.13)	-0.0001 (-1.09)
$Board_t$		0.0003 (0.39)	0.0002 (0.31)	0.0002 (0.31)
$Duality_t$		0.0050 (1.37)	0.0047 (1.29)	0.0047 (1.30)
$Salary_t$		0.0010 (0.41)	0.0020 (0.85)	0.0022 (0.89)
$Share1_t$		0.0001 (1.11)	0.0001 (1.30)	0.0001 (1.26)

续表

变量名	① RM_{t+1}	② RM_{t+1}	③ RM_{t+1}	④ RM_{t+1}
$Wedge_t$		0.0003 (1.40)	0.0003 (1.45)	0.0003 (1.46)
年份和行业固定效应	控制	控制	控制	控制
截距项	0.1797 *** (12.56)	0.5136 *** (9.70)	0.5077 *** (9.67)	0.5049 *** (9.63)
样本量	21 143	19 218	19 218	19 218
$Adj. R^2$	0.063	0.137	0.138	0.138

注：*、**和***分别表示在10%、5%和1%的水平上显著。括号内为 t 值，经过公司层面和年度层面的聚类调整（Petersen，2009）。下表同。

第五节　▶ 进一步研究

一、文本信息增量、内控要素对盈余管理的影响

上述研究表明，MD&A 文本信息增量能够显著抑制管理层未来应计盈余管理行为，而内部控制则对未来应计盈余和真实盈余管理行为均可发挥显著抑制作用。因此，在进一步研究中，本部分重点关注内部控制五要素（内部环境、风险评估、控制活动、信息和沟通、内部监督）对未来盈余管理的影响，即在公司内部控制机制中，究竟是哪些内控要素发挥了主要的抑制作用。表 3-6 报告了内部环境、风险评估、控制活动要素对未来应计盈余管理的影响，第①③⑤列的结果表明，内部控制环境（ICI_env）、风险评估（ICI_rsk）、控制活动（ICI_act）三个内控要素均能够对未来应计盈余管理发挥显著的抑制作用，第②④⑥列的结果表明，风险评

估要素对文本信息增量具有抑制替代作用，而内部环境和控制活动要素不具有抑制替代作用。

表 3 - 6 　　　　　文本信息增量、内控要素对应计盈余管理的影响

变量名	内部环境		风险评估		控制活动	
	①	②	③	④	⑤	⑥
	DA_{t+1}	DA_{t+1}	DA_{t+1}	DA_{t+1}	DA_{t+1}	DA_{t+1}
$Infc_t$	- 0. 0686 ***	- 0. 0675 **	- 0. 0680 ***	- 0. 0786 ***	- 0. 0693 ***	- 0. 0717 ***
	(- 3. 18)	(- 3. 20)	(- 3. 20)	(- 3. 15)	(- 3. 23)	(- 3. 24)
ICI_env_t	- 0. 0526 *	- 0. 0515 *				
	(- 1. 73)	(- 1. 67)				
$Infc_t \times ICI\_env_t$		- 0. 3401				
		(- 0. 63)				
ICI_rsk_t			- 0. 1238 **	- 0. 1290 **		
			(- 2. 22)	(- 2. 28)		
$Infc_t \times ICI\_rsk_t$				0. 0002 *		
				(1. 93)		
ICI_act_t					- 0. 0655 **	- 0. 0686 **
					(- 2. 38)	(- 2. 40)
$Infc_t \times ICI\_act_t$						0. 7284
						(1. 10)
控制变量	控制	控制	控制	控制	控制	控制
年份和行业固定效应	控制	控制	控制	控制	控制	控制
截距项	0. 3940 ***	0. 3941 ***	0. 3883 ***	0. 3879 ***	0. 3953 ***	0. 4063 ***
	(9. 91)	(9. 90)	(9. 86)	(9. 87)	(9. 94)	(9. 70)
样本量	21 413	21 413	21 413	21 413	21 413	21 413
$Adj. R^2$	0. 066	0. 067	0. 067	0. 067	0. 067	0. 067

注：* 、** 和 *** 分别表示在10% 、5% 和1% 的水平上显著。括号内为 t 值，经过公司层面和年度层面的聚类调整（Petersen，2009）。下表同。

表 3 - 7 报告了信息与沟通和内部监督要素对未来应计盈余管理的影响，第⑦⑨列的结果表明，信息与沟通（ICI_exchg）、内部监督（ICI_ *spvse*）两个内控要素均能够对未来应计盈余管理发挥显著的抑制作用，第⑧⑩列的结果表明，信息与沟通和内部监督要素对文本信息增量具有抑制替代作用。

表 3 – 7　　　　　文本信息增量、内控要素对应计盈余管理的影响

变量名	信息与沟通		内部监督	
	⑦	⑧	⑨	⑩
	DA_{t+1}	DA_{t+1}	DA_{t+1}	DA_{t+1}
$Infc_t$	– 0.0700 *** (– 3.27)	– 0.0708 *** (– 3.26)	– 0.0693 *** (– 3.24)	– 0.0753 *** (– 3.21)
ICI_exchg_t	– 0.1895 * (– 1.95)	– 0.1962 ** (– 1.97)		
$Infc_t \times ICI\_exchg_t$		4.456 * (1.80)		
ICI_spvse_t			– 0.0887 ** (– 2.10)	– 0.0931 ** (– 2.15)
$Infc_t \times ICI\_spvse_t$				1.1766 ** (1.98)
控制变量	控制	控制	控制	控制
年份和行业固定效应	控制	控制	控制	控制
截距项	0.3914 *** (9.92)	0.3894 *** (9.98)	0.3905 *** (9.90)	0.4141 *** (8.79)
样本量	21 413	21 413	21 413	21 413
$Adj. R^2$	0.067	0.067	0.067	0.067

注：*、** 和 *** 分别表示在 10%、5% 和 1% 的水平上显著。括号内为 t 值，经过公司层面和年度层面的聚类调整（Petersen，2009）。下表同。

从上述结果可以发现，风险评估、信息和沟通、内部监督三个要素不仅能够显著抑制未来应计盈余管理行为，而且还可以发挥对文本信息增量的抑制替代效应，但是内部环境和控制活动要素仅能显著抑制未来应计盈余管理行为，没有发挥对文本信息增量的抑制替代效应。这说明，自

2008 年我国全面推行内部控制规范建设以来，我国上市公司的内部控制五个要素在保证上市公司信息质量方面已经取得明显进步，但内部环境和控制活动要素还需要进一步建设和完善。

同样地，表 3-8 报告了文本信息增量以及内部环境、风险评估、控制活动要素对未来真实盈余管理的影响，结果发现文本信息增量对真实盈余管理无法发挥抑制作用，第①③⑤列表明，内部控制环境（ICI_env）、风险评估（ICI_rsk）、控制活动（ICI_act）三个内控要素均能够对未来真实盈余管理发挥显著的抑制作用，第②④⑥列的结果表明，内部环境和控制活动要素对文本信息增量具有抑制替代作用，而风险评估要素不具有抑制替代作用。这恰恰印证了文本信息增量无法抑制真实盈余管理行为，而内部控制活动要素可以发挥从业务流程底层抑制真实盈余管理行为的独特优势。

表 3-8　　　　　文本信息增量、内控要素对真实盈余管理的影响

变量名	内部环境		风险评估		控制活动	
	①	②	③	④	⑤	⑥
	RM_{t+1}	RM_{t+1}	RM_{t+1}	RM_{t+1}	RM_{t+1}	RM_{t+1}
$Infc_t$	-0.0121 (-0.39)	-0.0121 (-0.39)	-0.0102 (-0.33)	-0.0236 (-0.66)	-0.0134 (-0.43)	-0.0181 (-0.56)
ICI_env_t	-0.1117 *** (-2.59)	-0.1117 *** (-2.58)				
$Infc_t \times ICI\_env_t$		0.0208 (0.03)				
ICI_rsk_t			-0.3105 *** (-3.54)	-0.3175 *** (-3.58)		
$Infc_t \times ICI\_rsk_t$				2.9016 (1.62)		
ICI_act_t					-0.1868 *** (-4.12)	-0.1948 *** (-4.20)
$Infc_t \times ICI\_act_t$						1.6144 * (1.68)

续表

	内部环境		风险评估		控制活动	
	①	②	③	④	⑤	⑥
变量名	RM_{t+1}	RM_{t+1}	RM_{t+1}	RM_{t+1}	RM_{t+1}	RM_{t+1}
控制变量	控制	控制	控制	控制	控制	控制
年份和行业固定效应	控制	控制	控制	控制	控制	控制
截距项	0.5136*** (9.70)	0.5136*** (9.69)	0.4997*** (9.63)	0.4990*** (9.65)	0.5184*** (9.75)	0.5181*** (9.75)
样本量	19 218	19 218	19 218	19 218	19 218	19 218
$Adj. R^2$	0.138	0.138	0.138	0.138	0.138	0.138

注：＊、＊＊和＊＊＊分别表示在10%、5%和1%的水平上显著。括号内为 t 值，经过公司层面和年度层面的聚类调整（Petersen，2009）。下表同。

表3-9报告了信息与沟通和内部监督要素对未来应计盈余管理的影响，第⑦⑧列的结果表明，信息与沟通（*ICI_exchg*）能够对未来真实盈余管理发挥显著的抑制作用，并且发挥对文本信息增量的替代效应，而第⑨⑩列的结果表明内部监督（*ICI_spvse*）则不能发挥抑制真实盈余管理的作用。这说明在抑制真实盈余管理行为方面，内部监督是内部控制的弱项，未来需要针对内部控制监控系统的组成、监控系统的参与者职能履行、监控效率的评估和监控缺陷的纠正等方面加强建设。

表3-9　　　　文本信息增量、内控要素对真实盈余管理的影响

	信息与沟通		内部监督	
	⑦	⑧	⑨	⑩
变量名	RM_{t+1}	RM_{t+1}	RM_{t+1}	RM_{t+1}
$Infc_t$	-0.0154 (-0.49)	-0.0139 (-0.45)	-0.0149 (-0.48)	-0.0239 (-0.70)
ICI_exchg_t	-0.2269* (-1.71)	-0.2419* (-1.78)		

变量名	信息与沟通		内部监督	
	⑦	⑧	⑨	⑩
	RM_{t+1}	RM_{t+1}	RM_{t+1}	RM_{t+1}
$Infc_t \times ICI\_exchg_t$		8.5497** (2.41)		
ICI_spvse_t			-0.0683 (-1.03)	-0.0754 (-1.15)
$Infc_t \times ICI\_spvse_t$				1.5187 (1.62)
控制变量	控制	控制	控制	控制
年份和行业固定效应	控制	控制	控制	控制
截距项	0.5109*** (9.73)	0.5064*** (9.82)	0.5110*** (9.90)	0.5115*** (9.73)
样本量	19 218	19 218	19 218	19 218
$Adj. R^2$	0.138	0.138	0.137	0.138

注：*、** 和 *** 分别表示在10%、5% 和1% 的水平上显著。括号内为 t 值，经过公司层面和年度层面的聚类调整（Petersen，2009）。下表同。

二、基于外部性因素的分组研究

除了公司内部财务信息、公司治理会影响文本信息增量对管理层盈余管理行为外，公司的股权性质、机构持股比和分析师关注度等外部性因素也具有重要影响。

（一）股权性质的影响

股权性质对文本信息增量的影响体现在两个方面：一是国有企业管理层级多，代理冲突问题严重，企业同时承担着除财务目标外的晋升、就业、维稳等多种目标，管理层盈余管理动机更强烈，隐藏对自身不利消息的意愿更强烈，信息不对称程度更严重，因此国企的 MD&A 文本信息增量更少。二是自从 2008 年以来，非国有企业的内部控制建设水平普遍较高（陈红，2018），因此相对于国有企业而言，本部分预期非国有公司的文本信息增量抑制盈余管理作用更显著，并且内部控制对文本信息增量抑制应计盈余管理行为的替代效应更显著。

本部分借鉴孙晓华（2016）、叶静仪（2019）的研究，将样本分为国有企业和非国有企业样本组，并采用模型（3－9）进行分组回归。回归结果见表3－10，第①②③列是国有企业样本组的回归结果，第④⑤⑥列是非国有企业样本组的回归结果，通过比较可以发现，文本信息增量在两组样本都显著抑制应计盈余管理行为，但非国有企业样本组的抑制程度更高（费舍尔组合检验的经验 P 值为 0.012 ** ），同时非国有企业的内部控制对应计盈余管理的抑制作用更显著。该结果与上述分析一致，说明在股权性质不同的企业，其文本信息增量不同，内部控制水平不同，抑制应计盈余管理行为作用也不同。

表 3 - 10　　　不同股权性质的文本信息增量、内部控制对应计盈余管理的影响

变量名	国有企业			非国有企业		
	①	②	③	④	⑤	⑥
	DA_{t+1}	DA_{t+1}	DA_{t+1}	DA_{t+1}	DA_{t+1}	DA_{t+1}
$Infc_t$	-0.0521^{**} (-2.46)	-0.0513^{**} (-2.42)	-0.0555^{**} (-2.48)	-0.0870^{***} (-2.70)	-0.0815^{**} (-2.55)	-0.1001^{**} (-2.50)
ICI_t		-0.0186 (-1.39)	-0.0181 (-1.35)		-0.0734^{***} (-2.86)	-0.0767^{***} (-2.64)
$Infc_t \times ICI_t$			0.2884 (1.27)			1.089^{**} (1.98)
控制变量	控制	控制	控制	控制	控制	控制
年份和行业固定效应	控制	控制	控制	控制	控制	控制
截距项	0.2571^{***} (8.66)	0.2557^{***} (8.63)	0.3883^{***} (9.86)	0.5228^{***} (6.89)	0.5221^{***} (6.88)	0.5193^{***} (6.90)
样本量	8 570	8 570	8 570	12 843	12 843	12 843
$Adj.\ R^2$	0.109	0.109	0.067	0.063	0.064	0.065

注：$*$、$**$ 和 $***$ 分别表示在 10%、5% 和 1% 的水平上显著。括号内为 t 值，经过公司层面和年度层面的聚类调整（Petersen，2009）。下表同。

（二）机构持股比例的影响

机构投资者对文本信息增量的影响体现在两个方面：一方面，作为一类重要的外部投资者，机构投资者拥有大量专业的会计和金融专业人员，具有较强的年报文本解读能力和信息质量持续监控能力，并且由于其他投资者对机构投资者持股的跟踪和模仿，使得公司信息产生外溢效应，大大降低了信息不对称程度，因此机构持股比高的公司年报文本信息增量小于机构持股比低的公司。另一方面，机构投资者持股比例高，大股东势必对其行为非常重视，迫于压力，上市公司不得不提高信息披露质量（Chen，2007），机构投资者会替代内部控制的信息质量保证效应，因而高机构持股比公司的内部控制抑制效应也小于机构持股比低的公司。

本部分借鉴袁知柱（2014）的研究，以每年度各行业公司的机构持股比的中位数为界限，将样本分为高机构持股比样本组和低机构持股比样本组，并采用模型（9）进行回归。回归结果见表3-11，第①②③列是高机构持股比样本组的回归结果，第④⑤⑥列是低机构持股比样本组的回归结果，通过比较可以发现，仅低机构持股比样本组的文本信息增量和内部控制水平对应计盈余管理具有显著的抑制作用，而高机构持股比样本组则不显著。这说明高机构持股比的公司信息不对称程度更低，公司层面的信息已经充分向市场披露，因此包含在 MD&A 中的文本信息增量较低，这与上述分析一致。

表 3-11　　不同机构持股比的文本信息增量、内部控制对应计盈余管理的影响

变量名	高机构持股比			低机构持股比		
	①	②	③	④	⑤	⑥
	DA_{t+1}	DA_{t+1}	DA_{t+1}	DA_{t+1}	DA_{t+1}	DA_{t+1}
$Infc_t$	-0.0617 (-1.48)	-0.0613 (-1.47)	-0.0602 (-1.44)	-0.0718 *** (-2.98)	-0.0673 *** (-2.81)	-0.0895 *** (-2.75)
ICI_t		-0.0112 (-0.47)	-0.0112 (-0.47)		-0.0656 *** (-3.45)	-0.0666 *** (-3.47)

续表

变量名	高机构持股比			低机构持股比		
	①	②	③	④	⑤	⑥
	DA_{t+1}	DA_{t+1}	DA_{t+1}	DA_{t+1}	DA_{t+1}	DA_{t+1}
$Infc_t \times ICI_t$		0.0714 (0.18)			0.9559 ** (2.18)	
控制变量	控制	控制	控制	控制	控制	控制
年份和行业固定效应	控制	控制	控制	控制	控制	控制
截距项	0.3179 *** (3.54)	0.3173 *** (3.51)	0.3169 *** (3.49)	0.4161 *** (9.30)	0.4129 *** (9.31)	0.4131 *** (9.29)
样本量	4 546	4 546	4 546	16 867	16 867	16 867
$Adj.\ R^2$	0.114	0.114	0.114	0.063	0.064	0.064

注：*、** 和 *** 分别表示在10%、5% 和1% 的水平上显著。括号内为 t 值，经过公司层面和年度层面的聚类调整（Petersen，2009）。下表同。

（三）分析师关注度的影响

分析师是信息挖掘和传播的重要载体，有助于降低上市公司的信息不对称程度（梁上坤，2017）。一方面是分析师为了自身的声誉和排名，具有内驱力去挖掘上市公司各种私有信息，并及时向市场传递，以获得更高的读者关注度，有助于提高公司的信息透明度（Dyck，2008）。另一方面，如果公司管理层存在刻意使用晦涩难懂的语言增大阅读难度，从而掩盖企业所面临问题的企图，那么大量关注该公司的分析师会进行专业化的信息加工，将文本信息翻译成中小投资者可以理解的语言，从而提高年报的可读性（孟庆斌等，2017），进而降低文本信息增量。我们预期分析师关注度高的公司文本信息增量小于分析师关注度低的公司，并且分析师关注会替代内部控制的信息质量保证效应，因而高分析师关注度公司的内部控制抑制效应也小于机构持股比低的公司。

本部分借鉴吴亮（2017）的研究，以每年度各行业公司的分析师关注度的中位数为界限，将样本分为高分析师关注度样本组和低分析师关注度样本组，并采用模型（9）进行回归。回归结果见表 3 - 12，第①②③列是高分析师关注度样本组的回归结果，第④⑤⑥列是低分析师关注度样本组的回归结果，通过比较可以发现，仅低分析师关注度样本组的文本信息增量和内部控制水平对应计盈余管理具有显著的抑制作用，而高分析师关注度样本组则不显著。这说明高分析师关注度的公司信息不对称程度更低，公司层面的信息已经充分向市场披露，因此包含在 MD&A 中的文本信息增量较低，这与上述分析一致。

表 3 - 12 不同分析师关注的文本信息增量、内部控制对应计盈余管理的影响

变量名	高分析师关注			低分析师关注		
	①	②	③	④	⑤	⑥
	DA_{t+1}	DA_{t+1}	DA_{t+1}	DA_{t+1}	DA_{t+1}	DA_{t+1}
$Infc_t$	- 0.0252 (- 1.19)	- 0.0241 (- 1.14)	- 0.0286 (- 1.22)	- 0.0965 *** (- 2.57)	- 0.0945 ** (- 2.53)	- 0.1091 ** (- 2.37)
ICI_t		- 0.0185 (- 1.40)	- 0.0180 (- 1.37)		- 0.0468 *** (- 2.67)	- 0.0494 *** (- 2.64)
$Infc_t \times ICI_t$			0.1897 (0.79)			0.9535 ** (2.18)
控制变量	控制	控制	控制	控制	控制	控制
年份和行业固定效应	控制	控制	控制	控制	控制	控制
截距项	0.1202 *** (4.19)	0.1208 *** (4.21)	0.1211 *** (4.22)	0.4017 *** (5.05)	0.4008 *** (5.05)	0.4027 *** (5.06)
样本量	7 722	7 722	7 722	8 275	8 275	8 275
$Adj.\ R^2$	0.075	0.075	0.075	0.072	0.072	0.073

注：*、** 和 *** 分别表示在 10%、5% 和 1% 的水平上显著。括号内为 t 值，经过公司层面和年度层面的聚类调整（Petersen，2009）。下表同。

三、内生性问题

（一）考虑互为因果关系

已有研究表明，中国上市公司年报存在语调管理行为，年报语调成为除会计报表之外另一种可以被内部人管理或操纵的信息（曾庆生等，2018），内部人会在购买股票前增加坏消息的披露数量（Aboody and Kasznik，2000），在公司处于成本增加的困境时进行向上的盈余管理并抛售所持有的股票（Lang，2000；Beneish，2012），为此，本书前面除了使用滞后一期变量来排除互为因果关系影响外，还借鉴王化成等（2015）和孟庆斌（2017）的方法，采用每年度各行业同省份其他公司MD&A 文本信息增量的均值（*IV_Infc*）作为 *Infc* 的工具变量。从相关性看，同年度同行业同地区的公司面临类似的行业特征和外部环境，因而它们的 *Infc* 和本公司的 *Infc* 具有相关性。而各公司实际情况千差万别，尚没有证据表明同行业同地区其他公司 MD&A 文本信息增量会影响本公司的盈余管理行为，故而满足外生性原则。2SLS 回归结果见表 3 - 13，由表 3 - 13 第①可以看出，*Infc* 与工具变量 *IV_Infc* 在 1% 水平上显著正相关，第②列表明在控制反因果内生性问题后，文本信息增量和内部控制水平与应计盈余管理仍然显著负相关，第③列表明内部控制对文本信息增量存在抑制替代效应，符合假设 H1 和 H3。第④列表明在控制反因果内生性问题后，文本信息增量和内部控制水平与真实盈余管理并不呈显著负相关，但第⑤列表明内部控制仍然对文本信息增量存在抑制替代效应，符合假设 H2 和 H4。本书选择的工具变量通过了弱工具变量检验（*F* 值大于 10），并且不存在过度识别问题，说明这个工具变量的选择是合理的。

表 3 – 13　　　　　　　　　　　工具变量回归

	$Infc_t$	DA_{t+}		RM_{t+1}	
	第一阶段	第二阶段			
	①	②	③	④	⑤
$Infc_t$		− 0. 1957 * (− 1. 89)	− 0. 2601 * (− 1. 91)	− 0. 4051 (− 1. 02)	− 0. 5360 (− 1. 18)
IV_Infc_t	0. 6337 *** (14. 08)				
ICI_t	0. 0221 *** (5. 85)	− 0. 0438 *** (− 2. 99)	− 0. 0437 *** (− 2. 98)	− 0. 04756 *** (− 3. 31)	− 0. 0752 *** (− 3. 28)
$Infc_t \times ICI_t$			1. 0755 * (1. 86)		2. 0632 ** (2. 10)
控制变量	控制	控制	控制	控制	控制
年份行业	控制	控制	控制	控制	控制
样本量	21 411	21 411	21 411	19 217	19 217
$Adj. R^2$	0. 1587	0. 0654	0. 0643	0. 1225	0. 1293
F 值	108. 70				

注：回归过程采取了控制异方差的稳健性回归。

（二）考虑遗漏变量问题

为了控制遗漏变量对研究结论的影响，本书借鉴孟庆斌（2017）的思路，选择 MD&A 披露规定的修订作为外生冲击，比较修订前后的信息增量对未来盈余管理的影响。2012 年 5 月，证监会公布《关于进一步提高首次公开发行股票公司财务信息披露质量有关问题的意见》，要求发行人及相关中介机构应确保财务信息披露真实、准确、完整地反映公司的经营情况，相关中介机构应保持对财务异常信息的敏感度，防范利润操纵，加强对财务信息披露违法违规行为的监管，对发行人的财务造假、利润操纵等重大违法、违规行为予以坚决查处（见证监会公告〔2012〕14 号文）。本书预期公告发布，MD&A 披露质量将进一步提高，文本信息增量将进步增强，因此将样本划分为公告前（年份小于 2012 年）和公告后（年份大于和等于 2012 年）两组，并采用模型（9）进行实证分析，回归结果发现公告后的信息增量对盈余管理的抑制性显著增强。

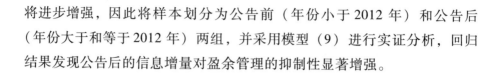

第六节 ▶ 研究结论

本章研究了上市公司年报文本信息增量能否抑制盈余管理行为，以及内部控制制度可否发挥替代效应。研究表明在控制传统财务信息和公司治理信息含量情况下，文本信息增量对管理层未来盈余管理行为仍具有显著抑制作用，说明年报文本信息增量能够向市场传递公司层面的信息，有助于降低信息不对称程度，从而抑制管理层未来应计盈余管理行为；在抑制未来应计盈余管理行为方面，内部控制水平对文本信息增量仅发挥了部分替代效应，而在抑制未来真实盈余管理行为方面，内部控制水平对文本信息增量发挥了完全替代效应，原因在于年报文本信息无法向市场传递公司底层业务流程的信息，因而无法抑制管理层未来真实盈余管理行为，内部控制流程却可以发挥业务流程控制作用，从而抑制真实盈余管理行为。

针对内部控制的五要素进一步研究发现，在抑制未来应计盈余管理方面，风险评估要素对文本信息增量具有抑制替代作用，而内部环境和控制活动要素不具有抑制替代作用。在抑制真实盈余管理方面，内部环境和控制活动要素对文本信息增量具有抑制替代作用，而风险评估要素不具有抑制替代作用。针对股权性质的进一步研究发现，国有企业的年报文本信息增量少于非国有企业，缘于国有企业的多目标要求，不得不减少信息披露含量。此外，高机构持股比的公司信息不对称程度更低，信息披露更充分，年报文本信息增量较少。

本章的发现为加强上市公司信息披露制度建设提高上市公司信息质量提供了经验证据支持，揭示非财务信息在抑制管理层机会主义行为、改善我国资本市场效率、引导价值投资等方面所发挥的潜在作用，以及内部控制的内部监督要素仍然存在效力不足，未来应加强对业务活动的持续监控、开展日常监督和专项监督、对重大重要事项进行自我评价、及时认定和上报内控缺陷，不断完善内部监督机制，提高上市公司信息质量，促进资本市场的平稳和健康发展。

第四章

基于多源数据的上市公司财务困境预警

第一节 ▶ 引言

　　财务困境，又称财务危机，严重情况下会导致公司破产。2021 年以来，某知名地产企业可谓热度不减，频频登上热搜头条，各种舆论风波把它推到风口浪尖，大量猜测层出不穷：连董事长都换了，是不是资金链断了？是不是没钱了？是不是银行抽贷了？会不会破产？引发了资本市场的极大关注。财务困境不仅会使公司个体陷入破产边缘，而且破产风险容易通过链式传导引发系统性金融危机，甚至可能导致宏观经济衰退并产生巨大和深远的影响，2008 年的全球金融危机就是最好的例证。因此，准确预测公司财务困境对投资者、债权人、监管方和学术研究皆具重要价值（Ding and Tian，2012）。一是投资者可以据此做出合理决策，避免投资损失；二是债权人可以据此进行债券定价和信用评级；三是监管方可以据此监控个体机构的财务状况并及时阻止系统性风险发生；四是学术界可以据此解释资产定价异象并改进预测模型（Campbell，2008）。基于此，探寻更有效的财务困境预测模型对学术界来说是一个持续不断的精进过程。

从数据来源看，预测公司财务困境主要使用结构化数值和非结构化文本两种数据源：（1）使用数值作为数据源。最早可追溯到奥特尔曼（Altman，1968），研究发现会计数值和股票市场数值可以有效地提供公司财务健康状况的信号，姜国华等（2004）则把公司治理中的股权结构作为一个新的数值变量，发现第一大股东持股比显著地影响公司 ST 的可能性，多普斯（Doumpos，2017）等将国家层面数值纳入模型，发现经济环境、能源政策以及股市效率都会影响模型预测准确性。（2）使用文本作为数据源。近年来，随着计算机自然语言处理技术的发展，将文本中所蕴含的大量超前、模糊、定性的信息进行量化处理成为可能，文本数据逐渐获得和数值数据同样重要的预测地位。且由于公司有价值的增量信息很大一部分是以文本形式对外传递的，如定期年报、临时公告、业绩说明会、分析师电话会议等，越来越多的研究将文本数据纳入预测模型（陈艺云，2018，2019；王昱等，2021；Mayew，2015；Feng Mai，2019）。

从模型形式看，预测公司财务困境可以使用线性和非线性模型：早期的研究大多使用线性模型，采用最小二乘法估计模型系数（陈静，1999；吴世农等，2001；李秉详等，2004）。尽管线性模型使用起来比较简便，但是其假设条件比较严苛，并且也不能真实地刻画数据分布情况，容易导致估计偏差。因此后续的研究主要采用非线性模型来拟合数据分布情况，如 Logistic 模型、DEA 模型、PCA 模型、KNN 模型、随机森林模型、SVM 模型、神经网络模型等，采用随机梯度下降法估计模型参数（吴德胜等，2004；Liang，2016；Mousavi，2019）。相较于线性模型，非线性模型无论是在处理数值数据还是文本数据方面，都取得了长足的进展，但是它只能处理简单的文本指标，如词频、文本情绪和文本可读性等。而公司文本实际的信息含量要远远超过了这些简单指标所能衡量的范畴（Bozanic and Thevenot，2015），为了能更好地从公司文本中提取更全面、更有价值的信息，亟须发展更为高效的文本信息处理模型。

本章提出一个可以更好地处理文本信息并能融合数值数据，希望最终提高预测准确度的新型预测模型，即深度学习模型。尽管它也同属于非线性模型范式，但与传统的非线性模型相比，深度学习利用多层神经网络来充分学习数据的特征，并将高维度数据进行降维处理，最后仅保留关键的数据特征，就文本处理而言，它既可以保留更多复杂而关键的文本信息特征，又可以避免陷入维度灾难、产生过拟合问题（Le Cun，2015）。目前，由于深度学习模型在图文等非结构化数据信息提取方面的卓越表现，业已广泛应用于图像识别、自然语言处理和机器翻译等领域。基于上述诸方面考量，本研究以 2002～2019 年 A 股上市公司为样本，利用深度学习模型和传统非线性模型，比较两者在数值和文本作为数据源的情形下，预测公司财务困境的效果，结果发现：（1）在仅基于数值指标情况下，传统模型中的随机森林模型预测效果最优；（2）在随后引入文本信息的混合指标情况下，传统模型容易陷入维度灾难，深度学习模型则表现出更好的预测效果；（3）在公司陷入财务困境前的 T–3、T–2、T–1 三个年度，市场反应呈现出由弱到强的明显变化趋势，公司陷入财务困境的概率能有效解释股票横截面收益，能够作为一种风险因子，存在着 FF 模型中五因子以外的定价效应。

本章有以下几方面贡献：（1）相较于既有文献仅仅从文本数据抽取语调、情绪、词频或可读性等单一指标，本研究采用的深度学习模型可保留更多的文本信息，故而可做出更为精准的财务困境预测；（2）以前的神经网络属于仅包含数值数据的浅表层网络（1 层或 2 层），而当包含文本数据进行财务困境预测时，深度学习模型则表现出更为优秀的判别能力，具有更为广阔的应用前景；（3）揭示了深度学习模型对文本处理的良好表现，其不仅可以应用在财务困境预测研究，同样也适用于金融财务领域的其他研究课题；（4）在人们有限的认知范围内，本章是国内为数不多的采用深度学习模型综合处理数值和文本数据的研究，是对当下财务困境既有研究的进一步丰富和拓展。

第二节 ▶ 文献回顾

公司一旦面临财务困境，轻者易造成债务违约风险，重则会触发系统性金融风险，甚至让整个国家陷入主权债务危机，严重危害员工福祉、社会安定和宏观经济健康运行。因此，长期以来学术界针对公司财务困境的研究经久不衰，并且在预测指标、预测方法和困境动因等方面取得了长足的进展。

一是在预测指标方面，早期的研究聚焦于财务指标的预测能力，菲茨帕特里克（Fitzpatrickz，1932）最早提出财务指标可以预测公司财务失败的单变量模型，阿尔曼（Altman，1968）发展出包含五个关键财务指标的 *Z-Score* 多元线性预警模型，奥尔森（Ohlson，1980）和祖米卓斯基（Zmijewski，1984）建议将更多的财务指标引入预测模型，沙姆韦（Shumway，2001）倡导了为了提高预测能力，应将市场指标纳入模型，如企业市值、股价波动率等。梁（Liang，2016）在检验了如董事会结构、所有权集中度、领导者特征等后，发现公司治理类指标也可以增加模型判别能力。多姆波斯（Doumpos，2017）在财务指标基础上，引入国家宏观层面指标如经济和商业环境、能源政策、资本市场效率均可以增加预测模型价值。然而财务指标、市场指标、公司治理指标和宏观层面指标，本质上仍然属于低维度的数值数据，都可以归入结构化的数值型指标。近年来，随着计算机自然语言处理技术的日臻成熟，大量非结构化的文本数据所蕴含的信息增量为财务困境预测研究提供了新的动能，切基尼（Cecchini，2010）基于年报中的 MD&A 文本数据，提出一个自动分析文本技术，旨在提高财务困境判别能力，结果发现综合了财务指标和文本指标后，模型预测结果最优（准确率为 83.87%）。普尔达（Purda，2015）采用词袋法对年报本书本进行分析，以检验财务欺诈行为，结果获得 82% 的准确分辨率，认为文本信息和 F 分值（Dechow，2011）互补。伦克维斯特（Ronnqvist，2017）基于财经新闻文本预测金融危机发生，证明了文本信息是预测金融系统性风险的有用信息源，综合财经新闻文本和传统财务指标数据，可以在预测金融风险方面取得更好的预测效果（Cerchiello，2017）。马丁（Matin，2019）发现在预测财务困境方面，审计师报告比 MD&A 文本更具有信息含量，Feng Mai（2019）发现综合了财务指标、市场指标和文本信息的模型，可提高公司财务困境预测精度，异常的新闻文本信息还可以预测股市波动和股价崩盘风险（Glasserman，2019；Kim，2019）。

二是在预测方法方面，早期的研究主要围绕线性分析法来进行模型构建，比弗（Beaver，1966）采用单变量线性分析法，阿尔曼（1968）发展了多元线性回归分析，奥尔森（1980）采用 Logistic 回归方法构建财务困境预警模型，米吉（Sueyoshi，2009）采用主成分分析法，（Psillaki，2010）采用 Logit 和数据包网络分析方法进行模型建构。但是由于线性分析法需要严格的假定而且实际情形并不是总能满足这些假定，因此随后研究的重心转向非线性方法进行模型构建，比如随机森林法（Chandra，2009；Ohlson，2012）、K 近邻法（Liang，2016）、支持向量机法（Cecchini，2010）、神经网络分析法（Chauhan，2009）等。相较于线性方法，非线性方法仅要求更少的假设条件，允许刻画非线性边界，提高了模型适用性和预测精度，受到广泛的应用，还有一些研究探讨如何集成这些模型的优点，来进一步构建更稳定、更精准的预测模型（Geng，2015；Jardin，2016）。近年来，随着人工智能技术的发展，深度学习方法由于其自适应学习的性能以及在文本处理方面的降维优势，已经在财务困境预测领域开始崭露头角，伦克维斯特（Ronnqvist，2017）、塞奇罗（Cerchiello，2017）和 Feng Mai（2019）都利用深度学习方法综合财务指标和文本数据进行财务困境预测，与非线性方法相比，预测精度得到显著提高。

国内学者在财务困境研究方面，经历了和西方同行相似的演绎路径，也取得了较为丰硕的研究成果。早期学者陈静（1999）基于六个财务指标，比较了单变量分析和多元判定分析在财务恶化预测上的表现，吴世农

（2001）选取70家处于财务困境的公司和70家财务正常的公司为样本，基于6个财务指标，应用 Fisher 线性判定分析、多元线性回归分析和 Logistic 回归分析，分别建立三种预测财务困境的模型，发现 Logistic 模型的预测效果最好。蔡玉兰（2016）重新估计了经典的 Z 计分模型、Probit 模型以及 Beaver 的风险模型，表明财务报表信息对企业财困境有着重要的解释力，潘泽清（2018）以 Logistic 回归构建企业债务违约风险预警模型，杨贵军等（2019）将 Benford 因子引入 Logistic 模型，可以提高预测正确率，王克达（2019）分别使用 Logit 模型、二元分类树模型、Bagging 和随机森林模型，对系统性银行危机的预警进行研究发现随机森林模型的预警效果最好，孙玲莉等（2021）将 Benford 因子引入随机森林模型具有更高的预测准确率。段珊珊（2016）发现引入网络舆情指标的财务预警动态模型优于仅包括财务指标的静态预警模型，李秉成（2019）、陈艺云（2019）采用文本分析法，构建了管理层讨论与分析（MD&A）的"管理层净乐观语调"研究其对企业财务危机预测的增量贡献，发现管理层语调确实为财务困境预测提供了新的信息，能提高财务困境模型的拟合程度和预测能力，王昱（2021）发现多维效率指标能够对上述公司财务困境产生更好的预警效果。

　　国内还有一些学者研究了公司财务困境的成因和后果，包括外部原因和内部原因。胡宁（2018）提出在政治锦标赛激励下，各级政府有强烈动机将社会负担内化于企业的日常经营，这会显著提升公司未来面临财务困境的概率，胡国柳（2018）检验董事高管责任保险对企业财务困境风险的影响及其作用机制，发现购买董事高管责任保险有助于降低企业的财务困境风险，保险公司的监督作用是企业财务困境风险降低的主要原因，赵宇（2019）考察地方官员晋升激励对上市公司资产负债率的影响，分析显示官员晋升激励主要是通过增加企业短期债务比重，进而加大企业财务风险，使企业更可能陷入财务困境。唐建新（2018）发现企业财务困境不仅受到财务因素的影响，还受到公司内部治理因素的影响，王宁（2019）发现管理者过度自信会导致公司陷入财务困境，杜勇（2019）证明了管理者金融危机经历会影响企业金融化水平。梁墨（2021）研究了财务困境与股票横截面收益的关系，发现财务困境指标能有效解释股票横截面收益，是一个被定价的风险因子。

总之，国内外的既有研究为本书提供了丰富的基础和借鉴，但还存在一些需要拓展的研究节点：（1）尽管相关研究已经证实文本指标含有财务指标以外的信息增量，但更多仍是仅基于财务指标展开，引入文本指标的研究较少；（2）更多的研究是聚焦于一个或几个传统机器学习模型的预警效果验证和比较，而使用人工智能深度学习方法构建预警模型的较少，特别是国内在这方面的研究更少，也鲜见将传统机器学习模型和深度学习模型进行验证和比较；（3）对财务困境的成因研究多，对财务困境的经济后果研究少。因此，本章利用新的企业样本、财务和文本混合指标以及深度学习方法构建新的财务困境预测模型，可能发挥深度学习模型对文本数据降维处理的优势，降低传统机器模型造成的信息耗损，有利于为未来财务困境领域进一步的研究提供借鉴。

第三节　样本和指标

一、样本

参照国内以往文献的做法（吴世农等，2001；陈艺云等，2019；王昱等，2021），本研究选取2002～2019年沪深两市剔除金融类的A股上市公司共计39 492个公司年作为样本池，将因财务状况异常而被特别处理（ST）作为上市公司陷入财务困境的标志，其中ST公司年样本数824个。本研究选取这824个ST公司年作为财务困境公司样本，设定被特别处理年度当年为T年，前一年为T－1年，前两年为T－2年，前三年为T－3

年，为避免样本类别不均衡对预测效果的影响，采用倾向匹配评分法（PSM）按照 1∶2 的比例选取年度、行业、规模相近的非 ST 公司作为非财务困境公司样本，这样最终得到 T－1 年 2 669 个公司年配对样本，T－2 年 2 616 个公司年配对样本，T－3 年 2 480 给公司年配对样本。

二、指标

（一）数值指标

参照既往文献（Ohlson，1980；梁墨等，2021），本研究数值指标包括 20 个财务能力指标、4 个市场表现指标和 8 个公司治理水平指标，分别反映了公司的偿债能力、盈利能力、经营能力、发展能力、市场表现和公司治理水平，相关指标具体构造方法见表 4－1。本章研究利用非参数 Wilcoxon Mann-Whitney 秩和检验对全部指标是否在正常公司（非 ST 公司）和财务困境公司（ST 公司）两组样本之间存在显著性差异进行了检验，仅以 T－1 年样本为例。结果表明财务能力指标和市场表现指标存在显著性差异，而公司治理指标中高管持股比和大股东持股比差异显著，因此这些指标可以区分正常公司和财务困境公司。

表 4－1　　　　　　　　　　　数值指标定义及描述性统计

指标类别	变量名称	变量定义	T－1 年中位数		
			非 ST 公司	ST 公司	Diff
偿债能力指标	流动比率	流动资产/流动负债	1.591	0.791	0.800 ***
	速动比率	（流动资产－存货－预付账款－一年内到期的非流动资产－其他流动资产）/流动负债	1.146	0.559	0.587 ***
	现金比率	（货币资金＋交易性金融资产）/流动负债	0.384	0.083	0.301 ***
	利息保障倍数	息税前利润/财务费用	5.277	－3.638	8.915 ***

续表

指标类别	变量名称	变量定义	T − 1 年中位数		
			非 ST 公司	ST 公司	Diff
偿债能力指标	权益乘数	总资产/净资产	1.645	2.628	− 0.983 ***
	经营活动产生的现金流量净额/流动负债	经营活动产生的现金流量净额/流动负债	0.136	0.009	0.127 ***
盈利能力指标	资产报酬率	净利润/总资产	0.051	− 0.093	0.144 ***
	净资产报酬率	净利润/净资产	0.063	− 0.311	0.374 ***
	营业净利率	净利润/主营业务收入	0.063	− 0.343	0.406 ***
	净利润含金量	经营活动净现金流/净利润	1.145	1.115	0.030
经营能力指标	总资产周转率	主营业务收入/总资产	0.527	0.372	0.155 ***
	固定资产周转率	主营业务收入/应收账款	2.717	1.474	1.243 ***
	存货周转率	主营业务成本/存货	3.568	3.917	− 0.349
	财务杠杆	息税前利润/(息税前利润 − 财务费用)	1.115	1.688	− 0.573 ***
	经营杠杆	息税前利润变动率/销量变动率	1.390	1.686	− 0.296 ***
	综合杠杆	每股收益变动/营业收入变动	1.623	3.017	− 1.394 ***
发展能力指标	总资产增长率	(当期总资产 − 上期总资产)/上期总资产	0.0723	− 0.104	0.177 ***
	营业收入增长率	(当期主营业务收入 − 上期主营业务收入)/上期主营业务收入	0.137	0.049	0.088 ***
	公司规模	总资产的对数	21.086	21.012	0.074
	股利支付率	股利/总资产	0	0	0.000 *
市场表现指标	年收盘价	总收盘价的对数	9.16	5.45	3.710 ***
	市盈率	股票价格/每股收益	47.732	94.701	− 46.969 ***
	托宾 Q 值	市场价值/账面价值	1.588	1.653	− 0.065 **
	股价崩盘风险	NCSKEW	− 0.313	− 0.230	− 0.083 ***

指标类别	变量名称	变量定义	T－1 年中位数		
			非 ST 公司	ST 公司	Diff
公司治理指标	高管人数	Ln（高管数量＋1）	6	5	1.000 ***
	员工人数	Ln（员工数量＋1）	7.126	7.080	0.046
	高管持股比	高管持股数/总股本	0	0	0.000 ***
	监事会持股比	监事会持股数/总股本	0	0	0.000 ***
	董事会议次数	Ln（会议次数＋1）	2.197	2.302	－0.105 ***
	高管团队平均年龄	年龄平均值	45.571	45.333	0.238
	女性高管占比	女性数量/高管总数	0.125	0.125	0.000
	公司第一大股东持股比	第一大股东持股数/总股本	31.176	27.532	3.644 ***

注：＊、＊＊和＊＊＊分别表示在10%、5%和1%的显著性水平上显著。

（二）文本指标

在提取一篇文档的文本信息时，通常做法是构建该文本的语调或情感指标，即首先利用分词工具包，比如中文有 Jieba 分词，将一篇文档分解成一个个词组，然后根据特征词典或词表，分别计算出积极的、消极的、中性的、不确定等各类特征词数目，最后汇总得到一个综合指标作为一篇文档的特征属性，这种方法也称为词袋法。目前常用的特征词典包括哈佛 GI 词典、Diction 词典、知网 Hownet 词典，这些词典的特征词语分类很成熟，但对金融领域的特征词语并未加以专门考虑，因此并不适用于金融财经领域，如税收、成本、折旧、摊销等金融财经领域常见的专业术语，却被错误地归入负面情绪特征词语。因此，洛克伦和麦当纳（Loughran and McDonald，2011）、亨利（2008）等学者专门发展并构建了适用于金融财经领域的特征词典，并以此词典为基础计算文本的语调或情感指标。后来，该词典在金融财经领域得到了广泛的应用，如谢德仁和林乐（2016）、孟庆斌等（2017）、王雄元等（2018）。利用词袋法简单地将一

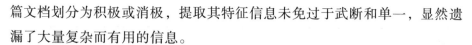

篇文档划分为积极或消极，提取其特征信息未免过于武断和单一，显然遗漏了大量复杂而有用的信息。

对于传统机器学习模型的文本指标，本研究仍然基于词袋法计算每个词组的 TF-IDF（Term Frequency-Inverse Document Frequency，词频 – 逆文档频率），通过 Python 自然语言处理库 Sklearn 软件包，将公司年报中的管理层讨论与分析（MD&A）文档的 TF-IDF 转化成向量模式，并选取排名靠前 1 000 的数值作为文本信息输入，试图纳入更多关键的文本信息从而避免单一指标遗漏大量文本信息的缺陷。TF-IDF 在研究中经常用于计算文档的相似度，如果两个文档的 TF-IDF 向量余弦相似度越大，就表示文档越相似，布朗和塔克（Brown & Tucker，2011）研究了不同年度间 MD&A 文本相似度的变化，以及投资者和分析师的反应。王雄元等（2018）采用此法计算年报风险信息披露余弦相似度，从文本相似度视角研究年报风险信息披露与审计费用的关系。然而我们必须认识到，这样虽然可以吸收更多的文本特征信息，但是词袋法不考虑词序语义，也可能产生维度诅咒问题（过多的特征值，反而影响模型的拟合优度，导致过拟合）。

对于深度学习模型的文本指标，本研究采用的是由 Google 工程师米科洛夫（Mikolov，2013）所提出的词嵌入方法（word embedding），相较于传统词袋法的高维、稀疏的独热编码表示（One-hot encoder），词嵌入方法训练出的词向量是低维、稠密的，即将高维稀疏的词向量嵌入一个低维空间，在保留了语义逻辑关系的同时也避免了维度灾难。而 Word2vec 作为一种词嵌入法，它里面有两个重要的模型 CBOW 模型（Continuous Bag-of-Words Model）与 Skip-gram 模型，可以根据某个中心词前后的 C 个连续词，计算该中心词出现的概率，再通过神经网络输入层、隐藏层、激活函数和输出层，最终实现关键而有逻辑意义的低维度文本信息提取。参考 Feng Mei（2019）的研究，本研究使用 Keras 库实现深度学习文本数据处理。

（三）混合指标

本研究根据不同的需要，使用 Pandas 库中的 Concatenate 函数将数值指标和文本指标进行合并，作为模型的混合指标输入。

本研究使用数据的基本思路是：首先仅将数值指标代入传统的 Logit 模型、随机森林模型和 SVM 模型，探究在仅使用数值特征时，传统模型的预测效果；其次是在数值指标基础之上，再融合文本指标信息，以提高传统财务困境预警模型的准确度，但由于传统的 Logistic 模型、随机森林模型和 SVM 模型只能处理简单的文本指标，因此将 MD&A 文本的词频逆文档频率（TF-IDF）指标代入模型；再次是为了验证深度学习模型是否具有既可保留文本逻辑顺序和文本语义，又可降低维度的优点，可直接将 Jieba 分词以后的文本列表（不是文本的 TF-IDF 指标），与数值指标合并一起输入深度学习模型，最后再将深度学习模型与传统的 Logit 模型、随机森林模型和 SVM 模型进行预测效果比照。本研究的数据来源于 CSMAR 数据库，为避免极端值对预测分析的影响，参照一般做法，对财务指标、市场指标、公司治理指标按 1% 的水平进行缩尾处理。研究使用到的软件有 Python3.7、Stata16.0、Pandas 库、Numpy 库、Matplotlib 库、Jieba 分词包、Sklearn 库、Keras 库等。

第四节　模型设计与运行

本研究拟利用传统预测模型作为基准，与深度学习模型的预测效果进行比较，试图探究：一是仅以数值指标作为数据源时，与同时以数值指标＋文本指标（混合指标）作为数据源的两种情形下，传统预测模型的预测效果如何？有无提高？二是都以混合指标作为数据源时，深度学习模型与传统预测模型的预测效果如何？有无提高？

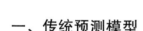
一、传统预测模型

（一）Logistic 逻辑回归模型

逻辑回归模型可以说是财务困境预测领域中应用最广泛的模型之一，它假设解释变量和二分类被解释变量之间呈现的是非线性逻辑关系，模型表达式如下：

$$P(y=1 \mid X;\theta) = \frac{e^{\theta X}}{1+e^{\theta X}} \qquad (4-1)$$

$$P(y=0 \mid X;\theta) = \frac{1}{1+e^{\theta X}} \qquad (4-2)$$

其中，X 表示解释变量，y 表示被解释变量所属的类别，θ 为模型待求的参数，模型解释为在特定的因素下，模型结果取 1 的概率和取 0 的概率，可通过 L1 正则化即增加惩罚函数的方式减少过拟合问题。Logistic 模型原理简单，便于操作，但当特征空间很大时，容易过拟合，影响精度。

(二) 随机森林模型

随机森林模型（Random Forest）是一种用于分类和回归的机器学习模型（Schapire and Breiman，2001），属于集成学习中的 Bagging 算法（Breiman，1996）。对于分类问题，其算法如下：

（1）从原始样本集中抽取训练集。每轮从原始样本集中使用 Bootsraping 的方法抽取 n 个训练样本（有放回的抽样）。共进行 K 轮抽取，得到 K 个训练集（K 个训练集之间是相互独立的）。

（2）每次使用一个训练集得到一个模型，K 个训练集共得到 K 个模型。

（3）将上步得到的 K 个模型采用投票的方式得到分类结果。

随机森林擅长处理高维数据，它可以处理成千上万的输入变量，并确定最重要的变量，因此是一个不错的降维方法。但是在某些噪音比较大的样本集上，它容易陷入过拟合。

（三）SVM 模型

SVM 的全称是 Support Vector Machine，即支持向量机，最早由 Vapnik（1998）提出用于解决分类和回归问题。它的主要思想是：建立一个最优决策超平面，使得该平面两侧距离平面最近的两类样本之间的距离最大化，从而对分类问题提供良好的泛化能力。SVM 在处理文本分类问题方面也有上佳的表现（Joachims，1998），可以基于核函数对线性和非线性问题进行建模（本研究使用了非线性多项式核函数 poly），对于处理过拟合问题也非常在行，尤其是在大空间中。但该算法需要大量的内存，并且选择正确的核函数（kernel function）也很关键，所以需要对模型的超参数不断地那些调整。

二、深度学习模型

利用词袋法处理文本数据，只能简单地提取词频或权重信息，无法进一步提取文本深层所蕴含的内在语义逻辑，而米科洛夫（2013）所提出的词嵌入方法，无疑大大地推进了这一难题的解决，构成了现代深度学习发展的里程碑式技术。词嵌入方法的思想很简单：具有相似语义的词语通常会关联在一起。比如李雷和韩梅梅是同学，他们从周一到周五都在一起学习，在周六的早上你发现教室里有两个人，其中一个是李雷，另一个你猜猜会是谁？你会猜是韩梅梅。从逻辑上看，猜韩梅梅是非常符合逻辑的。同理，如果我们想要猜"中华"这一词语后面跟哪个词语，就统计一下在所有的文本中，跟在"中华"后面的词语最多的是"人民共和国"，那么一旦看到"中华"一词后，我们就很合理地猜测跟着的词是"人民共和国"。

为了实践这一思想，词嵌入方法通过 CBOW 与 Skip-gram 两类神经网络模型来推断每个中心词语上下文出现相关联词语的概率，并且通过乘上一个低维度的嵌入向量空间，来降低文本维度，同时又尽可能地保留文本的原始信息。本研究采用 Skip-gram 模型（Mikolov，2013）来预测给定一个词语后，在它的左右两边可能出现什么词语。模型首先是通过预测每个中心词语上下文出现关联背景词的最大对数概率：

$$\frac{1}{|V|} \sum_{t=1}^{|V|} \sum_{-k \le j \le k, j \ne 0} \log(w_{t+j} \,|\, w_t) \qquad (4-3)$$

其中，w_t 表示词库中索引为 t 的中心词，k 表示窗口的大小（上下文背景词语的数量），$|V|$ 表示词典大小，需要注意的是，每个词语仍编码成词典大小的独热（one-hot）行向量空间，作为模型训练的初始输入层。其次，将 one-hot 向量空间乘以 V 行、D 列的 $M1$ 权重矩阵构成的单个隐藏层的神经网络（D 是由我们来设置的参数），词语 w 就被映射为 d 维向量 V_w，接着再乘以 D 行、V 列的 $M2$ 权重矩阵构成的 Softmax 输出层网络，指定 $M2$ 的列数是 V_c，结果变为：

$$p(c \,|\, w) = \frac{\exp(v_C^T v_w)}{\sum_{C' \in C} \exp(v_{c'}^T v_w)} \qquad (4-4)$$

将式（4-3）和式（4-4）进行整合，得到对数概率最大化的目标函数表达式：

$$\underset{M1, M2}{arg\ max} \prod_{w \in V} \prod_{C \in C(W)} p(c \,|\, w;\ M1,\ M2) = \underset{M1, M2}{arg\ max} \sum_{All(w,c)} \log p(c \,|\, w;\ M1,\ M2)$$

$$(4-5)$$

其中，$c \in c(w)$ 是中心词语 w 的上下文集合，V_w 可以通过式（4-5）求得，一种改进的方法叫负采样（negative sampling），负采样可以避免大量的运算需求，直接用两个向量做一次乘积就可以了。注意式（4-5）中的也可以写成：

$$\log p(c \,|\, w;\ M1,\ M2) = \log \frac{\exp(v_C^T v_w)}{\sum_{c' \in c} \exp(v_{C'}^T v_w)}$$

$$= \log \exp(v_C^T v_w) - \log \sum_{c' \in c} \exp(v_{C'}^T v_w) \qquad (4-6)$$

负采样用下式（4-7）替代式（4-6）：

$$\log \frac{1}{1 + \exp(-v_C^T v_w)} + \sum_{i=1}^{n} \log \frac{1}{1 + \exp(-v_{C_i'}^T v_w)} \qquad (4-7)$$

其中，c_i'表示 n 个负采样本，即那些不会出现在中心词 w 上下文的词语，由一个噪音样本随机生成。背后原理是如果模型训练得很好的话，将能够很好地区分正确的中心词上下词语对（w，c）与随机生成的中心词上下文词语对（w，c_i'）。

根据每个词语向量，可以把每个文档转化成 $n \times d$ 维的矩阵，其中 n 表示文档长度，在实际应用中由于每篇 MD&A 文档长度不同，因此需要对文档进行截尾处理，统一保留 7 000 字数，多余的截掉，不足的补上 0 值。这一步是必须的，因为神经网络在进行模型训练的时候要求每个矩阵必须具有相同的维度。

至此，深度学习模型预测财务困境（破产与否）的关键就在于如何设计神经网络系统的结构，即卷积层、池化层、全连接输出层，使得其可以紧接在词嵌入的后面进行文本数据处理，最终得到一个预测值。借鉴金（Kim，2014）的研究，本研究构建一个 CNN 卷积神经网络深度学习模型，具体结构见图 4-1。

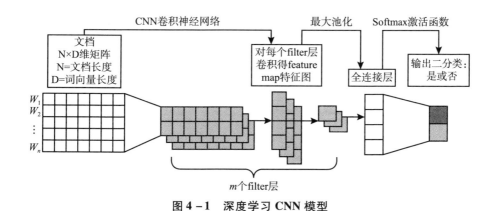

图 4-1　深度学习 CNN 模型

其中，输入层是将语料经过预训练好的 Word2Vec 模型得到的词向量表达，得到了词向量表达后我们便可以对二维的矩阵做卷积了，卷积运算作用就是用滤波器来学习或者检测文本的特征，设句子的长度为 n，词向量的维度为 k，每个卷积核的窗口大小为 $h \times k$，将其对输入层进行一次卷积，可得到 $(n-h+1)$ 维的特征集合，我们称之为一个 feature map，由于卷积核的权重是共享的，因此一个卷积核只能提取到某一类特征，我们有必要采取不同大小的卷积核进行卷积，如 h 分别为 2，3，4 的相当于语言模型中的 2-gram，3-gram，4-gram。利用不同的卷积核得到不同的 feature map。

池化层是对每一个 feature map，进行最大池化，就是简单地从 feature map 中提取最大的值，这里最大的值也就代表着最重要的特征信息，将每个 feature map 的维度全部下降为 1，这样，句子填充对结果就没有影响了，因为不管 feature map 中有多少个值，只取最大的值，即最重要的特征。接着将所有池化得到的特征值拼接到一起，再形成单个 feature map，输入给全连接层。

全连接层是将这个 feature map 通过全连接的方式连接到一个 softmax 层，进行分类。训练的时候，在全连接的部分使用 dropout，并对全连接层的权值参数进行 L2 正则化的限制。用来防止隐藏单元自适应，从而减轻过拟合程度。

最后是使用 ReLU 激活函数的两个隐藏神经层再连接着一个 Sigmoid 输出单元，最终得到一个二分类结果（是否陷入财务困境）。

三、模型运行

本研究使用深度学习包 Keras2.0 运行深度学习模型，以数值数据和文本数据作为输入，使用交叉熵作为损失函数，采用反向传播算法训练模型，并用随机梯度下降法（Stochastic Gradient Descent，SGD）的 Adam 函数来进行参数迭代。之所以使用随机梯度下降法，原因在于如果将全部训练样本一次性输入模型，会占用太多内存，导致模型无法运行。随机梯度下降法却可以将样本分解为若干子样本，分批（Batch）代入损失函数进行迭代运算，本研究拟定细分规模为 32 批，最后并重复训练 200 轮（Epoch）。

同时，为了解决过拟合问题，首先使用 L2 正则化方法，即在原来损失函数基础上加上权重参数的平方和。其次，使用 Dropout 技术（Srivastava，Hinton，2014），即在迭代过程中按照一定的概率，随机剔除一些神经网络训练单元。最后，在重复训练 200 轮的过程中，如果发现模型准确度不再提高，就及时停止训练。

第五节 ▶ 模型结果与评估

选择预测模型的关键，就是看模型是否具有更为精准的样本外预测能力。本研究将全部样本数据随机划分为 80% 的训练数据和 20% 的测试数据两个部分（Jardin，2016；Doumpos，2017；Feng Mei，2019），并报告测试数据的 AUC 指标，该指标是机器学习中常用的一个分类器评价指标，它反映的是 ROC 曲线下的面积，因为 ROC 曲线一般都处于 $y = x$ 这条直线的上方，所以取值范围在 0.5 和 1，而 AUC 作为一个数值，其值越大代表分类器效果越好。此外，本研究还报告了另一个常用于财务困境预测的指标——正确率（Accuracy Ratio）（Engelmann，2003），就是对于给定的测试数据集，分类器正确分类的样本数与总样本数之比。由于上述两个指标具有各自不同的特点，需要综合来看，才能得到合理的评价。

一、数值指标的预测结果

首先，研究 T－1 年、T－2 年和 T－3 年三个时间段，在仅输入纯数值指标的情况下，各个传统模型对测试样本预测的具体表现。由于 CNN 深度学习模型的优势在于处理文本数据，所以在仅输入纯数值数据情况下，暂不运行 CNN 模型。表 4-2 的 Panel A 报告了三种传统模型在 T-1 年对测试样本的预测结果，其中 Logistic 模型的 AUC 值是 0.813、准确率是 0.842，随机森林模型的 AUC 值是 0.861、准确率是 0.870，SVM 模型的 AUC 值是 0.820、准确率是 0.859，可以发现随机森林模型的预测表现最佳，SVM 模型次之，Logistic 模型最次。这表明非线性模型（随机森林和 SVM 模型）的拟合性能要优于线性模型（Logistic 模型）。在 Panel B 的 T-2 年、Panel C 的 T-3 年，三个模型预测表现基本保持不变，但预测的 AUC 值、准确率均呈现下降趋势，比如随机森林模型的预测准确率下降到 7 成左右，而这恰恰说明越接近 ST 状态的时间点，ST 公司与正常公司数值指标的差异越显著，模型的预测准确性也越高，这与以前的研究相一致（Feng Mei，2019）。

表 4-2　　在仅输入纯数值指标情况下模型对测试样本的预测结果

Panel A　T-1 年

	Logistic 模型	随机森林模型	SVM 模型	CNN 模型
AUC	0.813	0.861	0.820	×××
Accuracy ratio	0.842	0.870	0.859	×××
F1-score	0.758	0.824	0.778	

Panel B　T-2 年

	Logistic 模型	随机森林模型	SVM 模型	CNN 模型
AUC	0.742	0.823	0.765	×××
Accuracy ratio	0.791	0.847	0.811	×××
F1-score	0.643	0.756	0.685	

Panel C　T-3 年

	Logistic 模型	随机森林模型	SVM 模型	CNN 模型
AUC	0.635	0.686	0.618	×××
Accuracy ratio	0.709	0.737	0.715	×××
F1-score	0.472	0.569	0.427	

如果仅用一次随机测试样本的预测结果来判断模型的预测表现，显然不够严谨，本研究借鉴萨尔兹伯格（Salzberg，1997）的方法，对非线性随机森林模型和线性的 Logistic 模型作对比，全部样本仍然按 0.8∶0.2 比例随机抽取测试样本，由于每次抽样都是独立的，可看成是伯努利试验，假如抽样 n 次，s 表示随机森林模型预测表现 > Logistic 模型的次数，f 表示随机森林模型预测表现 < Logistic 模型的次数，如果这两个模型预测表现相同，那么 $p = q = 0.5$，则 $E(s) = 0.5n = E(f)$。根据二项式分布定理，可以得到在 n 次抽样中 $s > f$ 概率值：

$$\sum_{i=s}^{n} \frac{n!}{s!(n-s)!} p^s q^{n-s} \tag{4-8}$$

其中，原假设是两个模型没有显著差异，如果得到的概率值小于 0.05 则拒绝原假设，就表示 s 的次数远远大于 f，即随机森林模型优于 Logistic 模型。我们进行了 1 000 次抽样，得到 s 是 965 次，代入式（4-8），二项式检验的概率值远远小于 0.05，从而在统计意义上表明非线性模型优于线性模型。

同时，绘制出三个传统模型 T-1、T-2 和 T-3 三个时间段的预测结果 ROC 曲线图，如图 4-2 至图 4-4 所示。

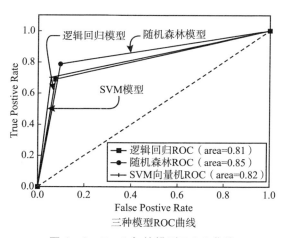

图 4-2　T-1 年的模型 ROC 曲线

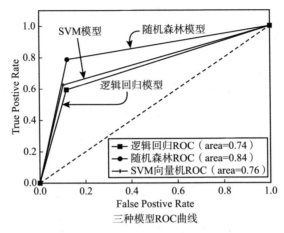

图 4 – 3 T – 2 年的模型 ROC 曲线

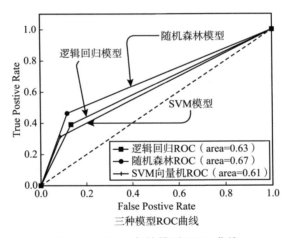

图 4 – 4 T – 3 年的模型 ROC 曲线

图中的纵轴是真正类率（true postive rate）代表模型预测的正类中实际正类占所有正类的比例。横轴是负正类率（false postive rate）代表模型预测的正类中实际负类占所有负类的比例。ROC 曲线下面的面积就是 AUC 值，它表示模型分类正确的概率，在实际的数据集中，经常会出现类别不平衡现象，即负样本比正样本多很多（或者相反），如果单用准确率（accuracy ratio）指标容易得出错误的结论。比如，在互联网广告里，点击的数量是很少的，一般是千分之几，如果用准确率，全部预测成负类（不点击）的准确率也有99%以上，根本无法评价，所以，需要综合 AUC 和准确率两个指标共同观察。从图4－2至图4－4可见随机森林模型的 AUC 值最大，代表该模型预测效果最优，这与表4－1中结果相一致。

二、混合指标的预测结果

其次研究 T－1 年、T－2 年和 T－3 年三个时间段，在输入混合指标的情况下，深度学习 CNN 模型相对于传统模型对测试样本预测的具体表现。表4－3的 Panel A 报告了四种模型在 T－1 年对测试样本的预测结果，其中 Logistic 模型的 AUC 值是 0.815、准确率是 0.844，随机森林模型的 AUC 值是 0.732、准确率是 0.790，SVM 模型的 AUC 值是 0.801、准确率是 0.805，CNN 模型 AUC 值是 0.932、准确率是 0.845，可以发现深度学习 CNN 模型的预测表现最佳，Logistic 模型其次，SVM 模型再次，随机森林模型最次。在 Panel B 的 T－2 年、Panel C 的 T－3 年，四个模型预测表现基本保持不变。但是相对于表4－2的仅输入数值指标而言，可发现在输入混合指标情况时，表4－3中除了线性 Logistic 模型预测表现仍然维持变外，非线性的随机森林模型和 SVM 模型预测准确度均出现下降，这表明高维度的文本数据引起了"维度灾难"问题，即线性 Logistic 模型的多重共线性问题，非线性的随机森林模型和 SVM 模型的过拟合问题，因此导致非线性模型的预测准确度下降更大。而反观 CNN 模型，由于深度学习神经网络可以对文本数据进行降维处理，能有效避免"维度灾难"所致的过拟合问题，因此，CNN 模型预测准确度表现最佳，在 T－2 年 AUC 值仍高达 0.892、准确率是 0.825，在 T－3 年 AUC 值是 0.732、准确率是 0.726，充分表明：（1）MD&A 文本数据具有信息增量，是数值数据的有效补充；（2）CNN 模型比传统模型更能综合利用文本数据和数值数据的信息特征，可以有效地解决文本数据的"维度灾难"问题。

同样利用式（4-8）的二项式分布检验 CNN 模型与 Logistic 模型的预测表现，结果从统计意义上证明 CNN 模型显著优于 Logistic 模型。

表 4-3　　　　在输入混合指标情况下模型对测试样本的预测结果

Panel A　T-1 年

	Logistic 模型	随机森林模型	SVM 模型	CNN 模型
AUC	0.815	0.732	0.801	0.932
Accuracy ratio	0.844	0.790	0.805	0.845
F1-score	0.750	0.642	0.736	0.831

Panel B　T-2 年

	Logistic 模型	随机森林模型	SVM 模型	CNN 模型
AUC	0.743	0.663	0.695	0.892
Accuracy ratio	0.790	0.755	0.730	0.825
F1-score	0.647	0.518	0.585	0.781

Panel C　T-3 年

	Logistic 模型	随机森林模型	SVM 模型	CNN 模型
AUC	0.667	0.568	0.641	0.732
Accuracy ratio	0.725	0.697	0.683	0.726
F1-score	0.524	0.273	0.519	0.686

同时，绘制出传统模型和 CNN 模型在 T-1、T-2 和 T-3 三个时间段的预测结果 ROC 曲线图，如图 4-5、图 4-6 所示。

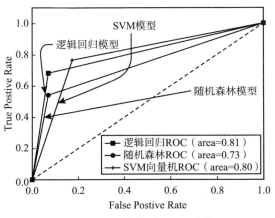

图 4 - 5　三种模型 ROC 曲线

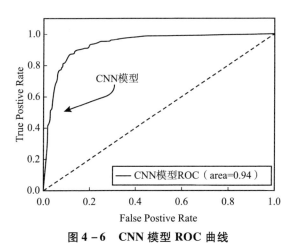

图 4 - 6　CNN 模型 ROC 曲线

图 4 - 5 是 T - 1 年的三个传统预测模型 ROC 曲线，图 4 - 6 是 T - 1 年的 CNN 模型 ROC 曲线，可见图 4 - 5 中的 Logistic 模型的 AUC 值最大，代表该模型预测效果最优，图 4 - 6 中 CNN 模型的 AUC 又优于 Logistic 模型，这与表 4 - 3 中结果相一致。

图 4 - 7 是 T - 2 年的三个传统预测模型 ROC 曲线，图 4 - 8 是 T - 2 年的 CNN 模型 ROC 曲线，可见图 4 - 7 中的 Logistic 模型的 AUC 值最大，代表该模型预测效果最优，图 4 - 8 中 CNN 模型的 AUC 又优于 Logistic 模型，这与表 4 - 3 中结果相一致。

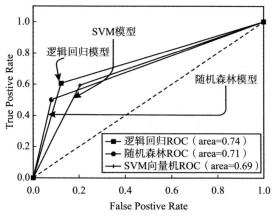

图 4 - 7　三种模型 ROC 曲线

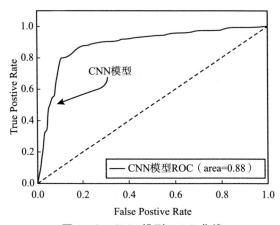

图 4 - 8　CNN 模型 ROC 曲线

图 4 - 9 是 T - 3 年的三个传统预测模型 ROC 曲线，图 4 - 10 是 T - 3
年的 CNN 模型 ROC 曲线，可见图 4 - 9 中的 Logistic 模型的 AUC 值最大，
代表该模型预测效果最优，图 4 - 10 中 CNN 模型的 AUC 又优于 Logistic
模型，这与表 4 - 3 中结果相一致。

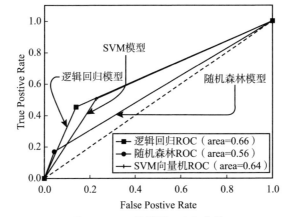

图 4 - 9　三种模型 ROC 曲线

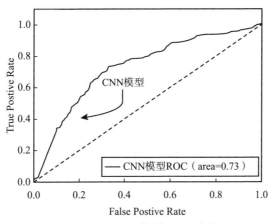

图 4 - 10　CNN 模型 ROC 曲线

三、模型评估

为了严格检验 CNN 模型和传统机器学习模型的预测效果的差异，本节采用 Permutation Test 方法对两者进行评估。Permutation Test 是费雪和皮特曼（Fisher and Pitman）提出的非参数检验方法，首先是零假设为：CNN 模型和 Logistic 模型不存在显著的预测差异，若零假设成立，则 CNN 模型预测结果的分布和随机森林模型预测结果的分布服从同一分布。其次是构造检验统计量——CNN 预测结果与随机森林模型预测结果之差，并记录每次随机抽样的预测结果差异。最后是重复抽样 500 次，得到 500 个预测结果差值。最后根据大数定律和中心极限定理来检验 500 次差值是否显著异于零。本节经过检验发现 P-Value 值小于 0.01，拒绝零假设，表明 CNN 模型预测效果优于传统机器学习模型。

第六节 ▶ 进一步研究

一、财务困境的市场反应

公司的财务状况一旦发生变化，市场上的投资者能否感受到？大概在公司被 ST 之前多久可以感受到？本研究利用预测模型预测出的财务困境样本公司，进一步探究资本市场对财务状况变化的反应，进而佐证预测模型所蕴含的经济意义。首先采用事件研究法，根据市场模型分别求出 ST 公司和正常公司在年报披露的 $[-10, -5]$、$[-10, 0]$、$[-10, 5]$、$[-10, 10]$ 四个窗口期的超额累积报酬率 CAR 值，检验其是否显著异于 0。其次计算正常公司与 ST 公司 CAR 值的差异，并进行非参数 Wilcoxon

Mann-Whitney 秩和检验，判断这两类公司的 CAR 是否存在显著差异，如果是，则说明市场投资者对发生财务困境公司做出了显著的反应。最后，分析在 ST 公司陷入财务困境前的 T－1、T－2、T－3 三个年度，市场反应的强度是否呈现一个明显的变化趋势。

（一）T－1 年的市场反应

表 4－4 报告了 T－1 年 ST 和正常公司的 CAR 值及两类公司间 CAR 均值的比较，发现在窗口期 ［－10，－5］ 内，ST 公司的 CAR 值是 －0.012（t 值为 －3.695），在 1% 水平上显著小于 0，正常公司的 CAR 值是 0.004（t 值是 2.152），在 5% 水平上显著大于 0，正常公司和 ST 公司间 CAR 均值之差是 0.016（Mann-Whitney 检验的 Z 值是 5.044），在 1% 水平上存在显著差异。并且在随后的 ［－10，0］、［－10，5］、［－10，10］ 窗口期，两类公司的 CAR 均值之差分别是 0.129、0.177、0.187，差异越来越大，这充分表明在 T－1 年 ST 公司和正常公司的市场反应存在显著差异，投资者能够明显感受到 ST 公司已经陷入财务困境。

表 4－4　　　　　　　　T－1 年 ST 和正常公司的 CAR 值及比较

	窗口期	［－10，－5］	［－10，0］	［－10，5］	［－10，10］
ST 公司	CAR	－0.012 ***	－0.051 ***	－0.098 ***	－0.106 ***
	T 值	－3.695	－5.251	－9.169	－9.057
正常公司	CAR	0.004 **	0.078 ***	0.079 ***	0.081 ***
	T 值	2.152	3.836	3.921	3.985
公司间 CAR 均值之差	D_CAR	0.016 ***	0.129 ***	0.177 ***	0.187 ***
Mann-Whitney 检验	Z 值	5.044	16.261	18.289	16.379

注：＊、＊＊ 和 ＊＊＊ 分别表示在 10%、5% 和 1% 的显著性水平上显著。

ST 公司在 T－1 年窗口期 ［－10，10］ 的 AR 和 CAR 走势见图 4－11，从中可以看出在公司年报公布的 ［－10，10］ 窗口期内，ST 公司的

AR 和 CAR 均小于 0，并呈现下行趋势。正常公司在窗口期［－10，10］的 AR 和 CAR 走势见图 4－12，正常公司的 AR 和 CAR 均大于 0，且 CAR 在前 5 日左右呈现显著上升趋势，其表现和以前的研究基本一致（孟焰等，2008；王克敏等，2018）。

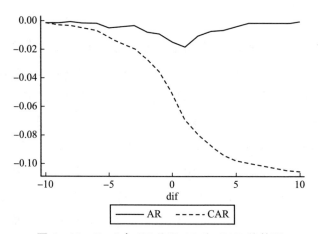

图 4－11　T－1 年 ST 公司 AR 和 CAR 趋势图

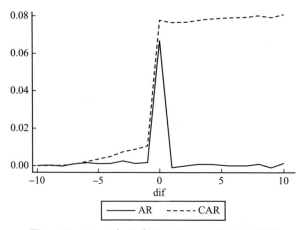

图 4－12　T－1 年正常公司 AR 和 CAR 趋势图

（二）T-2 年的市场反应

表 4-5 报告了 T-2 年 ST 和正常公司的 CAR 值及两类公司间 CAR 均值的比较，发现在窗口期［-10，-5］内，ST 公司的 CAR 值是 -0.005（t 值是 -1.727），在 10% 水平上显著小于 0，正常公司的 CAR 值是 0.003（t 值是 1.881），在 10% 水平上显著大于 0，正常公司和 ST 公司间 CAR 均值之差是 0.008（Mann-Whitney 检验的 Z 值是 2.472），在 5% 水平上存在显著差异，但每个窗口期的 CAR 均值差异幅度均小于 T-1 年的均 CAR 值差。这说明在 T-2 年 ST 公司和正常公司的市场反应仍然存在显著差异，但投资者对 ST 公司可能陷入财务困境的感受程度小于 T-1 年。

表 4-5　　　　　　　　T-2 年 ST 和正常公司的 CAR 值及比较

	窗口期	［-10，-5］	［-10，0］	［-10，5］	［-10，10］
ST 公司	CAR	-0.005*	-0.017***	-0.021***	-0.018**
	T 值	-1.727	-3.287	-2.895	-2.154
正常公司	CAR	0.003*	0.056***	0.054***	0.055***
	T 值	1.881	2.956	2.854	2.914
公司间 CAR 均值之差	D_CAR	0.008**	0.073***	0.075***	0.073***
Mann-Whitney 检验	Z 值	2.472	6.113	4.338	3.545

注：*、** 和 *** 分别表示在 10%、5% 和 1% 的显著性水平上显著。

ST 公司在 T-2 年窗口期［-10，10］的 AR 和 CAR 走势见图 4-13，从中可以看出在公司年报公布的［-10，10］窗口期内，ST 公司的 AR 和 CAR 均小于 0，并呈现先下行后上升的趋势。正常公司在窗口期［-10，10］的 AR 和 CAR 走势见图 4-14，正常公司的 AR 和 CAR 走势和 T-1 年一样。

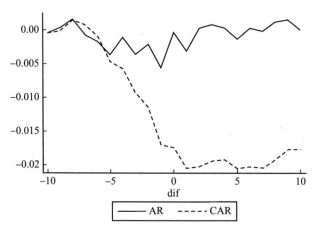

图 4 – 13   T – 2 年 ST 公司 AR 和 CAR 趋势图

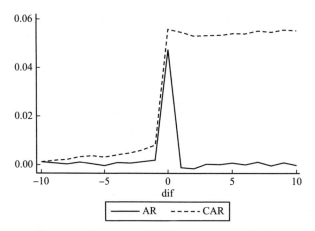

图 4 – 14   T – 2 年正常公司 AR 和 CAR 趋势图

(三) T – 3 年的市场反应

表 4 – 6 报告了 T – 3 年 ST 和正常公司的 CAR 值及两类公司间 CAR 均值的比较，发现在 [– 10, – 5]、[– 10, 0]、[– 10, 5]、[– 10, 10] 四个窗口期内，ST 公司的 CAR 值在 10% 水平上均不显著异于 0，而正常公司的 CAR 值和 T – 2、T – 1 年基本一样，仍然在 1% 水平上显著大于 0，

正常公司和 ST 公司间 CAR 均值之差 10% 水平上存在显著差异。这表明在 T – 3 年 ST 公司和正常公司的市场反应存在显著差异，虽然两者差异幅度没有在 T – 2、T – 1 年那样明显，但是投资者还是能够初步感受到 ST 公司开始陷入财务困境。

表 4 – 6　　　　　　　　T – 3 年 ST 和正常公司的 CAR 值及比较

	窗口期	[– 10, – 5]	[– 10, 0]	[– 10, 5]	[– 10, 10]
ST 公司	CAR	0.000	0.001	– 0.004	– 0.005
	T 值	0.002	0.334	– 0.623	– 0.650
正常公司	CAR	0.004 ***	0.048 ***	0.051 ***	0.054 ***
	T 值	2.898	2.628	2.735	2.874
公司间 CAR 均值之差	D_CAR	0.004 *	0.038 **	0.055 **	0.059 **
Mann-Whitney 检验	Z 值	1.840	2.525	2.537	2.225

注：*、** 和 *** 分别表示在 10%、5% 和 1% 的显著性水平上显著。

ST 公司在 T – 3 年窗口期 [– 10, 10] 的 AR 和 CAR 走势见图 4 – 15，从中可以看出在公司年报公布的 [– 10, 10] 窗口期内，ST 公司的 AR 和 CAR 均在 0 上下波动，未呈现明显下降趋势。正常公司在窗口期 [– 10, 10] 的 AR 和 CAR 走势见图 4 – 16，正常公司的 AR 和 CAR 走势和 T – 1、T – 2 年一样。

本部分针对 T – 1、T – 2 和 T – 3 三个年度的市场反应研究表明，一旦公司财务状况发生变化，投资者至少会在其陷入财务困境的前三年可以感受得到，并且越靠近 ST 年度，市场反应越强烈，因此，需要进一步思考的是，如果模型预测得足够精准，公司发生财务困境的风险将影响公司的股票定价，我们理论上就可以根据 ST 发生概率的高低构造一个多空投资组合，来获取超额报酬率。

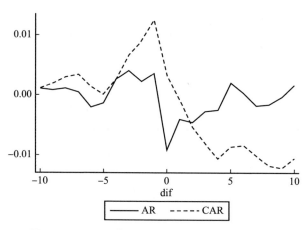

图 4 – 15　T – 3 年 ST 公司 AR 和 CAR 趋势图

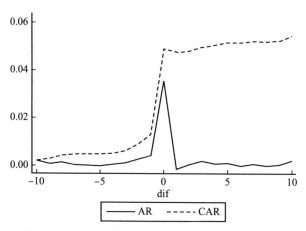

图 4 – 16　T – 3 年正常公司 AR 和 CAR 趋势图

二、财务困境与股票横截面收益

作为风险敞口之一，上市公司自身不同的财务风险状况可能对股票定价有着重要影响。虽然 *SMB*、*HML* 等因子似乎解释了单一公司的基本面情况，但它们的构造方式实际上将这些因子塑造成为了宏观因子的代理变量，本书将财务困境状况作为公司微观因子的代理变量，试图回答：除了 Fama-French 五因子能解释资产定价外，公司财务困境是否被有效定价？财务困境能否担当微观风险因子？首先利用深度学习 CNN 模型预测出预测样本公司的财务困境概率值 Prob，其次分别对 T－1 年、T－2 年和 T－3 年的预测样本按照 Prob 大小进行三分位分组，最后基于 Fama-French 五因子模型考察三个年度的财务困境最高组和最低组的回归常数项（Alpha 收益）的大小变动情况。

$$R_{i,t+1} - R_{f,t+1} = Alpha + b_i(R_{Mt} - R_{ft}) + s_i SMB_t + h_i HML_t + r_i RMW_t + c_i CMA_t + e_{it}$$

由于代入 FF 模型中的数据为月度数据，因此我们把 Prob 转化为月度数据，并按照每个月的 Prob 排序把全部预测样本进行三分位分组，其中 Low_1 组表示财务困境发生概率最低的组，Hig_3 表示财务困境发生概率最高的组。表 4－7 的 Panel A 报告了在 T－1 年预测样本的下一个月的股票横截面收益对 FF 五因子模型的回归结果，发现如果构造一个多－空组合策略（Long-Short）Hig_3 － Low_1，即卖出财务困境发生概率高的 Hig_3 组，买进财务困境发生概率低的 Low_1 组，可以获得平均每月 1.956% 的超额收益率，对这两组的 Alpha 之差做费舍尔组合检验（Fisher's Permutation test），得到经验 P 值为 0.000，在 1% 的水平上显著。

表 4－7　　　　　　　财务困境与股票横截面收益的不同年度定价效应

Panel A	第 T－1 年预测样本的下一个月股票横截面收益						
组合	Alpha	MKT	SMB	HML	RMW	CMA	Adj-R²
Low_1	2.144 *** (4.89)	0.375 *** (5.87)	－ 0.434 *** (－ 2.73)	－ 0.867 *** (－ 4.32)	－ 0.012 (－ 0.05)	0.679 (2.17)	0.037
Mid_2	1.311 *** (3.59)	0.331 *** (6.66)	－ 0.276 ** (－ 2.04)	－ 0.599 *** (－ 3.55)	0.250 (1.18)	0.357 (1.34)	0.027
Hig_3	0.188 (0.48)	0.380 *** (6.91)	－ 0.082 (－ 0.52)	－ 0.604 *** (－ 3.25)	0.731 *** (3.28)	0.763 *** (2.62)	0.025
Hig_3 － Low_1 系数差异	－ 1.956 ***	0.006	0.352	0.262	0.745 **	0.085	
经验 P 值	0.000	0.470	0.119	0.185	0.026	0.430	

续表

Panel B	第 T－2 年预测样本的下一个月股票横截面收益						
组合	*Alpha*	*MKT*	*SMB*	*HML*	*RMW*	*CMA*	*Adj-R*^{2}
Low_1	1.314 *** (3.00)	0.088 (1.50)	－0.154 (－0.94)	－0.370 * (－1.85)	－0.230 (－0.90)	－0.201 (－0.65)	0.007
Mid_2	－0.534 (－1.60)	0.168 *** (3.51)	0.184 (1.37)	－0.360 ** (－2.23)	0.589 *** (2.84)	0.760 *** (2.96)	0.008
Hig_3	－0.746 * (－1.93)	0.178 *** (3.40)	－0.040 (－0.28)	－0.167 (－0.96)	0.124 (0.54)	0.202 (0.72)	0.004
Hig_3－Low_1 系数差异	－2.061 ***	0.090	0.115	0.203	0.356	0.404	
经验 *P* 值	0.000	0.184	0.319	0.219	0.180	0.198	
Panel C	第 T－3 年预测样本的下一个月股票横截面收益						
组合	*Alpha*	*MKT*	*SMB*	*HML*	*RMW*	*CMA*	*Adj-R*^{2}
Low_1	1.056 *** (2.66)	0.208 *** (3.53)	－0.419 *** (－2.95)	－0.902 *** (－4.78)	0.501 ** (2.09)	0.932 *** (3.22)	0.021
Mid_2	0.291 (0.81)	0.307 *** (5.69)	0.378 *** (2.84)	－0.256 (－1.60)	0.797 *** (3.64)	0.963 *** (3.52)	0.024
Hig_3	0.366 (0.95)	0.294 *** (5.38)	0.211 (1.54)	－0.188 (－1.17)	0.205 (0.90)	0.699 ** (2.43)	0.034
Hig_3－Low_1 系数差异	－0.690	0.086	0.631 ***	0.714 **	－0.296	－0.234	
经验 *P* 值	0.116	0.195	0.003	0.015	0.243	0.289	

注：（1）*、** 和 *** 分别表示在10%、5%和1%的显著性水平上显著，括号中为 *t* 值（基于 White 异方差稳健性标准误）；（2）"经验 *P* 值"用于检验组间各回归系数差异的显著性，通过自体抽样（Bootstrap）1 000次得到；（3）Fama-French 五因子模型中的个股月超额收益率在回归前已经乘上100。

表4－7 的 Panel B 报告了在 T－2 年预测样本的下一个月的股票横截面收益对 *FF* 五因子模型的回归结果，发现多－空组合策略 *Hig_3－Low_1* 仍能获得平均每月2.061%的超额收益率，得到经验 *P* 值为0.000，在1%的水平上显著。但是 Panel C 报告了在 T－3 年预测样本的下一个月的股票横截面收益对 *FF* 五因子模型的回归结果，多－空组合策略 *Hig_3－*

*Low*_1 获得平均每月 0.690% 的超额收益率，得到经验 *P* 值为 0.116，并不显著异于 0。

上述结果表明，按照深度学习 CNN 模型预测的财务困境概率 *Prob* 能有效解释股票横截面收益，它能够作为一种风险因子，存在着 *FF* 模型中五因子以外的定价效应。并且定价效应显著地持续存在于 *ST* 前两年，但 *ST* 前三年则不显著，这从另一个侧面验证了前文财务困境的市场反应。

第七节　▶ 稳健性检验

为验证本研究结果的稳健性，我们分别从模型预测和资产定价两个方面进行了检验。

一、模型预测

（一）改变样本分割比例

前面的训练样本和预测样本是按照 0.8∶0.2 比例分割，我们改成按照 0.7∶0.3 比例分割，重新进行模型训练和预测，结果各类模型对财务困境的预测基本保持不变。

（二）调整模型超参数

增加 Logistic 模型的 L1、L2 正则化强度；调整随机森林的决策树个数，决策树深度，核函数形式；通过网格搜索对支持向量机的 *C* 和 *Sigma* 超参数进行调优；改变 CNN 模型的学习率，训练批次（Batch）和轮数（Epoch）等。发现各类模型的预测结果基本稳健。

（三） 变换激活函数形式

本书的 CNN 模型是通过 ReLU 激活函数来进行降维处理，将其换成 Sigmoid 激活函数，重新进行处理，预测效果稍逊于使用 ReLU 激活函数，但仍优于传统机器学习模型（囿于篇幅，不再逐一报告，资料备索）。

二、资产定价

根据 *Prob* 进行五分位组，构造多空组合。采用 Carhart 四因子模型再次考察三个年度的财务困境最高组和最低组的回归常数项（*Alpha* 收益）的大小变动情况，四因子模型和回归结果如下（限于篇幅，仅报告 T − 1 年结果）：

$$R_{i,t+1} - R_{f,t+1} = Alpha + b_i MKT_t + s_i SMB_t + h_i HML_t + u_i UMD_t + e_{it}$$

由表 4 − 8 可知，多空组合的 *Alpha* 值是 − 2.224（经验 *P* 值是 0.000），在 1% 水平上显著异于零，表明财务困境发生的概率能够作为一种风险因子，存在着 Carhart 四因子以外的定价效应。

表 4 − 8　　　　　财务困境与股票横截面收益的第 T − 1 年定价效应

组合	Alpha	MKT	SMB	HML	UMD	Adj-R²
Low_1	2.252 *** (3.86)	2.090 ** (2.45)	− 0.078 (− 0.56)	− 0.434 ** (− 2.07)	− 0.315 (− 0.29)	0.018
Hig_5	0.028 (0.06)	0.323 *** (5.00)	− 0.190 (− 1.55)	− 0.345 * (− 1.80)	0.177 * (1.77)	0.028
Hig_5 − Low_1 系数差异	− 2.224 ***	− 1.143	0.112	− 0.084	− 0.209 **	
经验 P 值	0.000	0.150	0.119	0.320	0.090	

注：（1） *、** 和 *** 分别表示在 10%、5% 和 1% 的显著性水平上显著，括号中为 *t* 值（基于 White 异方差稳健性标准误）；（2） "经验 *P* 值" 用于检验组间各回归系数差异的显著性，通过自体抽样（Bootstrap）1 000 次得到；（3） Carhart 因子模型中的个股月超额收益率在回归前已经乘上 100。

第八节　▶ 研究结论

本章以预测上市公司财务困境作为研究对象，分别以数值数据和混合数据作为输入源，比较深度学习 CNN 模型和传统机器学习模型的预测效果，研究发现：在仅输入数值数据情况下，传统机器学习模型中的随机森林模型预测效果最优，传统模型中的非线性模型的预测表现优于线性模型；而当输入数值和文本混合数据情况时，深度学习 CNN 模型表现出更优的预测效果，而传统机器学习则由于遭受到文本数据的维度灾难，预测效果并没有明显提高。研究表明：一是文本指标具有数值指标以外的信息增量；二是深度学习模型能够在保留文本信息增量的同时，还可以有效地降低数据维度，从而避免维度灾难；三是 CNN 模型只是属于深度学习模型的一种，未来可以研究 RNN、LSTM、Bi-LSTM 等众多模型的预测效应，进一步提升对公司财务困境的预测效果。

我们进一步针对 T－1、T－2 和 T－3 三个年度的市场反应研究表明，一旦公司财务状况发生变化，投资者至少会在其陷入财务困境的前三年可以感受得到，越靠近 ST 年度，市场反应越强烈。并且按照深度学习 CNN 模型预测的财务困境概率 *Prob* 能有效解释股票横截面收益，它能够作为一种风险因子，存在着 FF 模型中五因子以外的定价效应，定价效应显著地持续存在于 ST 前两年，但在 ST 前三年则不显著。未来研究展望：

（1）实证研究范式向机器学习范式变迁。机器学习发轫于工程技术领域，目前已在医疗诊断、经济研究等诸多领域呈现前所未有的爆发式成长（Susan Athey，2017）[①]，相较于传统实证研究需要更多的假设、仅有小规模的样本、检验已发生的情况，而机器学习只需更少的假设、既有的

---

① 苏珊·阿西（Susan Athey）是 2007 年首位女性克拉克奖章获得者，哈佛大学经济学教授，该文见 2017 年 *Science*（杂志）的短评。

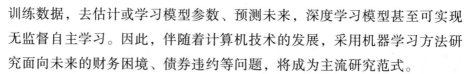

训练数据，去估计或学习模型参数、预测未来，深度学习模型甚至可实现无监督自主学习。因此，伴随着计算机技术的发展，采用机器学习方法研究面向未来的财务困境、债券违约等问题，将成为主流研究范式。

（2）多源数据和大数据平台融合。未来的财务困境研究将不再局限于单一特征数据源，具备全息特征的数值、文本、图像、影音等多源数据已呈现爆发趋势，奥白德（Khaled Obaid，2021）使用深度学习 CNN 模型对华尔街日报上的新闻图片做分类以构建图片悲观指数来预测美国金融市场活动，结果表明在市场恐慌时期，图片信息比文本信息具有更好的预测价值。此外，实时地、海量数据的处理只能借助大数据分布式平台来进行存储和计算，如现行的 Flume + Kafka + Spark + Hadoop 大数据系统，因此多源数据和大数据平台融合是解决各种财务困境预测问题的大趋势。

（3）集成学习和迁移学习并行。不同机器学习模型具有不同数据处理优势，比如深度学习模型在图像信息处理方面具有独特的技术优势，因此，可以集合多种机器学习模型共同学习来提升财务困境预测效果，即集成学习。另外，如果独自进行文本或图像标注，来训练模型参数，一是成本巨大，二是效果未必好，可以通过迁移学习方式优化自己模型，如 Google Inception（v4）卷积神经网络就是很成熟的图像分类开源模型，国内有百度大脑等商业开放平台。而针对海量大数据的存储和计算则可以借助第三方云平台进行，如国外亚马逊 AWS 云、国内阿里云等。

总之，准确预测企业财务困境等问题，对政府部门、市场分析师、企业管理层和投资者个人都具有非常现实的价值，将来我们可以在研究范式、数据来源和平台整合等方面不断深化研究。

第五章

基于词袋模型的新闻文本
即时预测宏观经济走势

尽管汇总会计盈余被证明在经济常态运行时，具有预测宏观经济的信息含量，但是会计数据面临诸多约束和挑战：一是会计数据易受到人为操纵从而导致信息失真；二是覆盖面偏低，通常只有上市公司才有义务对外公布会计数据，而数量更多的中小企业的会计数据是不公开的，无法获得；三是会计数据发布的频率较低，通常为季度、半年度、年度数据，存在一定的时滞性，特别是当遇到外界重大突发事件对宏观经济造成冲击时，会计数据将无法做到及时预测宏观经济的变动趋势，出现所谓的预测失灵。因此，思考和探索会计数据之外预测宏观经济的新数据源具有非常意义。

预测宏观经济通常依赖于"硬信息"和"软信息"，前者包括客观和直接的量化指标，如生产和就业数据、会计信息数据等。而后者更多包括主观和间接的质性指标，如消费者信心调查问卷、宏观经济分析师预测等。这些指标已经被证明具有很好的经济预测能力（Souleles，2004），然而正如前文所发现，"硬信息"存在以下两点"硬伤"：一是时效性问题，即硬信息是反映过去已经发生的事件，通常具有一定的时间落差，无法及时反映当下进行或即将发生的事件；二是常态性问题，即硬信息在经济处于常态运行周期时，预测比较准确，一旦经济受到外生突发事件冲击，传统线性预测模型的前提假设将不再成立，预测也不再准确。因此，需要寻找能够更客观而又及时反映不确定状态下经济运行的新的信息源，一种方式是进行问卷调查，问卷调查有如下优点：（1）基于业内一线从业人士，信息源可靠；（2）各行各业人员分布广泛，信息量翔实；（3）问卷调查通常领先于官方数据公布，信息更及时。但问卷调查也存在一些缺点：（1）问卷样本量较少；（2）问卷调查成本较高；（3）调查频度有限。另一种方式是财经新闻文本信息，财经新闻就具备这样的优点，财经新闻一方面能够客观地反映经济运行态势，另一方面新闻具有高频及时性的特点，并且新闻文本的获取成本较低。因此，利用财经新闻文本研究经济运行具有潜在的预测应用价值，逐渐成为学术研究热点。

近年来，经济学家们对使用文本信息的兴趣与日俱增，尤其是利用新闻文本分析宏观经济走势。早期研究可追溯到，贝克尔（Baker，2016）基于新闻文本关键词数量，构建经济和政治不确定指数，一些研究通过自然语言处理方法计量新闻文本情感指数来分析经济产出和通货膨胀水平（Kelly，2018；Bybee，2019；Shapiro，2020），还有研究通过分析新闻文本来解释长期悬而未决的问题，如央行沟通的作用（Hansen and McMahon，2016；Hansen，2017）、金融市场资产定价（Calomiris and Mamaysky，2019）、经济预期（Lamla，2012；Sharpe，2017）、股市波动（Baker，2019）、媒体偏见（Shapiro，2010）等，最近研究出现采用新闻细粒度文本，构建财经新闻细粒度情感词典，标注文本情感指数，分析不同经济主题，预测GDP增长（Ardia，2019；Shapiro，2020；Consoli，2021）。

本章采用混频数据模型研究2006年6月至2022年1月共计188个月份中，新闻文本情感指数对宏观经济增长率的预测能力，结果发现，基于词袋模型构建的文本情感指数基本能够同步反映宏观经济增长率的走势，但却无法提供超前预测能力，出现这种结果的可能原因是词袋模型需要依赖于金融经济专用词典，而词典中的积极或消极情感词语更可能是经济已经出现显著上行或下行时，才出现在新闻文本中。同时词袋模型无法反映不同词语之间的语义关联，而这些语义关联往往隐藏着重要的预测信息，因此词袋模型仅能同步反映宏观经济走势，却无法提前捕捉预测信息。

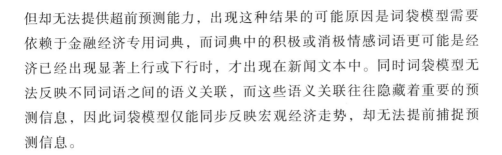

第二节 ▶ 理论分析和文献回顾

　　新闻，也叫消息或资讯，是通过报纸、电台、广播、电视、互联网等媒体途径所传播信息的一种称谓，是记录社会、传播信息、反映时代的一种文体。从本质来看，新闻就是信息；从载体来看，新闻传递的方式已经从过去的报纸媒介发展到如今的互联网 APP；从受众来看，新闻获取已经从过去是少数人的权益变为如今普罗大众唾手可得；从时效来看，如今新闻的传播速度基本实现当日实时传播。

　　无论是古代社会还是现代社会，无论是东方世界还是西方世界，新闻行业都是一个受到高度管制的行业。比如美国，开办报社、电台、电视台这类从事信息生产、制作和发布的企业，都需要获得联邦政府的许可。联邦政府会根据事先设定的程序，对申请者的资质进行严格审查，最后把这些资源分配给最能满足需要的企业。这些获得许可的企业在经营的过程中，如果能够满足法律的要求，则可继续拥有经营报社、电台、电视台的权利，否则就会在许可到期之后丧失使用这些公共资源的权利。随着时代发展，尽管现代西方社会出现一些花边新闻、八卦新闻之类小报社，但其主流媒体仍然保持一贯的严肃性。我国和许多国家一样，在对公共服务业，尤其是对公众提供新闻服务的主体进行监督时，为防止其片面追求商业利益，对社会、个体造成损害，要对从事该类业务的资质进行严格把关，即许可制度。2017 年 5 月，国家互联网信息办公室发布《互联网新闻信息服务管理规定》，对参与互联网新闻信息服务的各方做出了较有针对性的规定。综上，新闻信息具有权威性、多样性、客观性、及时性等特点，具有独特的信息含量。

行为经济学前景理论认为，人们通常在面临获得时，往往不愿冒风险；而在面对损失时，人人都变成了冒险家，并且人们对损失和获得的敏感程度是不同的，损失的痛苦要远远大于获得的快乐。同时为避免错误决策带来的遗憾，人们会拒绝做出理性决策，非理性因素往往会占据上风，特别是随着新闻包含着过去和现在的货币和财政政策信息，以及各种专业人士、金融分析师对政策的解读以及对未来经济形势的研判，这些信息快速广泛地传播，会对人们的心理预期起到推波助澜的作用，更加坚定其判断，进而改变人们的心理预期和消费投资行为，导致市场过度反应，最终会引发宏观经济波动。

新闻文本情绪分析是自然语言处理研究的热点，并广泛应用于多个领域，如社交媒体分析、客户推荐系统、人力资源管理等领域。近年来，新闻文本情绪分析开始应用于金融和经济研究，国外学者泰洛克（Tetlock，2007）、卡西亚（Carcia，2013）利用纽约时报金融专栏文章测量金融市场情绪，贝克尔、布鲁姆和戴维斯（Baker，Bloom and Davis，2016）使用 10 年报纸文本计量经济政策的不确定性，夏皮罗和威尔森（Shapiro and Wilson，2019）运用文本情绪分析联邦公开市场委员会会议内容来估计央行的目标函数，巴尔巴利亚（Barbaglia，2021a）利用 26 家主流媒体共计 2 700 万条新闻文本，构建文本情绪预测欧洲五国的宏观经济走势，结果发现文本情绪指数可以显著地预测 GDP 增长，并且在控制传统宏观经济变量情况下，结论保持稳健，巴尔巴利亚（2021b）提出了一种细粒度文本分析方法，基于美国六大主流报纸新闻文本，预测宏观经济走势，发现几个细粒度文本情绪与经济周期波动紧密吻合，并且四个主要宏观经济变量的显著预测指标，当把文本情绪指标纳入宏观经济因子模型时，能显著地提高模型预测能力，埃林森（Ellingsen，2021）使用道琼斯新闻数据库的 2 000 余万条新闻文本，预测美国的 GDP、消费和投资增长，新闻文本包含有传统结构数据之外的增量信息，对于预测消费增长特别具有信息含量。

国内学者游家兴（2018）以我国八家主流财经媒体的 20 万份新闻报道为样本，研究发现我国媒体在新闻报道时存在显著的地域偏见，龙文（2019）使用 LDA 方法对宏观财经新闻的话题进行提取，发现通过财经新闻话题分布来构建预测模型可以获得股票超额收益率，沈艳（2021）研究媒体报道在提高未成熟金融市场信息透明度中的作用。姜富伟（2021a）使用基于洛克伦和麦当纳构建中文金融情感词典，计算我国财经媒体文本情绪指标，发现媒体文本情绪可以更准确地衡量我国股市投资者情绪变化，对股票回报有显著的样本内和样本外预测能力，姜富伟（2021b）分析中国人民银行货币政策执行报告的文本情绪、文本相似度和文本可读性等多维文本信息，发现文本情绪的改善会引起显著为正的股票市场价格反应，货币政策报告文本情绪还与诸多宏观经济指标显著相关，林建浩（2021）利用央行沟通文本进行宏观经济预测，结果显示央行沟通测度有助于提升预测能力，表明沟通中少量的前瞻性指引具有持续的预测能力，验证非结构化文本大数据具有提升中国宏观经济实时预测能力，唐晓彬（2021）采用文本挖掘技术扩充关键词，结果发现对 *CPI* 具有更高的预测准确度和更充分的解释性。

综上可知，国内外有关新闻文本信息的研究方兴未艾，至少提供两点启示：一是新闻文本具有结构化数据以外的信息增量，具有预测价值；二是新闻文本应用于宏观经济预测的研究偏少，具有深入研究的意义。

第三节　研究方法与文本数据

金融和经济领域进行文本分析的手段之一就是测度相关新闻文本的情

感数值，而最常用方法就是词袋法，即首先构造出情感字典，然后根据词典对文本中正向情感词数量和负向情感词数量分别计数，最后将两类情感词相加减得到最终情感数值。如早期的泰洛克（2007）、洛克伦和麦当纳（2011）、贝克尔（2016）、谢德仁（2015）、林乐（2016，2017）等研究，其中最关键的就是情感词典的选用，国外研究主要基于四种英文情感词典：（1）Henry 词典；（2）Harvard GI 词典；（3）Diction 词典；（4）Loughran and McDonald 词典，国内比较常见的中文情感词典有台湾大学情感词典（NYU）、Hownet 情感词典、英文字典汉化。另外有研究基于词袋模型使用主题分析方法（Latent Dirichlet Allocation，LDA），LDA 是一种非监督机器学习技术，可以用来识别大规模文档集或语料库中的潜在隐藏的主题信息，该方法假设每个词是由背后的一个潜在隐藏的主题中抽取出来（Kelly，2018；Thorsrud，2016，2020）。近年兴起利用深度学习方法测度文本情感指数，深度学习方法属于有监督自主学习，大大提高了识别的准确率（杨七中，2019，2020），但是该方法需事先确定一个文本情感标注样本，并且样本量大小与识别准确率相关，通常事先要获得大样本的标注库，主要依靠人工标注，成本很高，目前广泛使用的标注库大多与在线评论有关的商品评论样本，而与财经新闻相关的样本标注库较为缺乏。因此，词袋法虽然准确率不如深度学习高，但考虑该方法属于无监督学习，不需要高成本的样本标注库，因此在实际应用中较为普遍。

本书基于金融和经济领域情感词典（Loughran and McDonald，2011；姜富伟，2019），采用词袋模型测度新闻文本情感指数，具体计算过程如下：

一、文本数据预处理过程

本书的最终目的是在选取财经新闻文本之后，利用词袋模型测度文本情感数值，用于预测中国宏观经济走势。首先文本需要满足以下条件：

（1）文本类别属于财经新闻，即将知网报纸数据库的类别设定为经济、金融类别；

（2）过滤掉"摘要""编者按""社论"等文本；

（3）每篇文本长度至少要300字；

（4）Jieba分词、去停用词；

（5）语义依赖性分析；

（6）语气词赋权；

（7）否定词处理。

二、金融和经济领域词典构建

构建中文金融情感词典的两大素材是英文金融词典（LM词典）以及现有的中文通用情感词典，姜富伟（2019）将把英文LM金融词典转化为对应的中文版本（洋为中用），并从中文通用情感词典中筛选出在金融语境下仍然适用的情感词汇（古为今用），这两部分词语是中文金融情感词典的重要组成部分。为了避免金融情感词语的遗漏，我们利用word2vec算法（一种深度学习算法）从语料中找到与前两部分词语高度相关并且具有合适情感倾向的词语，从而实现扩充词典的目的。最后，将上述三种方法得到的词语合并去除，得到最终的中文金融情感词典。在古为今用部分，为了避免不同通用情感词典之间特征差异的影响，同时也为了保证词语的完备性，我们将三个应用程度较为广泛的词典（知网HowNet情感词典、清华大军李军词典以及台湾大学NTUSD词典）合并去重，以此作为所使用的通用情感词典。具体过程见图5-1。

最终得到完整的中文金融和经济词典共9 228个词语，其中消极词语共5 890词，积极词语共3 338词。

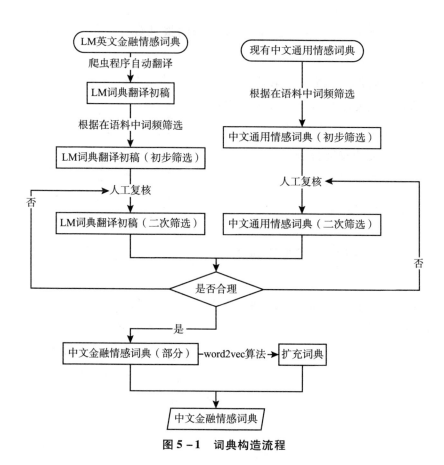

图 5 - 1　词典构造流程

三、文本情感值计算过程

（一）每篇新闻文本情感数值

$$Sentiment\_lines = (Pospct - Negpct) / (Pospct + Negpct)$$

其中 $Pospct$ 代表文本正面情感词语数，$Negpct$ 代表文本负面情感词语数。

（二）每日新闻文本情感数值

$$Sentiment\_daily = \sum Sentiment\_lines/N$$

其中 N 代表每日新闻文本数目，即求出每日所有篇文本情感平均值。

（三）每月新闻文本情感数值

$$Sentiment\_month = \sum Sentiment\_daily/M$$

其中 M 代表当月所对应的天数，即求出每月所有日文本情感平均值。

（四）每季新闻文本情感数值

$$Sentiment\_quarter = \sum Sentiment\_month/3$$

其中 3 代表每个季度所对应的月数，即求出每季所有月文本情感平均值。

（五）文本数据例子：

下面分别摘出几篇新闻文本列示如下，直观地感受一下新闻文本所传递出来的情感倾向：

（1）来源：城市金融报——标题："银行家怎样看银行业改革"，日期：2019 - 02 - 28。

我国的融资体系是以银行为主的间接融资占主导，所以银行体系才是中国经济的晴雨表。相比于股市的高波动性，银行经营行为的变化，对中国经济真实情况的反映才更加确切。

近日，中国银行业协会发布了《中国银行家调查报告（2018）》，银行家从宏观环境、发展战略、业务发展、风险管理与内部控制、人力资源与财务管理、金融科技与信息化、公司治理与责任等角度进行评价。

金融机构竞争加剧

近年来，金融机构的日子并不好过，躺着挣钱的日子一去不返，而新

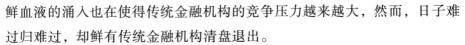
鲜血液的涌入也在使得传统金融机构的竞争压力越来越大，然而，日子难过归难过，却鲜有传统金融机构清盘退出。

距离海南发展银行破产已经过去了21年，谁是下一个，人们不愿意猜测，但存款保险等制度的完善已经为此做好了准备。事实上，在银行家群体中，有69.3%的人认为未来三年将会有个别机构退出市场，有15%的银行家认为会有部分类型的机构退出市场。

退出市场的大热门则是民营银行，有53.7%的银行家认为民营银行最有可能在未来三年内退出市场。

目前，我国共有17家民营银行，截至2017年末，民营银行总资产3 381.4亿元，同比增长85.22%，其中各项贷款余额1 444.17亿元，增长76.38%。

曾几何时，民营银行一照难求，上市公司纷纷表态筹建，而随着民营银行逐批成立，上市公司的喊声已经越来越小，直至2018年1月，宁夏青龙管业发布了取得民营银行名称预先核准通知书，此后再无上市公司发声。

中商产业研究院数据显示，2018年全国民营银行核名总数共85家，创2013年以来的历史新低，2017年和2016年这一数字分别为141家和178家。

除民营银行外，有43.6%的银行家认为农村金融机构退出市场的可能性最大，信托公司、城市商业银行、外资银行、股份制商业银行也分别有33.7%、21%、10.6%、4.6%的银行家认为可能退出市场。

资管新规变局

资管新规出台之后，银行的业务规模和经营战略也随之转变。有55.7%的银行家认为，资管新规最重要的目的之一在于打破刚性兑付，使投资者自负盈亏，有55.3%的银行家选择净值化管理作为影响最大的规定，38.6%的银行家认为期限错配的限制是新规对银行理财影响较大的规定。

在规模方面，57.7%的银行家认为资管新规发布后银行理财余额会出

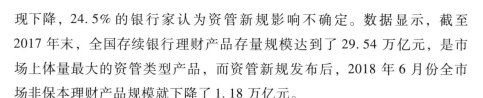

现下降，24.5% 的银行家认为资管新规影响不确定。数据显示，截至 2017 年末，全国存续银行理财产品存量规模达到了 29.54 万亿元，是市场上体量最大的资管类型产品，而资管新规发布后，2018 年 6 月份全市场非保本理财产品规模就下降了 1.18 万亿元。

体量的减小也意味着各家银行之间的竞争更加激烈，对于理财子公司的要求更高。较为令人意外的是，对于理财子公司最为热衷的是股份制商业银行而非大型商业银行。

调查显示，有 81% 的股份制商业银行人士认为应该成立理财子公司，大型商业银行这一数据为 64%，城商行与民营银行这支持数据为 57%。

招商银行研究院总经理孙怀宇表示，市场上有研究大致测算过资管子公司的盈亏平衡，大约在 600 亿元就能达到盈亏平衡，对于招商银行而言，管理规模最大达到两万亿元左右，虽然受到资管新规影响略有下降为 1.8 万亿元左右，但也足以实现盈利。

"不良贷款增长"为银行家最"头疼"的经营压力

银行家对宏观经济形势的看法也会影响到银行的日常经营决策，可以说，银行体系是中国经济的晴雨表。

"我国的融资体系是以银行为主的间接融资占主导，所以银行体系才是中国经济的'晴雨表'。相比于股市的高波动性，银行经营行为的变化，对中国经济真实情况的反映才更加确切。"中国银行业协会首席经济学家巴曙松称。

那么，银行家最"头疼"的经营压力有哪些呢？调查结果显示，受访银行家将"不良贷款增长"（32.4%）列为银行经营最主要的压力来源。多位银行家表示，宏观经济不确定性风险加大，经济金融领域结构性矛盾突出，给银行资产质量带来了压力，在未来一段时间内，制定发展战略仍将重点围绕信用风险管控，持续关注资产质量变化。

货币政策效果评价最高

银行家对宏观经济政策整体评价，是每年报告都会例行调查的内容。与往年的调查结果相比，银行家对 2018 年以来宏观经济政策效果的总体评价得分有所下降。

银行家所评价的宏观政策类型分为四大类：货币政策、财政政策、产业政策和监管政策。就单项政策效果而言，货币政策效果的评价最高。报告认为，这表明，央行以"稳杠杆"和"防风险"为目标的稳健中性的货币政策仍受大部分银行家认可。

然而，值得注意的是，财政政策的评分在四类政策评分中最低，且较2017年下降幅度高于整体平均降幅。报告称，银行家期待未来更积极的财政政策，未来财政政策应发挥更加积极的作用。

（2）来源：中国产经新闻——标题："站上万亿新台阶2022年稳外资路线图浮现"，日期：2021 - 12 - 23。

12月22日，植信投资研究院在中国金融信息中心发布2022年宏观经济展望报告。植信投资首席经济学家兼研究院院长连平在会上表示，2022年，中国经济增长超预期的可能性较大。

连平表示，2022年，预计中国经济增长将"前低后高"，增速逐季回归至正常水平，并最终有望实现5.7%左右的增长，高于预期目标。

在诸多政策利好因素的加持下，连平认为2022年有望成为中国的"基建大年"。

一是信贷投放力度加大，项目审批适度放松。中央经济工作会议明确表示要保证财政支出强度，加快支出进度，适度超前开展基础设施投资。

二是优质项目逐步增加。预计将重点投向交通基础设施、能源、农林水利、生态环保、社会事业、城乡冷链等物流基础设施、市政和产业园区基础设施、国家重大战略项目、保障性安居工程等方向。此外，还将聚焦促进区域和地区协调发展的短板领域和涉及重大民生的城市管网建设等。

三是专项债发行具有"前置效应"。从专项债发行到实物工作量的形成有时间差，一般大约需要一到两个季度，这意味着2021年四季度专项债发行提速将在2022年一季度逐步显现其效应。在专项债发行节奏前置的基础上，预计2022年全年基建投资都能有较好表现。

连平表示，从推动经济增长的主要动能来看：一方面，外需表现或相对平淡。预计 2022 年出口仍将具有韧性，但增速边际放缓，预计全年出口同比增速为 10%，进口同比增长 9% 左右。另一方面，内需的亮点不少。在基建投资提速、制造业投资保持较快修复态势的共同推动下，预计 2022 年固定资产投资增长 6.5% 左右；与此同时，2022 年支撑消费较快恢复的因素增多，社会消费品零售有望恢复至疫情前的潜在增长水平。

针对市场关注的货币政策和市场流动性问题，连平认为，2022 年货币政策将灵活适度精准，维持稳健偏松操作，财政政策和货币政策协调联动，跨周期和逆周期宏观调控政策要有机结合，流动性保持合理充裕，促进货币供应量和社会融资规模增速与名义 GDP 增长率的基本匹配。

"为更好地支持实体经济，降低企业融资成本，上半年仍有可能小幅降准一次，LPR 也有可能继续小幅下降。"连平说。

（3）来源：证券时报——标题："前 11 月央企效益增长创历史最高水平"，日期：2021 - 12 - 20。

国资委称明年要努力实现"两增一控三提高"，要坚持把稳增长、防风险摆在更加突出位置 2021 年 12 月 18 日，国资委召开中央企业负责人会议，深入学习贯彻党的十九大、十九届历次全会和中央经济工作会议精神，总结 2021 年国资央企工作，分析当前形势，部署 2022 年工作任务，推动国资央企为稳定宏观经济大盘、保持经济运行在合理区间作出更大贡献。

2021 年是中央企业效益增长的丰收年。数据显示，前 11 个月，央企实现利润总额 2.3 万亿元、净利润 1.75 万亿元，石油石化、钢铁、煤炭等企业盈利水平和增利贡献显著提升。央企营业收入利润率为 7.1%，同比提升 1.1 个百分点；研发投入强度为 2.3%，同比提高 0.1 个百分点；累计上缴税费 2.2 万亿元，同比增长 19.1%。截至 11 月底，央企资产负债率为 65.1%，基本保持稳定。国资委党委书记、主任郝鹏在会上表示，中央企业以创纪录的效益增长，有力支撑了我国经济总量和人均国内生产总值的进一步提升。

2021 年中央企业在战略性新兴产业布局也进一步加快。数据显示，前三季度，央企战略性新兴产业完成投资 7 267 亿元，同比增长 6.3%。

2021年，企业市场化经营机制改革在更大范围、更深层次破冰破局，战略性重组、专业化整合、战略性新兴产业布局有力推动国有资本结构优化提升。国企改革三年行动70%目标任务顺利完成。

会议强调，做好明年国资央企工作责任重大，为引导中央企业在稳字当头、稳中求进中主动担当、积极作为，更好发挥国民经济稳定器、压舱石的作用，明年"两利四率"要努力实现"两增一控三提高"，"两增"即利润总额和净利润增速高于国民经济增速，"一控"即控制好资产负债率，"三提高"即营业收入利润率、全员劳动生产率、研发经费投入进一步提高。落实明年工作要求和目标任务，要坚持把稳增长、防风险摆在更加突出位置，坚持以改革激发市场主体活力、激活发展动力，坚持强化企业创新主体地位、打造国家战略科技力量，坚持强实业兴产业、促进经济循环和产业链畅通，坚持党的全面领导、充分发挥中央企业政治优势。

会议要求，要稳字当头抓经营，及早制定有利于稳增长的措施，加快落地一批"十四五"规划明确的重大投资项目，力争实现"开门红"开局稳；优化经营策略，大力降本节支，持续推进"两金"管控，确保经营活动现金流合理充裕，持续提升国有控股上市公司质量；加快淘汰落后产能和清退"两资""两非"，加大亏损子企业治理力度，进一步压减收益率低于资金成本的业务规模。决战决胜国企改革三年行动，聚焦重点难点抓攻坚，建设专业尽责、规范高效的董事会。加快打造原创技术"策源地"，强化关键核心技术攻关，推动一批重大攻关成果示范应用，提升共性关键技术研发服务能力，有效激发各类人才创新创造活力，更好促进高水平科技自立自强。切实增强产业链供应链韧性和竞争力，深化跨行业跨领域跨企业专业化整合，积极打造现代产业链"链长"，促进上中下游、大中小企业融通创新、协同发展，培育一批国家级先进制造业集群，系统推进数字化转型，打造一批科技领军企业、"专精特新"企业和单项冠军企业。不断提高服务国家重大战略能力，科学推进"双碳"工作，积极推动绿色低碳技术攻关；加大国内资源勘查力度，推动国内油气增储上产，加强油气、煤炭等储备能力建设，更好发挥重要能源资源生产自给的支撑托底作用。稳健开展境外投资和生产经营，更高水平参与"一带一路"建设。坚决有力防范化解各类风险，落实企业防风险主体责任，全过程、全链条完善风险防控工作体系和工作机制，从严从实抓好各类风险防范，严控债务、投资、金融风险，严防安全环保风险，加强国有资产监管，严防国有资产流失，牢牢守住不发生重大风险的底线。加快建设世界一流企业。

分析上面三篇新闻文本不难发现，新闻文本（1）更多地使用了压力、难过、下降等负面词汇，所传递的情绪是负向的。新闻文本（2）和（3）却较多地使用了增长、积极、提升、顺利等正面词汇，所传递的情绪是正向的。因此，从直观感受可知，新闻文本能够传递宏观经济变化的信息，是反映宏观经济变化的"晴雨表"，具有预测宏观经济变化的增量信息。

四、数据来源

本书的新闻文本数据来源于慧科新闻报纸数据库。媒体来源选取——报刊，媒体类别选取——财经类报章，媒体地区选取——中国大陆。中国大陆地区最具影响力财经类报章具体包括：《经济日报》《中国经济时报》《中国企业报》《中华工商时报》《上海证券报》《中国经营报》《金融时报》《证券时报》《21世纪经济报道》《北京商报》《经济观察报》《证券日报》《每日经济新闻》《第一财经日报》《中国证券报》，共15个财经报刊。通过直接输入关键词：宏观经济，检索2006年至2022年1月，共得到90万余篇新闻文档。

研读新闻文档，发现文档主题涵盖货币政策、消费价格、行业前景、就业失业、金融市场波动、国际经济情势、工业生产总值等各种反映宏观经济方方面面的信息，故研究新闻文档的积极或消极情绪变动所蕴含的预测宏观经济走势的增量信息，具有相当程度的研究价值。

一、混频数据模型

经典的回归模型中被解释变量和解释变量的观测频率是相同的，但实践中往往需要对不同频率的数据进行回归，比如通过月度数据来对季度数据的即时预测。常见的做法有：（1）对高频数据进行简单加总或平均为低频数据，这种做法对高频数据不同期的权重约束为相同，不能有效地对低频数据进行预测或解释；（2）按照插值法将低频数据转换为高频数据。

格希尔斯（Ghysels，2004，2006）、阿姆斯通（Armesto，2010）、安德列乌（Andreou，2013）提出了混频数据模型，直接利用混频数据构建模型，避免因数据加总或插值导致的信息损失和人为信息虚增，既充分利用了现有高频数据的信息，又改进了宏观计量模型估计的有效性和预测精度。混频数据抽样模型（MIDAS）是混频数据模型的一种，它使用参数控制的滞后权重多项式函数对高频滞后数据进行有权重的加总并构建模型，再通过数值优化和非线性的方法估计混频数据模型中的最优参数。混频数据抽样模型（MIDAS）具体形式如下：

$$y_t = x_i \beta + B(L^{1/m};\ \theta) x_{t-h}^{(m)} \lambda + \varepsilon_t$$

y_t 低频因变量，x_t 为低频自变量。$x_t^{(m)}$ 为高频自变量，m 为高频数据的抽样频率。比如，y 为季度数据，$x^{(m)}$ 为月度数据，那么 $m=3$。

$$B(L^{1/m};\ \theta) = \sum_{k=0}^{K} a_k L^{k/m};\ L^{s/m} x_{t-h}^{(m)} = x_{t-h-s/m}^{(m)} \qquad (5-1)$$

二、混频 VAR 抽样模型

由于自变量——新闻文本情感指标是月度频率，因变量——宏观经济指标是季度频率，因此本书采用混频 VAR 模型分析新闻文本情感对宏观经济的预测价值。

本书将时期 t 在 d 日所释放的宏观经济变量设定为 Y_t^d，将预测变量设定为 X_{d-h}，$d-h$ 表示在官方宏观经济变量公布的 d 日之前 h 日。由于 X_{d-h} 是一个包括传统预测变量和文本情感指标的向量，可能存在季度和月度数据频数不一致，即混频问题，故本书采用混频 VAR 向量自回归模型来处理混频数据问题，即每个滞后项都有不同的系数（Marcellino and Schumacher，2010；Forni，2015，2018）。预测模型设定如下：

$$Y_{t+n}^d = \eta_h S_m + \alpha_h Y_t^d + X_t' \beta_h + \varepsilon_{t,d-h} \qquad (5-2)$$

上式中 Y_{t+n}^d 为 GDP、CPI、PPI、失业率等目标变量，$n = 1$，2，3，4，$\cdots$，S_m 为 m 月的文本情感指数，η_h 表示文本情感对未来目标变量的影响，X_t' 为控制变量，$\varepsilon_{t,d-h}$ 为扰动项。

第五节 ▶ 描述性统计及回归分析

新闻文本情感指数的描述统计见表 5-1。从中可见，在 2006～2022 年的 63 个季度，我国宏观经济 GDP 季度环比增长率的平均值是 8.085%。最小值是 -6.80%，发生在 2020 年第一季度，正是 2019 年 12 月底至 2020 年 2 月新冠肺炎疫情暴发后，全国封城后经济基本停摆，导致 2020 年一季度经济下滑。最大值是 18.3%，发生在 2021 年一季度，随着新冠肺炎疫情逐步得到控制，宏观经济基本面开始触底反弹。分析宏观经济 GDP 数据容易发现，在排除新冠肺炎疫情带来的冲击导致两个季度出现负增长外，中国过去 20 年经济基本保持高速持续增长，表现出强大的增长韧性和增长惯性。

表 5-1   宏观经济变量和文本指数描述性统计

变量名	样本数	平均值	中位数	标准差	最小值	最大值
GDP	63	8.085	7.401	3.780	-6.800	18.300
CPI	63	0.226	0.267	0.327	-0.600	1.033
PPI	63	0.122	0.120	0.584	-2.433	1.267
sent	188	0.315	0.329	0.206	-0.719	0.808

我国宏观经济 CPI 季度环比增长率的平均值是 0.226%，标准差是 0.327%。最小值是 -0.60%，最大值是 1.033%。PPI 季度环比增长率的平均值是 0.122%，标准差是 0.584%。最小值是 -2.433%，最大值是 1.267%。表明在此期间，中国的通货膨胀率运行在一个相对较低的水平，也未出现大起大落情况。

在 2006~2022 年的 188 个月度，新闻文本情感月度指数 sent 的平均值是 0.315，表明在此期间中国宏观经济的整体情感是积极正向的，这符合中国过去 20 年经济高速持续增长的现实情况。文本指数的标准差是 0.206，表明新闻文本情感指数在不同的时期存在一定的波动幅度，可能具有捕捉经济增长变动的信息潜力。文本指数的最小值是 -0.719，发生在 2020 年 5 月，恰好是新冠肺炎疫情暴发期间，宏观经济遭受到严重冲击，经济下行风险不断加剧。文本指数的最大值是 0.808，发生在 2021 年 7 月，正逢宏观经济从谷底反弹，处于上升期。这些均表明文本指数初步具有预测宏观经济增长的信息含量。

图 5-2 描绘了宏观经济季度 GDP 和新闻文本情感月度指数 sent 在 2006~2022 年的共同走势，可以发现：（1）两者基本能够保持一致走势，值得注意的是在 2008 年 7 月爆发全球金融危机期间，中国的宏观经济 GDP 增长受到影响出现经济下行走势，新闻文本情感也确实能够反映经济的走势，情感指数呈现负向，随后国家推出"四万亿"投资计划，宏观

经济得到拉升，新闻文本情感指数也反映了这一情况。此外，由于新冠肺炎疫情的冲击，在2020年一季度宏观经济GDP下滑-6.80%，第二季度下滑-1.60%，而新闻文本情感也印证了这一经济下行趋势，伴随着疫情得到控制，宏观经济稳步回升，新闻文本情感也呈现正向。（2）以上结果表明新闻文本情感能反映出宏观经济的走势，但需要注意的是，在预测时效性方面，使用词袋法计量的新闻文本情感指数并未明显地领先宏观经济GDP走势，从2008年金融危机和2019年底新冠肺炎疫情这两个转折点看，使用词袋法计量的新闻文本情感指数几乎和宏观经济走势保持同步，并未做到提前预测宏观经济走势，这说明新闻文本情感具有预测宏观经济走势的信息含量，但词袋法不能很好地提取出其中的语义信息，还需要采用更高级的能萃取出语义信息的深度学习方法来实现。

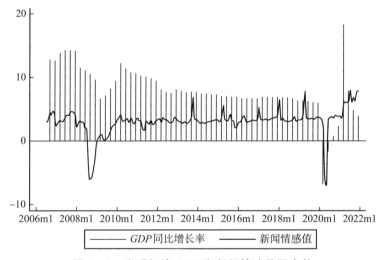

图5-2 宏观经济GDP和新闻情感共同走势

注：为了图形显示，*sent*值先乘以10再绘图。

图5-3描绘了通货膨胀季度指标CPI和新闻文本情感月度指数*sent*在2006~2022年的共同走势，可以发现：两者的时间序列趋势基本一致，但预测时效性不明显。

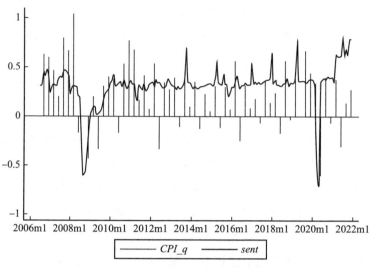

图 5 - 3　通货膨胀 CPI 和新闻情感共同走势

　　图 5 - 4 描绘了通货膨胀季度指标 PPI 和新闻文本情感月度指数 *sent* 在 2006 ~ 2022 年的共同走势，可以发现：两者同样是时间序列趋势基本一致，预测时效性不明显。

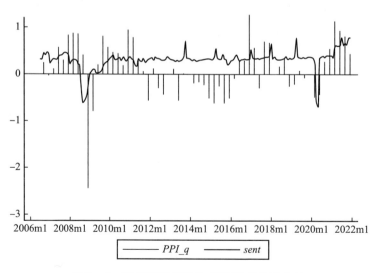

图 5 - 4　通货膨胀 PPI 和新闻情感共同走势

接下来，本书利用混频 VAR 向量自回归模型（5－2）进一步从量化角度来验证一下新闻情感指数对 GDP、CPI、PPI 的预测能力，文本情感指数权重采用 step 方式，根据 AIC 准则为 6 阶滞后，宏观经济指标用一阶滞后自变量作为控制变量，表 2 是新闻文本情感指数对"$T+1$"期宏观经济变量的回归，具体回归结果见表 5－2。

表 5 – 2　　　　　新闻情感指数对 T + 1 期宏观经济变量预测回归结果

自变量	GDP_{t+1}	CPI_{t+1}	PPI_{t+1}
	（1）	（2）	（3）
高频数据			
$sent\_Step1_t$	－ 0.730 （ － 0.95）	0.191 ** （2.34）	0.544 *** （4.48）
$sent\_Step2_t$	0.468 （0.59）	－ 0.008 （ － 0.10）	－ 0.301 *** （ － 2.17）
低频数据			
$L1.\,gdp\_growth_t$	0.636 *** （6.29）		
$L1.\,CPI_t$		－ 0.155 （ － 1.23）	
$L1.\,PPI_t$			0.453 *** （3.94）
常数项	3.015 *** （2.84）	0.074 （0.87）	－ 0.157 （ － 1.16）
样本数	62	62	62
$Adj\ R^2$	0.368	0.114	0.388

注：*、** 和 *** 分别表示在 10%、5% 和 1% 的水平上显著，括号内为 Z 值。

表 5 – 2 的第（1）列的宏观经济因变量是 GDP，新闻文本情感指标 sent_Step1 的系数是 － 0.730，Z 值是 － 0.95，在 10% 水平上并不显著，表明新闻文本情感指标无法提前预测 GDP，该结论与图 5 – 2 中的两者趋势一致性相互印证。第（2）列的宏观经济因变量是 CPI，新闻文本情感

指标 sent_Step1 的系数是 0.191，Z 值是 2.34，在 5% 水平上显著，表明新闻文本情感指标至少能够提前一个月可以预测 CPI。第（3）列的宏观经济因变量是 PPI，新闻文本情感指标 sent_Step1 的系数是 0.544，Z 值是 4.48，在 1% 水平上显著，表明新闻文本情感指标至少能够提前一个月可以预测 PPI。

表 5 – 3 是新闻文本情感指数对 "$T+2$" 期宏观经济变量的回归，结果见表 5 – 3。

表 5 – 3　　　　新闻情感指数对 $T+2$ 期宏观经济变量预测回归结果

自变量	GDP_{t+2}	CPI_{t+2}	PPI_{t+2}
	（1）	（2）	（3）
高频数据			
$sent\_Step1_t$	− 0.242 （− 0.27）	0.044 （0.51）	0.022 （0.14）
$sent\_Step2_t$	− 0.066 （− 0.07）	0.111 （1.29）	− 0.139 （− 0.97）
低频数据			
$L1.\,gdp\_growth_t$	0.420 *** （3.56）		
$L1.\,CPI_t$		− 0.168 （− 1.29）	
$L1.\,PPI_t$			0.488 *** （3.71）
常数项	4.638 *** （3.77）	0.102 （1.16）	0.169 （1.11）
样本数	61	61	61
$Adj\ R^2$	0.134	0.019	0.196

注：*、** 和 *** 分别表示在 10%、5% 和 1% 的水平上显著，括号内为 Z 值。

表 5 – 3 的（1）（2）（3）的新闻文本情感指标 sent_Step1 的回归系数均不显著，表明该指标无法预测 "$T+2$" 期的宏观经济变量，这从量

化的角度表明使用词袋法衡量的文本情绪指标在预测宏观经济变量方面并没有表现出很好的预测效果。也就是说，如果无法抽取文本之间的语义逻辑，而单纯依靠计量正负极性的词语数量，会忽略大量有用的预测信息，将大大削减新闻文本的预测价值。因此，采用新的研究方法来保留新闻文本语义信息将非常必要。

 第六节　研究结论

　　本章基于词袋法，测算月度财经新闻文本情绪指标，并使用混频向量自回归模型预测宏观经济走势。相较以往研究，使用汇总会计盈余仅能提供月度、季度和年度数据而言，其存在一定时效滞后性，特别是当突发公共事件对宏观经济造成重大冲击时，汇总会计盈余无法及时反映宏观经济的走势，其缺点就非常明显。然而新闻文本则具有日度高频数据优点，如果能及时捕捉其情感信息，理论上则可以具有预测宏观经济走势的信息含量。

　　本章研究发现，基于词袋法的新闻情感指标和宏观经济的走势，两者基本能够保持一致走势，值得注意的是在 2008 年 7 月爆发全球金融危机期间，中国的宏观经济 GDP 增长受到影响出现经济下行走势，新闻文本情感也确实能够反映经济的走势，情感指数呈现负向，随后国家推出"四万亿"投资计划，宏观经济得到拉升，新闻文本情感指数也反映了这一情况；此外，由于新冠肺炎疫情的冲击，在 2020 年一季度宏观经济 GDP 下滑 -6.80%，第二季度下滑 -1.60%，而新闻文本情感也印证了这一经济下行趋势，伴随着疫情得到控制，宏观经济稳步回升，新闻文本情感也呈现正向；但需要注意的是，在预测时效性方面，使用词袋法计量的新闻文本情感指数并未明显地领先宏观经济 GDP 走势，从 2008 年金融危机和 2019 年底新冠肺炎疫情这两个转折点看，使

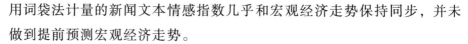
用词袋法计量的新闻文本情感指数几乎和宏观经济走势保持同步，并未做到提前预测宏观经济走势。

本书认为词袋模型不能很好地提取出其中的语义信息，还需要采用更高级的能够萃取出语义信息的深度学习方法来实现超前预测宏观经济走势。

基于深度学习的新闻文本
即时预测宏观经济走势

新冠肺炎疫情的暴发导致宏观经济正常运行的中断，给国民经济造成重大损失，思考在各种突发公共事件即将到来之时，特别是在当下国内外经济环境正面临着高度不确定性的情形下，如何及时预判宏观经济走势，"快、精、准"地拟定宏观经济应对之策变得越发重要。近年兴起的"从微观数据到宏观预测"理论框架，另辟以"见微知著"路径预测宏观经济走势并取得了可观的研究成果。这些研究基于数量众多而又可靠的微观信息源，目前通常有三类微观信息源用于宏观经济预测：一是经济走势调查问卷；二是企业财务信息；三是非财务文本情绪。

一、经济走势调查问卷

调查问卷通常是采访一些宏观经济学家、企业家或经济分析师关于未来宏观经济走势的主观判断，如预期看好、看坏、保持不变。业界最知名的调查问卷是由美国密歇根大学、费城联邦储备银行、世界经合组织和欧盟委员会共同发起的经济走势问卷调查（ETS），它常是用作设计世界经济景气指数、消费者信息指数、采购经理购买指数等众多经济指标的主要成分。国内知名的调查问卷有企业家信心指数、采购经理购买指数等。克莱沃亚（Claveria，2021）使用基于 19 个欧盟成员国的工业和消费者问卷调查，生成一个国家层面的信心指数，用来预测 GDP 增长率。作为预测宏观经济走势的信息源之一，虽然专家调查取自一手资料，有其权威性等优点，但是也存在着主观性强、样本数量有限、采集成本较高，低频、时效性差等不足，长期以来较少使用在学术研究方面。

二、企业财务信息预测宏观经济

企业是国民经济的重要组成部分，近年出现运用企业会计盈余等标准化财务信息预测未来宏观经济增长和通货膨胀等指标：一是预测 GDP 增长，用汇总会计盈余预测 GDP 增长（Konchitchki，2014a；Ball，2019；Gaertner，2020；罗宏等，2016，2020；肖土盛，2021），用非经常性盈余预测 GDP 增长（Abdalla，2017），用固定资产原值、资产减值信息等财务指标预测 GDP 增长（叶康涛等，2020；马永强等，2020，2021）；二是预测通货膨胀，用汇总会计盈余预测未来通货膨胀（Shivakumar，2007；Patatoukas，2014；肖志超等，2020；赵刚，2021），汇总未预期盈余预测未来通胀（Kothari，2013），影响政府的货币政策（Gallo，2016）；三是制度变迁、会计信息对宏观经济指标的影响，发现国际财务报告准则增强了会计盈余的价值相关性（Horton，2010），提高了分析师的预测精度（Tan，2011），会计信息质量对货币政策传导机制发挥调节作用（Armstrong，2019），国内新会计准则提高会计盈余预测 GDP 增长和通货膨胀的信息含量（唐松等，2015；Dong，2021），政府治理、股权分置改革和法律环境改善提高会计盈余预测 GDP 和通货膨胀的能力（钱爱民等，2016）。

三、非财务信息预测宏观经济

基于计算机自然语言处理技术的文本分析法量化非财务信息已经可行，国内外学者通过词袋法或深度学习技术，提取出文本内容包含的语意或情感变量，研究非财务信息文本与公司价值和宏观经济等的关系，认为年报中 MD&A、分析师盈余电话会议、央行沟通文本和财经新闻等非财务信息披露具有传递企业价值和预测宏观经济的信息增量（Feng Li，2008，2015；Mayew，2018；谢德仁，2015；曾庆生，2018；杨青，2019；姜富伟等，2021；林建浩等，2021），考虑会计信息引发的企业财务行为变化可以通过一种加速传导机制作用于资本市场和宏观经济，而非财务信息作为会计信息的前置驱动因素，更具有作用于宏观经济的动能和机制。非财务信息具备捕捉传统会计量化指标外更多定性信息的特点，具有预测宏观经济的信息增量。

虽然调查问卷、企业财务、非财务信息在预测宏观经济走势方面被证明具有信息含量，但是它们共有的一个缺陷是低频时滞问题，特别当下经济环境正面临着高度不确定性的情形下，需要更精准实时地把握宏观经济走势，及时出台宏观经济调控对策，对宏观经济走势的预判频率需求上升到月度甚至日度。而调查问卷、企业财报通常以年报、半年报、季报的频率对外公布，难以满足现实世界的迫切需要。此外，尽管上市企业的产值比重较高，但毕竟仅占全部企业的一部分，不能代表国内全部企业，因此使用部分企业代表整体，容易导致信息估计偏差。因此，在当下经济环境不确定性日益增加，突发事件层出不穷的情形下，寻求一个高频、综合、实时的信息源，用以预测宏观经济走势显得必要且重要。

另外一种新的信息源是财经新闻文本信息，财经新闻就具备这样的优点：一方面能够客观地反映经济运行态势；另一方面新闻具有高频及时性的特点，并且新闻文本的获取成本较低。因此，利用财经新闻文本研究经济运行具有潜在的预测应用价值，逐渐成为学术研究热点。最初是研究新闻媒体对金融资产价格的影响，戴克和津加莱斯（2003）认为新闻媒体可以影响交易者数量、品牌媒体本身具有隐性信誉担保、为投资者提供共同知识来影响金融资产价格。威尔得坎普（Veldkamp，2006）认为媒体信息能够助推资产价格泡沫，新兴市场的价格疯狂与市场的羊群效应都伴随着大量的媒体报道，泰洛克（2008）发现新闻中的负面词汇能够预测公司盈利走低，含有公司基本面难以衡量的信息内容。弗格森（Ferguson，2011）使用新闻中的乐观与悲观词汇所占比例代表媒体乐观与悲观情绪，发现新闻出版当日正（负）媒体情绪与股票收益显著正（负）相关。游家兴（2012）发现当媒体情绪越乐观或越悲观时，资产误定价的绝对程度越高，而公司透明度的下降，会使这种影响加剧。媒体情绪对资产误定价的影响存在不对称性，乐观的情绪更容易导致股价向上偏离基本价值水平，导致股价泡沫产生，即所谓的沉默螺旋效应。

近年来，经济学家们对使用新闻文本信息的兴趣与日俱增，尤其是利用新闻文本分析宏观经济走势。早期研究可追溯到，贝克尔（2016）基于新闻文本关键词数量，构建经济和政治不确定指数，一些研究通过自然语言处理方法计量新闻文本情感指数来分析经济产出和通货膨胀水平（Kelly，2018；Bybee2019；Shapiro，2020），还有研究通过分析新闻文本来解释长期悬而未决的问题，如央行沟通的作用（Hansen，2017，林建浩，2021）、金融市场资产定价（Calomiris and Mamaysky，2019，姜富伟，2021）、经济预期（Lamla，2012，Sharpe，2017）、股市波动（Baker，2019）、媒体偏见（Shapiro，2010）等，最近的研究出现采用新闻细粒度文本，构建财经新闻细粒度情感词典，标注文本情感指数，分析不同经济主题，预测GDP增长（Ardia，2019；Shapiro，2020；Consoli，2021）。相较而言，国外使用新闻文本预测宏观经济的研究出现稍早、较为成熟，然而国内的相关研究仍处于起步阶段。

基于上述分析，本书遵循"从微观数据到宏观预测"理论框架，基于新闻文本信息，使用"BiLSTM + BERT"双向深度学习算法，提取出新闻文本情绪变量，实证研究新闻文本信息能多大程度上提供不同于会计盈余的预测宏观经济信息含量，本书拓展了微观企业会计信息影响宏观经济的研究领域，为预测宏观经济服务于政府政策制定和企业决策实践提供了新的分析视角。

　　传统经济学理论在解释人们在经济决策过程中的选择行为及其对市场运行的影响时，考虑人们各种动机的复杂特征，会使模型极其复杂而难以分析，因此，经济学理论及其构建的模型必须对人们的行为进行简化。其中最重要的简化之一就是理性人假设，长期以来，新古典经济学以"理性经济人"为基本假设，通过数理化、形式化、工具化，用抽象逻辑系统模拟现实经济运行，演变成为一个用数学语言表达、逻辑自洽的公理体系，尽管在经济学理论中占有较高地位，帮助人类理解社会现象和经济行为，但其解释力和判断力逐渐减弱，也因此受到批判。行为经济学作为一门交叉学科，研究领域融合了心理学和经济学，对理解心理活动如何影响人类的经济决策起到了重要的作用，行为经济学根据心理学发现修正传统经济学模型的"理性经济人"设定，认为人是有限理性、有限意志力和有限自利的，可以更好地理解人在现实环境下的决策，及其对经济活动的影响。卡尼曼和特维斯基（Kahneman and Tversky，1979）提出了前景理论认为：（1）人们在面临获得时，往往小心翼翼，不愿冒风险；而在面对损失时，人人都变成了冒险家。（2）人们对损失和获得的敏感程度是不同的，损失的痛苦要远远大于获得的快乐。塔勒（Thaler，1980，1985）在"前景理论"基础上，研究了消费者偏好、储蓄行为、反常行为、拍卖和赌博等诸多行为偏差现象，在禀赋效应学与心理账户、时间偏好的动态不一致性与自我控制、公平与社会偏好理论及应用等方面进行理论和实证研究，极大地推动了行为经济学发展。希勒（2000）将行为经济学拓展到金融学，从微观个体行为以及产生这种行为的心理等动因来解释、研究和预测金融市场的发展。行为经济学在解释"羊群效应""股价漂移"等金融异象方面能发挥很好的解释力，夯实了有限理性和有限套利这两个行为金融学基石，越来越受金融和经济研究领域的关注。

在互联网自媒体高度发达的数字经济时代，信息传播正以前所未有的速度、广度和深度覆盖社会的各个经济层面，深刻地影响着政府管理部门、企业经营决策部门和广大投资者的行为选择。根据深交所发布的2021年个人投资者状况调查报告显示，72.3%的投资者留意上市公司招股说明书、定期报告、临时公告等披露信息，近九成盈利投资者在投资决策时，主要关注上市公司运营状况和宏观经济信息因素，分别高出亏损投资者10.8和8.2个百分点。越来越多的研究表明，媒体通过影响决策者行为，对资本市场的泡沫、崩溃产生重大影响，特别是在2008年金融危机和2015年我国股市大崩盘期间，新闻媒体所引发的情绪传染效应及其导致的资产价格顺周期效应引发了业界和学界的极大关注，使得近年新闻媒体在信息传递过程中的作用以及行为经济学的研究逐步得到重视。

一旦突发公共事件爆发，新闻媒体会迅速传播与事件有关的信息，形成舆论氛围，影响到公众心理预期和行为选择，根据前景理论，特别是负向新闻的传播会形成负向普遍情绪，人们在面临损失时，更容易变成冒险家，形成沉默的螺旋，推动投资需求和消费需求的更大幅度波动，而随着负向情绪进一步向金融市场传导，最终会影响到国家宏观经济的走势。新闻媒体影响投资者情绪，最终影响宏观经济的传导路径如图6-1所示。

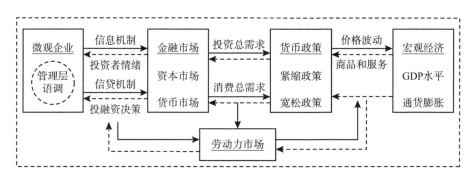

图6-1　文本情绪影响宏观经济走势传导机制

因此基于行为经济学理论和新闻媒体的信息传导机制，为本书利用宏观经济新闻文本情绪来预测宏观经济走势，特别是突发公共事件爆发时能够实时预测宏观经济走势，提供了理论依据，也为政府机构和企业部门提供实践参考价值。

第三节　▶ 新闻文本情感指标测度

前文使用词袋法来提取新闻文本正负情感极值，用以计算月度文本情感指标。可以发现，基于词袋法所计算的指标能同步映射宏观经济 GDP 的走势，但无法做到提前预测 GDP 走势，尽管可以提前一个月左右时间预测通货膨胀 CPI 和 PPI 的走势，但整体预测表现一般，这可能主要是因为词袋法只能提取词语的数量，但无法抽取语句之间的语义信息，即存在信息涵盖缺失问题。因此，本书尝试使用 BERT 语言模型和 BiLSTM 深度学习技术进一步抽取语义信息，试图提高宏观经济预测质效。

一、BERT 语言模型

多年来，对语言模型的研究先后经历了 One-hot、Word2vec、ELMO、GPT 到 BERT 几个发展阶段，前几个模型均有一些不足，如 One-hot 模型不考虑语义逻辑，向量维度太大、矩阵稀疏。Word2vec 模型训练的词向量属于静态词嵌入，无法表示一词多义。GPT 则是单向语言模型，无法获取一个词语的上下文。对于 BERT 模型而言，它综合 ELMO 和 GPT 这两者的优势而构造出来的模型，具有很好的语义表征优势。BERT 是 2018 年 10 月由 Google AI 研究院提出的一种预训练模型。BERT 的全称是 Bidirectional Encoder Representation from Transformers，是一种语言预训练模型，它不再需要提前训练好字向量和词向量，只需要将序列直接输入 BERT 中，它就会自动提取出序列中丰富的词级特征、语法结构特征和语义特征。BERT 在机器阅读理解顶级水平测试 SQuAD1.1 中表现出惊人的成绩：全部两个衡量指标上全面超越人类，并且在 11 种不同 NLP 测试中创出 SOTA 表现，包括将 GLUE 基准推高至 80.4%（绝对改进 7.6%），Mult-iNLI 准确度达到 86.7%（绝对改进 5.6%），成为 NLP 发展史上的里程碑式的模型成就。具体 BERT 模型结构如图 6-2 所示。

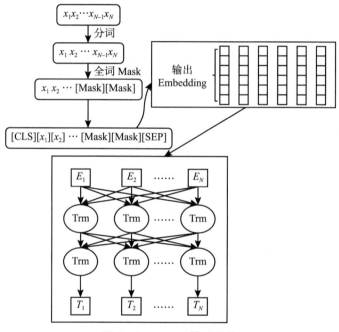

图 6-2　BERT 模型结构

对于中文句子序列，首先通过 Jieba 分词工具得到句子分词序列；然后对分词序列中 15% 的分词进行随机遮挡，即 Mask，再为序列的开头添加一个特殊标记［CLS］，不同句子之间用标记［SEP］分隔。此时序列的每个词的输出 Embedding 由三部分构成：Token Embedding、Segment Embedding、Position Embedding。最后将序列向量输入双向 Transformer 进行特征提取，最后得到含有丰富语义特征的序列向量。

对于 BERT 而言，其关键部分是 Transformer 结构。Transformer 是个基于"自我注意力机制"的深度网络，其编码器结构图如图 6 - 3 所示。

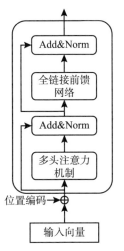

图 6 - 3　Transformer 编码器

该编码器的关键部分就是自注意力机制，它主要是通过同一个句子中的词与词之间的关联程度调整权重系数矩阵来获取词的表征：

$$Attention(Q, K, V) = Softmax\left(\frac{QK^T}{\sqrt{d_k}}\right)V \qquad (6-1)$$

其中，Q，K，V 是字向量矩阵，d_k 是 Embedding 维度。而多头注意力机制则是通过多个不同的线性变换对 Q，K，V 进行投影，最后将不同的 *Attention* 结果拼接起来，如式（6 - 2）：

$$MultiHead(Q, K, V) = Concat(head_1, \cdots, head_n)W^O$$

$$head_i = Attention(QW_i^Q, KW_i^K, VW_i^V) \qquad (6-2)$$

因此模型就可以得到不同空间下的位置信息，其中 W 是权重矩阵。

二、BiLSTM 深度学习技术

LSTM（long-short term memory，长短期记忆网络），是循环神经网络

（RNN）的一种变体。它解决了 RNN 训练时所产生的梯度爆炸或梯度消失。LSTM 巧妙地运用门控概念实现长期记忆，同时它也能够捕捉序列信息。LSTM 单元结构如图 6－4 所示。

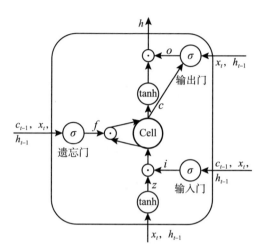

图 6－4　LSTM 模型结构

LSTM 的核心主要是以下结构：遗忘门、输入门、输出门以及记忆单元 cell。输入门与遗忘门两者的共同作用就是舍弃无用的信息，把有用的信息传入下一时刻。对于整个结构的输出，主要是记忆单元 cell 的输出和输出门的输出相乘所得到的。其结构用公式表达如下：

$$i_t = \sigma(W_{xi}x_t + W_{hi}h_{t-1} + W_{ci}c_{t-1} + b_i)$$
$$z_t = tanh(W_{xc}x_t + W_{hc}h_{t-1} + b_c)$$
$$f_t = \sigma(W_{xf}x_t + W_{hf}h_{t-1} + W_{cf}c_{t-1} + b_f)$$
$$c_t = f_t c_{t-1} + i_t z_t$$
$$o_t = tanh(W_{xo}x_t + W_{ho}h_{t-1} + W_{co}c_t + b_o)$$
$$h_t = o_t tanh(c_t) \tag{6-3}$$

其中，σ 是激活函数，W 是权重矩阵，b 是偏置向量，z_t 是待增加的内容，c_t 是 t 时刻的更新状态，i_t，f_t，o_t 分别是输入门、遗忘门及输出门的输出结果，h_t 则是整个 LSTM 单元 t 时刻的输出。

　　由于单向的 LSTM 模型无法同时处理上下文信息，而 Graves A 等提出 BiLSTM（bidirectional long-short term memory，双向长短期记忆网络），其基本思想就是对每个词序列分别采取前向和后向 LSTM，然后将同一个时刻的输出进行合并。因此对于每一个时刻而言，都对应着前向与后向的信息。具体结构如图 6 - 5 所示。

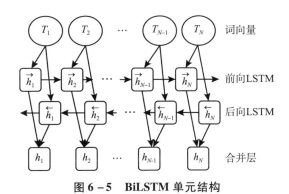

图 6 - 5　BiLSTM 单元结构

三、BERT-BiLSTM 深度学习模型

　　本节构建 BERT-BiLSTM 深度学习模型结构如图 6 - 6。首先将新闻文本句子分词序列输入 BERT 预处理模型，再经过 BiLSTM 深度学习层提取句子语义信息，最后利用非线性 Softmax 激活函数输出文本情感极性标签。

　　在本书中，具体的操作流程如下：

（一）财经文本情感语料标注

　　由于是有监督学习，需要提前标注财经文本情感极性，即把文本语料先分为正向、中性和负向三类。该语料来自三个渠道：（1）英文金融短语银行语料集（Pekka Malo，2014），该语料由 4 846 条财经新闻文本组成，并由 16 名财经专家标注极性。（2）SemEval 2017 TASK 5，该语料由 SemEval 2017 TASK 项目提供（Cortis and Davis，2017），包括 1633 条英文财经新闻标题，并有财经专家标注。对于这两类英文语料库，作者使用 Google 将其翻译成中文。（3）自行标注，由作者组织 6 名财经专业硕士，对 5 000 条中文财经新闻文本自行进行标注。这样最终得到分别标注为正向、中性和负向三种情感极性，共计 11 479 条财经文本语料库。

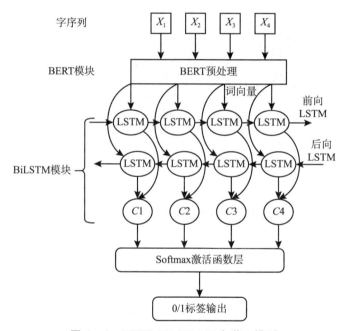

图 6-6　BERT-BiLSTM 深度学习模型

（二）宏观经济命名实体的识别

本书利用正则表达式在句子水平上检索"经济"这一关键词，保留每月每篇新闻文本中所有包含"经济"的句子，作为 BERT-BiLSTM 深度学习模型的输入。

（三）　BERT 中文语言预处理模型

本书使用的是熵简科技开源的 Pytorch 中文版本 BERT 预训练语言模型——FinBERT 1.0。它是熵简科技 AI Lab 基于 BERT 架构的金融领域预训练语言模型，是国内首个在金融领域大规模语料上训练的开源中文 BERT 预训练模型。相对于 Google 发布的原生中文 BERT、哈工大讯飞实验室开源的 BERT-wwm 以及 RoBERTa-wwm-ext 等模型，其开源的 FinBERT 1.0 预训练模型在多个金融领域的下游任务中获得了显著的性能提升，在不加任何额外调整的情况下，F1-score 直接提升至少 2 ~ 5.7 个百分点。熵简 FinBERT 在网络结构上采用与 Google 发布的原生 BERT 相同的架构，包含了 FinBERT-Base 和 FinBERT-Large 两个版本，其中前者采用了 12 层 Transformer 结构，后者采用了 24 层 Transformer 结构。考虑在实际使用中的便利性和普遍性，本书使用其发布的模型是 FinBERT-Base 版本。Fin-BERT 1.0 所采用的预训练语料主要包含三大类金融领域的语料，分别如下：①金融财经类新闻：从公开渠道采集的最近十年的金融财经类新闻资讯，约 100 万篇；②研报/上市公司公告：从公开渠道收集的各类研报和公司公告，来自 500 多家境内外研究机构，涉及 9 000 家上市公司，包含 150 多种不同类型的研报，共约 200 万篇；③金融类百科词条：从 Wiki 等渠道收集的金融类中文百科词条，约 100 万条。对于上述三类语料，在金融业务专家的指导下，对于各类语料的重要部分进行筛选、预处理之后得到最终用于模型训练的语料，共包含 30 亿 Tokens，这一数量超过了原生中文 BERT 的训练规模。

（四）　BiLSTM 深度学习模型设定

模型相关超参数设定为每轮 batch_size 为 32，每条句子最大长度为 128 个字符，共训练 60 轮，隐藏层数为 256 层，学习率为 0.01，优化函数为 Adam，激活函数是 softmax，输出结果 2 表示正向，1 表示负向，0 表示中性。模型的目标是最大化三类结果的后验概率，见公式：

$$p(e_s = j \mid V_s) = \frac{e^{y_j}}{e^{y_0} + e^{y_1}}; \quad y = \sigma\left[\beta^2 + U^2 \sigma(\beta^1 + U^1 V_s)\right] \quad (6-4)$$

e 表示三类结果之一，V 表示句子向量，σ 表示激活函数，U 表示权重矩阵。

(五) 新闻文本情感指标的构建

通过汇总每月所有新闻文本在句子水平上的情感极值，可以得到"月度"新闻文本情感指标：

$$SENT(m, 经济) = \frac{1}{S_{m,经济}} \sum_{i}^{S} (POS - NEG)_i \quad (6-5)$$

上式子中 $SENT$ 表示第 m 月所有包含关键词"经济"的正向情感句子减去负向情感句子的净情感指标占总句子数比值，S 表示当月句子数量。

(六) 情感指标交叉验证

在对新闻文本进行批量处理之前，要对深度学习模型的预测准确率进行交叉验证。本书首先雇用 8 名硕士研究生对 2 000 条包含关键词"经济"的新闻文本语句的情感极性进行人工标注、交叉验证、保留共性的标注语句，再用深度学习模型对其进行极性预测，最后对人工标注和深度学习模型预测的结果作比对。结果发现，深度学习模型的预测准确率高达 86.2%，一般经验准则认为当预测准确率达到 80% 的时候，该模型就具有实际应用价值。因此，本书所使用的深度学习模型具有很好的预测精度。

第四节 ▶ 宏观经济预测模型构建

本书目的在于使用月度 m 的新闻文本情感指标，预测时期 t（季度）

宏观经济变量 GDP、CPI 和 PPI 的走势。由于文本情感指标是月度的，宏观经济变量是季度的，两者的时间频率不同，所以本书借用无约束的混频数据模型（U-MIDAS）作为预测模型（Marcellino and Schumacher，2010；Foroni，2015）：

$$Y_t^m = \alpha_h SENT_{m-h} + \beta_h X_{m-h} + \varepsilon_{t,m-h} \qquad (6-6)$$

其中，Y_t^m 表示在月度 m 时对应的 t 季度的宏观经济变量，具体包括 GDP、CPI 和 PPI 三个指标。$SENT_{m-h}$ 表示前 $m-h$ 个月度所对应的新闻文本情感指标，X_{m-h} 表示有关宏观经济和金融类滞后控制变量，如滞后一期的 GDP、包括一年期定期存款月度利率同比变化指标（IR）、十年期与一年期国债到期收益率之差的同比变化指标（TR）、广义货币供应量同比变化指标（$AM2$）、上证 300 指数季度同比变化指标（$SZ300$）、汇总会计盈余等指标，$\varepsilon_{t,m-h}$ 表示误差项。α 表示在控制相关变量情况下，新闻文本情感对宏观经济变量的预测表现，β 是相关控制变量的系数。

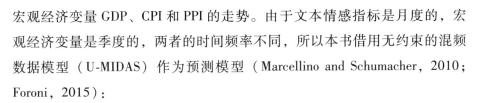

第五节　新闻情感预测宏观经济的时间序列分析

一、情感指标描述性分析

基于 2006 年 6 月至 2022 年 1 月的新闻文本数据，采用深度学习方法可得到正向情感的句子共有 425 030 条，负向情感的句子共有 436 624 条，中性情感的句子共有 447 734 条。根据公式（6-5），可以计算得到每个月度的新闻情感指数 $SENT$（m，经济），该指标的描述性统计如下表 6-1。

表 6 – 1 新闻情感指数描述性统计

变量名	N	均值	中位数	标准差	最大值	最小值
sent	188	0.149	0.009	0.196	0.678	– 0.369

由表 6 – 1 可知，与前文使用词袋法计算得到的情感指数相比，基于深度学习方法得到的 sent 均值为 0.149，中位数为 0.009，两者存在较大的偏离度，反映出深度学习模型可能蕴含更为丰富的语义信息。

二、新闻情感指标走势分析

图 6 – 7 绘制出 2006 年 6 月至 2022 年 1 月，每个月度的宏观经济新闻情感走势。本书选取两个标志性事件来分析宏观经济新闻情感走势对宏观经济的预测意义：一是 2008 年全球金融危机事件；二是 2019 年 12 月新冠肺炎疫情事件。图 6 – 7 中左侧第一个垂直虚线对应的是 2006 年 12 月，第二个垂直虚线对应的是 2008 年 7 月（全球金融危机爆发当月），可以发现在金融危机爆发的前一年——2006 年 12 月开始宏观经济新闻情感指数明显呈现出一个持续下行的走势。图 6 – 7 中左侧第三个垂直虚线是 2019 年 12 月，是新冠肺炎疫情暴发的时点，第四个垂直虚线是 2020 年 10 月，可以发现宏观经济新闻情感在疫情暴发后先呈现下行，但随后呈现 "V" 型反弹，在 2020 年 10 月达到最高峰。尽管新冠肺炎疫情作为突发公共卫生事件，存在不可预测性，但是疫情暴发后的新闻情感走势与宏观经济真实走势基本相符，2020 年第一季度中国国内生产总值同比下降了 6.8%，增速创下了最近几十年的新低，而在经过政府控制疫情蔓延，积极出台扶持政策、复工复产后，到 2021 年第一季度中国国内生产总值同比增长 18.3%，又创近年新高，确实也呈现出一降一升的 "V" 形走势。

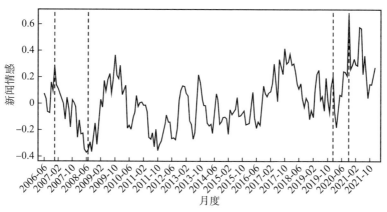

图 6 - 7　宏观经济新闻情感走势

通过分析上述两个标志性事件，可以得到以下四点启示：一是对于与经济活动高度相关的事件，如 2008 年金融危机，宏观经济新闻文本情感可以做到提前预测经济走势，在本书中至少做到提前一年时间，这与伦克维斯特（Rönnqvist，2007）采用深度学习方法预测金融危机的研究结果相一致；二是对于与经济活动毫无关联的突发公共事件，尽管宏观经济新闻文本无法提前预测，但是随着公共事件爆发，它会逐渐影响经济活动，此刻的新闻文本情绪至少可以做到实时预测经济走势；三是相较于词袋法仅仅计量正负词频数、无法抽取逻辑语义而言，深度学习模型可以提取更为丰富的文本语义逻辑信息，实现提前或即时预测宏观经济走势；四是相较于传统的汇总会计盈余指标是低频数据来说，新闻文本情感属于高频数据，可以实现实时预测功能，具有时效性优势。

因此相较于前期的研究，深度学习模型在文本语义逻辑、预测时效、预测频数等方面实现了预测方法的大跃升，具有进一步研究和应用价值。

三、新闻情感和 GDP 共同走势分析

图 6 - 8 绘制出 2006 年 6 月至 2022 年 1 月新闻情感和 GDP 共同走势，经济新闻文本情感和 GDP 走势基本吻合，因此新闻文本情感指标可以实

时或提前预测宏观经济 GDP 走势。

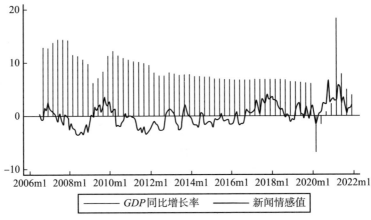

图 6 – 8　新闻情感和 GDP 共同走势

四、新闻情感和 CPI 共同走势分析

图 6 – 9 绘制出 2006 年 6 月至 2022 年 1 月新闻情感和 CPI 共同走势，经济新闻文本情感和 CPI 走势基本吻合，并且在 2007 年 1 月左右呈现出下降趋势，CPI 在 2008 年 1 月进入下降趋势，因此新闻文本情感指标可以实时或提前预测宏观经济 CPI 走势。

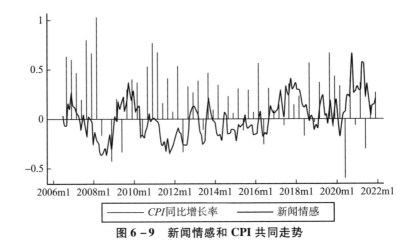

图 6 – 9　新闻情感和 CPI 共同走势

五、新闻情感和 PPI 共同走势分析

图 6 - 10 绘制出 2006 年 6 月至 2022 年 1 月新闻情感和 PPI 共同走势，经济新闻文本情感和 PPI 走势基本吻合，并且在 2007 年 1 月左右呈现出下降趋势，PPI 在 2009 年 1 月进入下降趋势，因此新闻文本情感指标可以实时或提前预测宏观经济 PPI 走势。

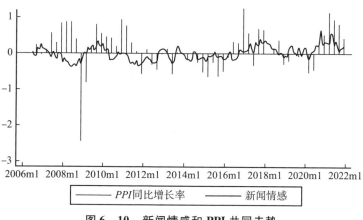

图 6 - 10 新闻情感和 PPI 共同走势

从新闻文本情感和宏观经济变量 GDP、CPI、PPI 的共同时间序列走势可以发现，新闻文本情感具有预测或实时感知宏观经济的信息含量，但仍需要做进一步定量分析。

第六节 ▶ 新闻情感预测宏观经济的定量分析

根据新闻情感预测宏观经济的时间序列分析可知，反映经济活动的经济新闻情感可以对宏观经济走势发挥提前预测作用，但对与经济活动无关

的突发公共事件爆发后的窗口期经济走势仅能发挥实时预测作用。这是由于突发公共事件会造成经济运行瞬间中断，宏观经济大幅度滑坡，它破坏了经济运行的正常规律，公共事件爆发前的经济新闻是无法做到对突发公共事件进行超长时间预测的，故而经济新闻对于突发公共事件所造成的经济走势的反映存在一定的滞后性，如果不排除突发公共事件的影响，新闻情感在整个时间段内的预测效应将受到影响。这可以借用无约束的混频数据模型（6-6），从表 6-2 的全时间段从 2006 年 6 月至 2022 年 1 月新闻情感对宏观经济变量的回归得到验证：

表 6-2　　　　新闻情感指数对 T+1 期宏观经济变量预测回归结果

全时间段：2006 年 6 月至 2022 年 1 月			
自变量	GDP_{t+1}	CPI_{t+1}	PPI_{t+1}
	（1）	（2）	（3）
高频数据			
$sent\_Step1_t$	0.777 (0.80)	-0.082 (-0.79)	0.257 (1.47)
$sent\_Step2_t$	-0.539 (-0.55)	0.193 * (1.82)	-0.037 (-0.22)
低频数据			
$L1. gdp\_growth_t$	0.637 *** (6.29)		
$L1. CPI_t$		-0.138 (-1.11)	
$L1. PPI_t$			0.387 *** (3.15)
常数项	2.739 *** (3.07)	0.237 *** (4.97)	0.068 (1.02)
样本数	60	60	60
$Adj R^2$	0.397	0.075	0.262

注：*、** 和 *** 分别表示在 10%、5% 和 1% 的水平上显著，括号内为 Z 值。

从表 6-2 中可以发现，新闻情感 $sent\_Step1_t$ 的系数在对三个宏观经济变量 GDP、CPI 和 PPI 的混频回归中均不显著，证实了突发公共事件确实影响了新闻情感对宏观经济的预测效应。

因此接下来，本书将 2006 年 6 月至 2022 年 1 月划分为两个时间段进行研究，第一阶段是 2006 年 6 至 2019 年 12 月，即新冠肺炎疫情暴发前时期，第二阶段是 2020 年 1 月至 2022 年 1 月，新冠肺炎疫情暴发窗口期。借用无约束的混频数据模型（6-6）进一步从量化角度来验证新闻情感指数对 GDP、CPI、PPI 的预测能力，文本情感指数权重采用 step 方式，根据 AIC 准则为 6 阶滞后，宏观经济指标用一阶滞后自变量作为控制变量，表 6-3 是新闻文本情感指数对"T+1"期宏观经济变量的回归，具体回归结果见表 6-3。

表 6-3　　　新闻情感指数对 T+1 期宏观经济变量预测回归结果

第一时间段：2006 年 6 月至 2019 年 12 月		
自变量	GDP_{t+1}	CPI_{t+1}	PPI_{t+1}
	（1）	（2）	（3）
高频数据			
$sent\_Step1_t$	0.565 ** （1.89）	0.021 （0.18）	0.215 （1.02）
$sent\_Step2_t$	0.214 （0.59）	0.122 （0.99）	0.044 （0.21）
低频数据			
$L1.gdp\_growth_t$	0.946 *** （20.62）		
$L1.CPI_t$		-0.116 （-0.85）	
$L1.PPI_t$			0.344 *** （2.56）
常数项	0.377 （0.93）	0.263 *** （4.94）	0.056 （0.75）
样本数	52	52	52
$Adj\ R^2$	0.895	0.052	0.210

注：* 、** 和 *** 分别表示在 10%、5% 和 1% 的水平上显著，括号内为 Z 值。

表 6-3 列（1）中 $sent\_Step1_t$ 的系数是 0.565，Z 值是 1.89，在 5% 水平上显著，这表明经济新闻情感至少能提前一个季度预测宏观经济 GDP

的走势。列（2）中 $sent\_Step1_t$ 的系数是 0.021，Z 值是 0.18，在 10% 水平上并不显著，这表明本书的新闻情感指标不能提前一个季度预测宏观经济 CPI 的走势，这应该与本书构建情感指标的方式有关，本书使用正则表达式检索包括关键词"经济"的文本语句，而在一般的新闻语句语境中，"经济"一词更多是隐性地反映 GDP 变动情况，所以它并不反映通货膨胀指标 CPI 和 PPI 的变动情况。因此列（3）中 $sent\_Step1_t$ 的系数是 0.215，Z 值是 1.02，在 10% 水平上也不显著，无法预测宏观经济 PPI 的走势。这给本书的启示是，如果要预测宏观经济的通货膨胀水平，需要重新定义检索关键词为"通货膨胀""CPI"和"PPI"，需要进行细粒度的文本分析。

表 6-4 是新闻文本情感指数对"T+2"期宏观经济变量的回归，结果表明经济新闻情感仍然可以提前两个季度预测宏观经济 GDP 走势，但无法预测通货膨胀水平变化，这主要是由本书构建情感指标的方式引起。

表 6-4　　新闻情感指数对"T+2"期宏观经济变量预测回归结果

第一时间段：2006 年 6 月至 2019 年 12 月			
自变量	GDP_{t+2}	CPI_{t+2}	PPI_{t+2}
	（1）	（2）	（3）
高频数据			
$sent\_Step1_t$	0.527 ** (2.48)	−0.032 (−0.29)	0.223 (1.10)
$sent\_Step2_t$	0.137 (0.46)	0.216 ** (1.93)	0.012 (0.06)
低频数据			
$L1.gdp\_growth_t$	0.934 *** (20.34)		
$L1.CPI_t$		−0.126 (−0.95)	
$L1.PPI_t$			0.356 *** (2.68)
常数项	0.477 (0.93)	0.268 *** (5.14)	0.054 (0.72)
样本数	51	51	51
$Adj\ R^2$	0.884	0.100	0.206

注：*、** 和 *** 分别表示在 10%、5% 和 1% 的水平上显著，括号内为 Z 值。

本节针对新闻情感对宏观经济 GDP 指标的预测显著性，绘制公布月的新闻情感对后续"T + N"季度 GDP 走势的预测水平，颜色越深代表预测水平越显著，结果见表 6 – 5。

表 6 – 5　　　　　　　新闻情感对"T + N"季度 GDP 走势预测水平

预测水平							
Z 值	Z = 1.89 **	Z = 2.48 **	Z = 2.28 **	Z = – 0.29	Z = – 1.27	Z = – 0.65	Z = – 0.56
公布月	"T + 1"季	"T + 2"季	"T + 3"季	"T + 4"季	"T + 5"季	"T + 6"季	"T + 7"季

从表 6 – 5 可见，新闻情感对公布月后续的"T + 1"、"T + 2"、"T + 3"季度 GDP 走势，在 5% 水平上具有显著的预测作用，但对"T + 4"季度之后的 GDP 不再发挥显著预测作用。能够领先三个季度预测 GDP 走势，这无论是对于理论研究还是政策实务都具有较大的研究和应用价值。

表 6 – 6 是分析在外生公共事件—新冠肺炎疫情突然暴发之后的窗口期内，即第二时间段新闻情感对宏观经济走势的预测表现。

表 6 – 6　　　　新闻情感指数对"T + 1"期宏观经济变量预测回归结果

自变量	第二时间段：2020 年 1 月至 2022 年 1 月		
	GDP_{t+1}	CPI_{t+1}	PPI_{t+1}
	(1)	(2)	(3)
高频数据			
$sent\_Step1_t$	9.826 ** (2.21)	– 0.005 (– 0.02)	– 0.217 (– 0.91)
$sent\_Step2_t$	1.260 (2.21)	0.266 (1.21)	– 0.404 (– 2.31)

续表

自变量	GDP_{t+1}	CPI_{t+1}	PPI_{t+1}
第二时间段：2020 年 1 月至 2022 年 1 月			
	(1)	(2)	(3)
低频数据			
$L1. gdp\_growth_t$	−0. 167 (−0. 52)		
$L1. CPI_t$		−0. 600 ** (−2. 13)	
$L1. PPI_t$			0. 956 *** (4. 78)
常数项	0. 377 (0. 93)	−0. 014 (−0. 09)	0. 459 *** (3. 61)
样本数	8	8	8
$Adj\ R^2$	0. 490	0. 442	0. 210

注：* 、** 和 *** 分别表示在 10%、5% 和 1% 的水平上显著，括号内为 Z 值。

　　结果发现，表 6 – 6 第（1）列的 $sent\_Step1_t$ 系数在 5% 水平上显著，但却高达 9. 826，这充分说明在突发公共事件爆发后，新闻情感虽然可以预测 $T+1$ 季度的 GDP 增长率，但是事件窗口期的 GDP 增长更多是受到外生事件的影响，正是外生事件而非正常的经济发展规律影响了新闻情感的预测效力。正如同在时间序列分析中的宏观经济走势直观表现一样，经济活动受到外生疫情冲击遭受非正常中断，事件前的经济新闻情感是不可能预测到该外生事件对宏观经济造成的影响，因此在利用新闻情感预测宏观经济走势时，需要排除外生突发公共事件的冲击。

第七节　▶ 进一步研究

　　既然新闻文本信息具有预测宏观经济 GDP 的信息含量，前文研究也表明企业汇总会计盈余具有宏观经济预测价值，那么在控制传统的汇总会计盈余等变量的基础上，新闻文本情感指标是否还具有信息增量？那么我国外部资本市场上的宏观分析师是否在进行经济预测时会考虑新闻媒体情感呢？该指标能否提高宏观经济分析师的预测精度？本节将月度新闻情感数据加权平均得到季度新闻情感指标，将季度新闻文本情感指标代入宏观经济分析师预测模型（6－7）：

$$Forecast\ Error_{i,q+k} = \alpha + \beta_1 AER_{i,q} + \beta_2 SENT_{i,q} + \beta_3 GDP_{i,q} + ControlVar_{i,q} + \varepsilon_{i,q}$$

$$(6-7)$$

在表 6－7 的模型 1 至模型 4 中，AER 的系数显著为正，这表明汇总会计盈余对于宏观分析师的预测误差具有解释力，也就意味着宏观分析师在进行经济预测时并没有考虑会计盈余信息，这与方军雄（2015）的研究并不一致，但与席瓦库玛（2017）的研究比较一致。新闻情感指标 SENT 的系数在模型 1 至模型 5 中均不显著，表明新闻情感在宏观分析师的预测中不具有信息增量。

表 6－7　　　　汇总会计盈余、新闻文本情感与宏观分析师经济预测

变量	模型 1 $F\_Error_{i,q+1}$	模型 2 $F\_Error_{i,q+2}$	模型 3 $F\_Error_{i,q+3}$	模型 4 $F\_Error_{i,q+4}$	模型 5 $F\_Error_{i,q+5}$
$AER_{i,q}$	0.035 * (1.93)	0.047 * (3.18)	0.078 *** (3.73)	0.073 *** (5.13)	0.009 (0.32)
$SENT_{i,q}$	－0.000 （－0.14）	0.004 (0.73)	－0.001 （－0.21）	0.005 (1.15)	－0.001 （－0.03）
$GDP_{i,q}$	0.213 * (1.98)	0.214 ** (2.50)	0.145 (1.65)	－0.084 （－1.36）	－0.103 （－1.05）
$Constant$	－0.012 ** （－2.28）	－0.014 *** （－3.95）	－0.012 *** （－3.05）	－0.007 （－0.23）	－0.000 （－0.12）
$ControlVar$	Yes	Yes	Yes	Yes	Yes

变量	模型 1	模型 2	模型 3	模型 4	模型 5
	$F\_Error_{i,q+1}$	$F\_Error_{i,q+2}$	$F\_Error_{i,q+3}$	$F\_Error_{i,q+4}$	$F\_Error_{i,q+5}$
N	41	40	39	38	37
R^2	0.469	0.564	0.682	0.756	0.582
F 值	5.15	9.54	24.21	18.94	8.38

注：由于朗润预测数据从 2008~2016 年，笔者再手工收集部分数据，最终得到 42 个样本。

本书认为，这比较符合国内的实际情况，通过阅读分析师报告容易发现，可能由于我国宏观分析师由于专业背景、分析成本、研究视角不同，他们更关注国家宏观经济走势和行业等政策效应，也具有较为先进的手段去度量宏观经济新闻文本，但是他们却较少关注微观企业信息，这也说明，如果关注微观企业盈余信息，与宏观经济新闻相互互补，将有助于提高宏观分析师的预测精度。

第八节 ▶ 研究结论

本章基于 BERT-BiLSTM 深度学习模型，提取财经新闻文本的语义逻辑信息，构建财经新闻文本情感指数，使用混频数据模型预测宏观经济走势。通过对新闻情感的时间序列分析发现：一是对于与经济活动高度相关的事件，如 2008 年金融危机，宏观经济新闻文本情感可以做到提前预测经济走势，在本章中至少做到提前一年时间；二是对于与经济活动毫无关联的突发公共事件，尽管宏观经济新闻文本无法提前预测，但是随着公共事件爆发，它会逐渐影响经济活动，此刻的新闻文本情绪至少可以做到实时预测经济走势。进一步通过混频数据模型定量回归发现：一是外生突发公共事件确实会影响新闻情感对宏观经济的预测效力，这是因为经济新闻不可能提前感知突如其来的公共事件，并且外生突发公共事件往往会对宏观经济造成支配性的影响，严重破坏经济发展的正常规律，从而影响新闻情感的预测效力；二是当剔除突发公共事件的影响，按照事件发生时点，将全部时间划分为两个时间段后发现，在事件前期，财经新闻情感可以提前三个季度预测宏观经济GDP的走势。而在事件发生后期，财经新闻情感可以提前一个季度预测宏观经济GDP走势；三是由于本章构造新闻情感指标是通过检索关键词"宏观经济"构建，影响了该指标对于通货膨胀指标CPI和PPI的预测，需要更换检索关键词，重构通货膨胀类新闻情感指标进行预测。

　　相较于前期的宏观经济预测研究，本章至少在以下四个方面取得了进展：一是在预测方法方面，深度学习模型可以提取更多的文本语义逻辑信息，突破了词袋法无法提取文本语义信息的瓶颈，提升了新闻情感的预测时效性；二是在预测频率方面，高频数据的新闻文本具有日日发生、时时发生的特点，突破了传统的统计数据、调查问卷和定期财务报告等低频数据的约束，可以做到提前预测、实时预测，这对于当下经济环境不确定性日益增加，经济形势日益严峻而言，能够实时掌握经济走势，及时出台动态经济调控政策，更具重要的实际意义；三是预测精度方面，融合结构化的数值信息和非结构化文本信息将提高宏观经济的预测精度；四是预测挖掘方面，未来可以进行细粒度文本信息挖掘，研究影响宏观经济走势的作用机制，实现精准预判、精准调控。

第七章

宏观经济走势、税盾效应与研发投入

第一节 ▶ 问题提出

预测宏观经济走势是为了更精准地进行宏观经济调控，更有效地引导企业经营决策，更好地谋划下一轮经济发展。经济环境波动如何影响企业未来的经营决策，政府可以通过何种机制进行调控，从而有效地引导企业决策行为，这对于实现我国"十四五"规划所提出的先进制造业强国战略目标，实现国家制造业向高质量发展，具有重要的政策和实践意义。

近年来，我国经济发展环境面临着高度的复杂性、严峻性、不确定性，中美贸易争端、科技脱钩、新冠肺炎疫情、俄乌战争等突发公共事件冲击不断，经济全球化发展出现裂痕。国内大循环尚未畅通，国内统一大市场体系亟待完善，我国经济发展面临严峻的挑战。企业作为构成宏观经济的细胞分子，其能否实现成功转型升级、持续创新，迈向高质量发展阶段，是我国宏观经济实现战略跨越的基本底线和重要保证。单个企业能够持续创新，掌握核心科技，具有核心竞争力，汇总起来就是保障整个宏观经济发展最有力的定心丸，是我国政府应对各种挑战的最大底气。因此对

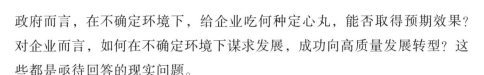

政府而言，在不确定环境下，给企业吃何种定心丸，能否取得预期效果？对企业而言，如何在不确定环境下谋求发展，成功向高质量发展转型？这些都是亟待回答的现实问题。

研发投入是企业实现创新活动、保持核心竞争能力的重要保证。但由于创新活动的高风险、高投入、长周期、易失败等特点，企业对研发投入的决策通常是慎之又慎，在宏观经济走势向好时，考虑经营过程中存在着财务杠杆和经营杠杆效应，企业会采取扩展战略，积极进行研发投入以扩大销售收入、获取高额利润。而在宏观经济呈现下行走势时，财务杠杆和经营杠杆又会产生双刃剑的反杀效应，导致企业销售更大幅下滑和利润下降，这个时期企业一般会采取收缩战略，主动削减研发投入，继而形成沉默的螺旋，影响宏观经济的复苏。因此，特别是处在宏观经济下行的时期，政府如何减轻企业研发失败的成本，稳定企业进行研发投入的信心，是一个值得探讨的政策话题。

财税政策一直以来都是政府进行宏观经济调控的重要手段，在过去一段时间，与西方发达国家相比，我国企业的税负较重，盘留给企业可供自由支配的资金较少。企业如果要进行高强度研发投入的话，离不开外源融资，特别是银行信贷融资，过去二十年，众所周知我国银行信贷的门槛较高、利率较高，即出现所谓金融行业躺着赚钱的垄断情形，这大大增加了一部分企业的融资难度和融资成本，不仅不利于企业进行研发投入，甚至还将部分制造业企业导向了金融化空心化，极大地打击了企业研发投入的积极性，危害了先进制造强国战略的实施。

如何发挥好税收这只无形之手对企业创新行为的重要引领作用，实现制造业企业去空心化、去金融化，近年来我国政府企图通过一系列"减税降费"税制改革来应对这一难题，2008 年将企业所得税由 33% 调整为25%，进行"结构性减税"。2016 年全面推行营改增，进一步减少流通环节的重复性征税。近年来针对科技创新企业、中小微企业陆续出台各种优惠政策，提高研发投入的加计扣除比例，通过减税退税并行助企业纾困，大力改进增值税留底退税制度等。据统计，2020 年我国研发经费投入达到 2.439 万亿元，研发投入强度也从 2008 年的 1.54% 提高到 2.40%，已经接近经合组织（OECD）国家平均水准，但相较于美日德等发达国家的高研发投入水平仍有不小的差距。提升我国创新能力，优化产业结构，实现高质量发展战略转型，减税降费政策仍有更大的实施空间。因此，探讨在不同的宏观经济环境下，财税政策是否影响企业研发投入决策，以及中间作用机制，这对于实施宏观经济精准调控，校正企业研发投入决策，促进企业创新投入具有现实意义。

本章基于宏观经济影响微观企业决策理论框架，研究了宏观经济走势、税收效应和企业研发投入的关系，实证检验发现宏观经济对研发投入具有影响，宏观经济走势越积极，企业的研发投入越高。在控制宏观经济走势等其他因素影响下，企业税负越少，研发投入越多。进一步研究发现，税收效应的作用机制是，税收下降会缓解企业内源融资约束问题，进而使得企业拥有更多可自主支配的现金流投入研发活动，即融资约束在其中发挥了中介效应。本书研究为新的宏观经济形势下，如何更好地发挥减税降费政策效应，进一步促进企业提高创新能力，实现我国高质量发展战略提供政策启示和经验证据。

第二节 ▶ 理论分析与研究假设

以下我们从宏观经济运行走势影响企业研发投入决策、税制改革的政策效应以及产权性质对税收效应的影响进行理论分析并提出研究假设。

一、宏观经济走势对企业研发投入决策的影响

由于宏观经济运行趋势时上时下，具有波动性。各国政府出台了各种调控政策来规避宏观经济的大幅波动，力求经济运行在合理区间、行稳致

远。特别是在 2008 年全球金融危机之后，各国政府频繁出台各种经济政策，从而引发了很大的经济政策不确定性，宏观经济环境的巨大变化使得政府政策未来指向不明确（Bachmann，2010；Bachmann and Bayer，2011）。2017 年中美贸易战爆发以来，宏观经济的不确定性更强，政府对经济的干预程度明显增强，这导致企业和个体投资者在作决策时面临的不确定性因素加大，包括银行存贷款利率的波动、税收政策的变动、财政补贴水平的变动、IPO 政策变动、劳工福利政策的变动等等。这些因素最终会导致企业采取相应的避险决策，譬如延迟投资、增加现金持有、存货调整、改变资本结构调整速度和产品创新等（李凤羽等，2015；王亮亮等，2015；饶品贵等，2016；彭俞超等，2018；王朝阳等，2018）。此外，宏观经济下行使得一方面市场出现萎靡不振，产能过剩；另一方面金融和房地产行业收益率过高时，还会导致部分制造业为追逐短期利润而进行金融化空心化，不仅积累了潜在的系统性金融风险，而且这些决策后果又会反过来影响下一轮的宏观经济复苏。

在投资决策方面，宏观经济波动程度加大会升高企业管理层对未来经济发展预期判断的难度、政府政策制定的频度、政策执行的力度以及行政干预的程度。根据理性经济人假说，企业管理层出于风险规避目的，会在经济高度波动情况下，减弱投资意愿，以降低企业未来面临的市场风险、破产风险，特别是那些研发周期长、失败风险高的研发类投入。布鲁姆等（2007）发现外部不确定性提高了企业未来产品市场需求的不确定性，提高了融资成本，导致企业在进行投资时变得更为谨慎。坎佩罗等（2010）针对亚洲、欧洲及美洲的 1 050 位 CFO 做问卷调查发现，在金融危机、经济波动性较高期间，企业经常会改变投资计划，而受到融资约束的企业表现更甚。饶品贵等（2017）采用美国学者贝克尔（2013）开发的"中国经济政策不确定性指数"来衡量和研究中国经济政策不确定性对企业投资以及投资效率的影响，结果发现经济政策不确定性升高导致企业投资水平显著下降，但是投资效率反而提高，并且对于那些受政策因素影响大的企业群体这一效应更为显著。彭俞超等（2018）发现经济政策不确定性会对企业金融资产配置结构产生影响，企业金融化动机是利润追逐，而非预防性储蓄。于文超等（2019）发现地方政策不确定性和贸易环境不确定性这两种经营环境不确定性对民营企业活力有着显著的负向影响。

在融资决策方面，研发投入需要企业内外部稳定而高额的资金支持，当宏观经济走势波动性升高时，作为企业主要债权人的银行会变得惜贷慎贷，甚至会调整贷款期限结构（Allen et al.，2010；马蓓丽等，2016），导致贷款额度下降和贷款利率上升。特别是目前我国资本市场发展还不够成熟，能够进行上市融资的企业仅占一部分，并且企业绝大部分资金的来源还是银行信贷，融资约束问题就使得贷款额度下降和贷款利率上升导致企业研发投资维持成本升高，新增投资计划面临削减。同时股票市场融资方面，杜尔涅夫（Durnev，2012）发现，经济政策不确定性显著提高了企业股价的波动性，从而影响企业通过股权融资的稳定性。因而经济环境的不确定性影响到企业的债权和股权融资，张杰等（2012）、严若森等（2019）、李文静等（2021）研究发现融资约束与企业研发投入和技术创新成负向关系。综合经济运行趋势对企业投资和融资决策影响的分析，本节提出研究假设 H1：

H1：宏观经济走势越积极，企业的研发投入强度越大。

二、企业研发投入的税收效应

数字经济时代，不断地加大研发投入是企业提升创新能力、实现企业高质量发展的重要保证。然而创新投入存在项目周期较长、创新者自身能力和实力有限以及对外部环境的不确定性要求较高等特点，会导致创新活动达不到预期目标，因此企业在进行研发投入决策时往往存在许多顾虑和短视行为，容易抑制其创新积极性。一直以来政府部门都通过积极的财政税制政策作为宏观调控手段，通过减税降费政策来支持和鼓励加大企业研发投入。近年来，我国政府主动进行一系列税制改革，为企业的研发投入提高相应的税收优惠政策扶持。2017 年，我国推出允许科技型中小企业

享受 75% 研发费用加计扣除政策；2021 年起，制造业企业可享受 100%
研发费用税前加计扣除。2021 年 9 月国家税务总局印发了《关于进一步
落实研发费用加计扣除政策有关问题的公告》，在允许企业 10 月份预缴申
报时就上半年发生的研发费用享受加计扣除政策的基础上，可再多增加享
受一个季度的税收优惠，也就是说，企业在 2021 年 10 月份预缴申报第 3
季度（按季预缴）或 9 月份（按月预缴）企业所得税时，可以自主选择
对前三季度发生的研发费用享受加计扣除优惠政策。目的就是用减税激发
企业增加研发投入、促进技术创新的积极性。2022 年 4 月财政部、税务
总局、科技部发布的《关于进一步提高科技型中小企业研发费用税前加计
扣除比例的公告》指出，科技型中小企业开展研发活动中实际发生的研发
费用，未形成无形资产计入当期损益的，在按规定据实扣除的基础上，自
2022 年 1 月 1 日起，再按照实际发生额的 100% 在税前加计扣除；形成无
形资产的，自 2022 年 1 月 1 日起，按照无形资产成本的 200% 在税前摊
销。当前，新冠肺炎疫情对中小企业造成的冲击较大，更大力度的减税政
策能减轻中小企业负担，也能进一步激励中小企业加大研发费用投入，支
撑中小企业在特殊时期养精蓄锐，这些税收优惠政策的连续出台，必将增
加企业扩大研发投入的决策信心。

　　有学者基于融资约束的视角，认为创新投入的税收效应，能为企业留
有一定的现金流，缓解了企业融资约束，优化了企业负债结构，提高了研
发投入的积极性。罗宏等（2012）研究发现增值税改革能增加企业可支
配收入、降低折旧计提的基数，缓解企业的融资约束。霍威尔（Howell，
2016）基于 2004 年中国增值税改革研究发现，税负下降能刺激新产品产
出，增加销售收入。许伟等（2016）发现增值税有效税率降低 1 个百分
点，企业投资增加 16 个百分点，但不同税种的负担对企业创新的影响存
在差异。曹越等（2017）发现固定资产加速折旧政策可以增加企业内源
融资，提高了企业创新能力。

　　但是，也有学者认为，税收效应也可能会因为无法对冲企业面临的融
资约束而不能对企业创新产生正向影响，最终抑制企业创新。吴祖光等

（2013）、余泳泽等（2017）认为较高的税负反而能促进创新。张希等（2014）利用省级面板数据发现，宏观税负越重的地方，创新产出越多，是因为税收通过投入创新基础设施建设对创新产生的正向效应，大于其对创新的抑制作用。

综上可知，关于创新投入的税收效应，现有文献尚未形成一致的研究结论，关于创新投入的影响机制，多数文献从税负影响现金持有和融资约束，进而影响创新投入，但还需要探讨更多的内在机制。基于此，本节提出两个相互竞争的研究假设 H2：

H2a：在控制其他因素影响下，企业税负越少，研发投入强度越大。

H2b：在控制其他因素影响下，企业税负越多，研发投入强度越大。

三、产权性质视角下的税收效应分析

在我国，国有企业和非国有企业在产权性质上存在显著差异，使得两者的代理问题、激励机制不尽相同，这就会导致两者在税收筹划应对程度上存在差异，从而表现出不同的税收效应，最终会影响其在研发投入方面的态度。

在代理问题上，我国国有企业存在所有者缺位现象，以及金字塔式层层代理关系，长期遭受内部人控制问题困扰，即国有企业经营者会利用控制权片面追求代理人利益最大化，损害委托人利益，产生在职消费、决策短期化、资产流失等第一类代理问题。而非国有企业的股东指向较明确，代理关系相对较简单，虽然存在大股东对中小股东利益的掏空，即第二类代理问题，但在公司治理较为完善、股权制衡较好的前提下，非国有企业的决策倾向更为长期化，利用税收优惠进行研发投入的意愿更强烈些。

在激励机制上，我国国有企业的选人用人机制更多是遵循政治锦标赛理论，国企高管多是政府直接任命，甚至带行政级别履职，离任后要么向上一级国企晋升，要么回到行政系统任职。一旦经济环境不确定性增大情况下，出于自保实现平稳着陆的心理，哪怕是在享受税收优惠政策条件下，国企高管进行风险性研发投资的决策动机也不强。而非国有企业是建立市场导向的选人用人和激励约束机制，通过市场化方式选聘职业经理人依法负责企业经营管理，现有经营管理者与职业经理人的身份转换通道相对畅通。职业经理人实行任期制和契约化管理，按照市场化原则决定薪酬，可以采取多种方式探索中长期激励机制。当经济环境变得不确定情况下，如果政府税收政策优惠幅度加大的话，高管更倾向于做出有利于企业长远发展的研发投入决策。

所以从代理问题和激励机制方面来说，在面临经济环境不确定性加大的情况下，国有企业倾向规避决策风险，借助税收筹划进行研发投入的态度更消极。这也可以从另外一面，即我国自 2016 年开展的国企混合所有制改革得到印证，国企改革的目的就是要完善中国特色现代企业制度、加快健全市场化经营机制、完善国有资产监管体制、充分释放和激发基层改革活力等，希望作为国家经济和产业发展的最重要的实施主体，随着国企改革的持续深化，国有企业将更好发挥"压舱石"作用，为稳定国内经济发展提供最坚实的基础，并在全球科技与产业发展中贡献中国力量。

基于产权视角的分析，本节提出研究假设 H3：

H3：在控制其他因素影响下，国有企业的税收效应弱于非国有企业，故其研发投入强度小于非国有企业。

第三节　研究方法与样本

一、模型设计

为了检验假设 H1，考虑被解释变量——研发投入强度，有的企业没有数据，存在截尾特征，借鉴已有文献构建如下 Tobit 回归模型（7 - 1）：

$$R\&D_t = \alpha + \beta_1 SENT_{t-1} + \beta_2 Size_{t-1} + \beta_3 Lev_{t-1} + \beta_4 Cosh_{t-1} + \beta_5 Oper_{t-1}$$
$$+ \beta_6 ROE_{t-1} + \beta_7 Growth_{t-1} + \beta_8 MTB_{t-1} + \beta_9 Div_{t-1} + \beta_{10} Topage_{t-1}$$
$$+ \beta_{11} Monapay_{t-1} + \beta_{12} BoardSize_{t-1} + \beta_{13} Dual_{t-1} + \beta_{14} Age_{t-1}$$
$$+ \beta_{15} Share1_{t-1} + \sum \beta_i Ind_{i,t-1} + \sum \beta_j Year_{j,t-1} + \varepsilon_{i,t-1} \quad (7-1)$$

其中，被解释变量为 $R\&D$ 为研发投入强度，借鉴王亮亮等（2015）、赵晶等（2016）、李溪等（2018）的做法，使用研发投入与营业收入的比值衡量。

解释变量为 $SENT$，为前文通过深度学习模型计算得到宏观经济新闻情感指标，将月度指标加权平均计算得到年度指标。本书指数的优点是选取的新闻媒体较多，且针对宏观经济这一关键词，趋势反映较全面。目前国内大多使用贝克尔（2016）构建的不确定性指数来衡量经济政策不确定性，该指数是根据英文报纸《南华早报》的新闻报道计算得到，来源比较单一，且仅针对不确定性这一关键词，并不能够全面地反映宏观经济运行趋势。为了保证本书研究结论的可靠性，本节随后也使用 Baker 计算的中国经济不确定性指数进行稳健性测试。本节预测 β_1 的系数为正，即宏观经济趋势越积极，企业研发投入强度越高。

控制变量。参考潘越等（2015）、李溪等（2018）、罗宏等（2019）学者的研究，本书选取如下变量作为模型控制变量。（1）公司特征类变量：企业的资产规模（$Size$）、资产负债率（Lev）、经营性现金流比率（$Cash$）、总资产周转率（$Oper$）、盈利能力（ROE）、销售收入增长率（$Growth$）、托宾 Q 值（MTB）、股利支付率（Div）；（2）公司治理类变量：高管平均年龄（$Topage$）、高管薪酬（$Manapay$）、董事会规模（$BoardSize$）、董事长总经理两职合一（$Dual$）、企业年龄（Age）、第一大股东持股（$Share1$）。此外，还在回归总设置了行业、年份的虚拟变量。所有连续型变量都在 1th 和 99th 百分位上进行"缩尾处理"（Winsorize），下文同。

为了检验假设 H2，本节在模型（7-1）的基础上构建如下模型（7-2）：
$$R\&D_{t+1} = \alpha + \beta_1 SENT_t + \beta_2 TAX_t + \beta_3 SENT_t \times TAX_t + \beta_4 Size_t + \beta_5 Lev_t$$

$$+ \beta_6 Cash_t + \beta_7 Oper_t + \beta_8 ROE_t + \beta_9 Growth_t + \beta_{10} MTB_t + \beta_{11} Div_t$$

$$+ \beta_{12} Topage_t + \beta_{13} Manapay_t + \beta_{14} BoardSize_t + \beta_{15} Dual_t$$

$$+ \beta_{16} Age_t + \beta_{17} Share1_t + \sum \beta_i Ind_{i,t} + \sum \beta_j Year_{j,t} + \varepsilon_{i,t}$$

$$(7-2)$$

其中，TAX 是所得税税负，用企业所得税费用除以税前总利润得到，如果计算得到 TAX 数值小于 0 则设定为 0。$SENT \times TAX$ 是宏观经济情感与税负的交互项。本节预期 β_3 的系数为负，即税负越小，则企业研发投入强度越大。

二、样本选择

研究样本为 2006～2018 年沪深两市非金融类 A 股上市公司，初始样本为 36 934 个公司年观测值，样本经过剔除 ST* 和 ST 公司、删除缺失值、离群值、去除上市不足 3 年的企业、对数据进行 1% 和 99% 缩尾处理，形成最终样本为 15 741 个公司年观测值。本书财务数据来自 CSMAR 数据库，部分缺失值通过查找上市公司年报手动录入。

第四节　▶ 主要实证结果与解释

一、变量描述性统计

表 7-1 是主要变量的描述性统计，可见被解释变量研发投入强度 $R\&D$ 的均值是 0.012，中位数是 0.005，最大值是 0.105，表明不同企业的研发投入强度存在明显差异。解释变量宏观经济走势 $SENT$ 的均值是

−0.038，最小值是 −0.272，最大值是 0.223，表明宏观经济存在一定波动性。其他控制变量特征和以前学者的研究基本保持一致（王亮亮等，2015；彭俞超等，2018）。

表 7-1　　　　　　　　　　主要变量描述性统计

变量名	样本数	均值	标准差	最小值	中位数	最大值
R&D	15 741	0.012	0.016	0	0.005	0.105
SENT	15 741	−0.038	0.124	−0.272	−0.047	0.223
Size	15 741	22.10	1.262	20.06	21.91	25.24
Lev	15 741	0.463	0.203	0.081	0.471	0.836
Cash	15 741	0.086	0.164	−0.347	0.072	0.536
Oper	15 741	0.658	0.428	0.117	0.556	2.001
ROE	15 741	0.071	0.088	−0.226	0.071	0.258
Growth	15 741	0.138	0.280	−0.376	0.102	1.037
MTB	15 741	1.829	1.485	0.240	1.393	6.740
Div	15 741	0.001	0.002	0	0	0.010
Topage	15 741	46.53	3.580	39	46.60	53.44
Manapay	15 741	14.09	0.742	12.50	14.10	15.70
BoardSize	15 741	2.175	0.194	1.609	2.197	2.639
Dual	15 741	1.799	0.400	1	2	2
Age	15 741	15.10	5.336	5	15	26
Share1	15 741	35.86	14.82	11.39	34.19	68.00

　　表 7-2 是主要变量相关系数分析，可见宏观经济情感值 SENT 与研发投入 R&D 正相关，即宏观经济越积极，企业研发投入越多。企业规模 Size 和研发投入负相关，因为国企规模普遍较大，是否意味着国企的研发投入更少？资产负债率 Lev 和研发投入负相关，表明企业负债率越大，可供企业用于研发投入的自由现金流较少。销售收入增长率 growth、净资产收益率 ROE、总资产周转率 Oper、托宾 Q 值 MTB 均和研发投入 R&D 正相

关，表明收入增长快、盈利能力越强、经营效率高、成长性的企业，其研发投入越高。股利支付率 *Div* 和研发投入 *R&D* 正相关，表明如果企业股利支付率越高，企业剩余的可支配现金越少，研发投入就会越少。高管平均年龄 *Topage* 和研发投入负相关，说明高管年龄越大，管理层越可能规避风险，则研发投入越少。高管薪酬 *Manapay* 和研发投入 *R&D* 正相关，表明高管的报酬会受到企业业绩激励，其研发投入的动机就越大，数量就越多。董事会规模 *BoardSize*、董事长兼任总经理 *Dual*、公司上市年数 *Age*、第一大股东持股比例都和研发投入负相关，表明规模越大，第一大股东掏空问题越严重，决策效率可能越低，导致研发投入变少。所有解释变量的相关系数均小于 0.5，膨胀因子 *VIF* 小于 5，表明解释变量之间不存在多重共线性。

表 7 – 2　　　　　　　　　　　主要变量相关系数分析

	R&D	SENT	Size	Lev	Cash	Oper	……
R&D	1.0000						
SENT	0.007	1.000					
Size	− 0.137 ***	0.106 ***	1.000				
Lev	− 0.297 ***	0.058 ***	0.466 ***	1.000			
Cash	− 0.023 ***	0.057 ***	0.051 ***	− 0.153 ***	1.000		
Oper	0.066 ***	− 0.024 ***	0.019 **	0.142 ***	− 0.149 ***	1.000	
ROE	0.082 ***	0.016 **	0.140 ***	− 0.108 ***	0.189 ***	0.174 ***	1.000
Growth	0.002	0.102 ***	− 0.029 ***	0.010	− 0.004	− 0.100 ***	0.071 ***
MTB	0.257 ***	0.041 ***	− 0.491 ***	− 0.502 ***	0.106 ***	− 0.053 ***	0.178 ***
Div	− 0.080 ***	0.081 ***	0.0090	0.045 ***	0.041 ***	0.0020	0.031 ***
Topage	− 0.038 ***	0.089 ***	0.331 ***	0.112 ***	0.038 ***	0.026 ***	− 0.029 ***
Manapay	0.207 ***	0.079 ***	0.487 ***	0.041 ***	0.038 ***	0.077 ***	0.284 ***
BoardSize	− 0.114 ***	− 0.014 *	0.233 ***	0.161 ***	0.072 ***	0.043 ***	0.029 ***
Dual	− 0.158 ***	0.018 **	0.134 ***	0.140 ***	0.019 **	0.054 ***	− 0.009
Age	− 0.087 ***	0.165 ***	0.226 ***	0.166 ***	− 0.013 *	− 0.033 ***	− 0.041 ***
Share1	− 0.088 ***	− 0.029 ***	0.231 ***	0.070 ***	0.050 ***	0.076 ***	0.127 ***

注：*、** 和 *** 分别表示在 10%、5% 和 1% 的显著性水平上显著。

从时间视角看税负变化：图7-1反映了2006～2018年我国企业税负的变化趋势，表明我国企业税负在过去二十年整体呈现下降的趋势，这期间发生了一系列的减税降费税制改革，如2008年1月1日起，实行《中华人民共和国企业所得税法》，企业所得税税率由原来33%降低为25%，小型微利企业按20%，高新企业15%。2016年营改增全面推行，实行统一税法，将二元税制改为一元税制，减少重复征税，优化税制机构，有利于企业降低税负。2020年新冠肺炎疫情暴发当年，国务院通过减税退税并行助企业纾困，大力改进增值税留底退税制度，全年减税2.5万亿，其中留底退税约1.5万亿，重点在于中小微企业、个体户，以及制造业和科技创新领域。从图7-1可见，企业税负降低趋势明显，但税负的降低是否促进企业研发投入的加大，还需要进行实证检验。

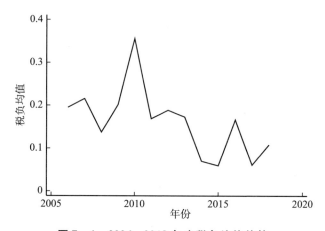

图7-1　2006—2018年度税负均值趋势

从产权性质看税负差异：表7-3报告了两组不同产权性质企业——国有和非国有企业的税负差异比较，结果发现国有企业比非国有企业的税负高0.0794个百分点，在1%水平上显著。表明国有企业承担更多的税收负担，符合我国经济发展过程，国有企业一直都是国民经济重要支柱这一实际情况，以及最近几年减税降费的受惠对象主要是民营企业、科创企业、小微企业等非国有企业。

表7-3 不同产权性质企业的税负差异 *T* 检验

组别	观测值数	均值	均值差异 *T* 值
国有企业	8 990	0.1959	
非国有企业	7 158	0.1165	
	16 148	0.0794	3.26***

注：*、** 和 *** 分别表示在10%、5% 和1% 的显著性水平上显著。

图7-2绘制了国有企业和非国有企业在2006～2018年年均税负变化趋势，可见非国有企业税负低于国有企业，并且在2015年后非国有企业税负下降幅度更大，说明自2016年推行营改增及留底退税制度之后，非国有企业确确实实享受到国家精准性地减税降费等纾困让利。但国家税制改革的举措能否促进非国有企业加大研发投入的强度，还需要进行实证检验。

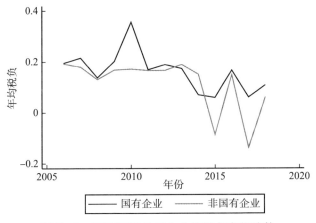

图7-2 不同产权性质企业的税负变化趋势

二、多元回归结果分析

（一）宏观经济走势与研发投入关系检验

表7-4报告了利用模型（7-1）检验宏观经济波动与研发投入强度

关系的 *OLS* 和 *Tobit* 回归结果，选用 *Tobit* 方法估计的原因在于被解释变量 *R&D* 存在截尾现象。列（1）和列（2）均以 *R&D* 作为被解释变量，分别作 *OLS* 和 *Tobit* 回归，相关变量具有良好的解释能力，模型总体拟合效果较好。

表 7 - 4　　　　　　宏观经济走势与研发投入的实证检验

被解释变量		*R&D*	*R&D*
解释变量	预测符号	（1） *OLS*	（2） *Tobit*
SENT	+	0. 304 *** (25. 870)	0. 627 *** (31. 579)
Size	−	− 0. 001 *** (− 9. 460)	− 0. 001 *** (− 5. 521)
Lev	−	− 0. 005 *** (− 7. 976)	− 0. 007 *** (− 7. 250)
Cash	+	0. 000 (0. 602)	− 0. 000 (− 0. 462)
Oper	+	0. 004 *** (11. 150)	0. 006 *** (13. 606)
ROE	+	0. 007 *** (5. 647)	0. 009 *** (4. 574)
Growth	+	0. 001 *** (3. 039)	0. 002 *** (3. 062)
MTB	+	0. 001 *** (6. 905)	0. 001 *** (6. 269)
Div	−	− 0. 128 *** (− 2. 815)	− 0. 360 *** (− 4. 976)
Topage	−	− 0. 000 *** (− 4. 229)	− 0. 000 *** (− 3. 344)
Manapay	+	0. 003 *** (19. 171)	0. 004 *** (17. 445)
BoardSize	+	0. 000 (0. 442)	0. 001 * (1. 897)
Dual	−	− 0. 001 *** (− 3. 881)	− 0. 001 *** (− 4. 305)

被解释变量		R&D	R&D
解释变量	预测符号	（1） OLS	（2） Tobit
Age	−	− 0.000 *** （− 19.102）	− 0.001 *** （− 20.687）
Share1	−	− 0.000 *** （− 4.705）	− 0.000 *** （− 2.820）
_cons	?	− 0.035 *** （− 12.148）	− 0.097 *** （− 21.755）
行业哑变量		控制	控制
年度哑变量		控制	控制
var（R&D）			0.000 *** （48.409）
N		15 741	15 741
Adjusted R^2		0.422	
Log Likelihood			26 552.96

注：*、**和***分别表示在10%、5%和1%的显著性水平上显著。括号内为依据稳健性处理并在企业层面聚类的标准误计算的 t 值，下同。

表7－4中的宏观经济走势指标 SENT 的系数为0.304和0.627，该变量在两个模型中均在1%水平显著为正，表明宏观经济趋势正向影响企业的研发投入，即当宏观经济走势越积极向上，企业就越会加大研发投入，而当经济处于下行时期，企业则会削减研发投入。在控制变量中，正如前面描述性统计分析显示，企业规模 Size、资产负债率 Lev、股利支付率 Div 与研发投入在1%水平上显著负相关；经营活动现金比率 Cash、总资产周转率 Oper、净资产收益率 ROE、收入增长率 Growth、托宾 Q 值 MTB 与研发投入在1%水平上显著正相关，表明企业的现金水平和经营能力是决定研发投入的重要因素；在公司治理类特征中，高管的薪酬 Manapay 与研发投入在1%水平上显著正相关，表明薪酬激励是影响研发投入的正面影响因素，而高管年龄 Topage、董事长兼任总经理 Dual、企业上市年龄 Age 和第一大股东持股比例 Share1 与研发投入在1%水平上显著负相关，表明高管的年龄老化、规避风险意愿、决策独断专行和掏空行为是抑制企业研发

投入的负面影响因素。综上分析，研究假设 H1 得到经验支持。

（二）宏观经济走势、税收效应与研发投入关系检验

表 7－5 报告了利用模型（7－2）检验宏观经济趋势、税收效应与研发投入强度之间关系的 *OLS* 和 *Tobit* 回归结果，列（1）使用 *OLS* 回归检验宏观经济走势、税负比重与研发投入的关系，可见 *SENT* 系数是 0.304，在 1% 水平显著为正，说明宏观经济走势越积极则企业研发投入越高，*TAX* 系数是 －0.000，税收负担与研发投入负相关但不显著。列（2）是在列（1）的基础上增加了交叉项 *SENT × TAX*，系数是 －0.003，在 5% 水平上显著为负，表明在控制宏观经济走势条件下，税收负担越重则企业研发投入越少，即税收负担对企业研发投入存在显著抑制效应。列（3）使用 *Tobit* 回归检验宏观经济走势、税负比重与研发投入强度的关系，可见 *SENT* 系数是 0.622，在 1% 水平显著为正，说明宏观经济走势越积极则企业研发投入强度越高，*TAX* 系数是 －0.002，在 1% 水平显著为负，表明税收负担与研发投入显著负相关。列（4）是在列（3）的基础上增加了交叉项 *SENT × TAX*，系数是 －0.013，在 1% 水平上显著为负，表明在控制宏观经济走势条件下，税收负担越重则企业研发投入越少，即税收负担对企业研发投入存在显著抑制效应。综上分析，宏观经济走势越积极，则企业研发投入强度越大。税收负担越重，则企业研发投入强度越小，并且在控制宏观经济走势条件下，税收负担对企业研发投入存在抑制效应。因此，研究假设 H2a 得到实证支持。

表 7－5　　　宏观经济走势、税收效应与研发投入的实证检验

被解释变量	R&D	R&D	R&D	R&D
解释变量	（1） OLS	（2） OLS 交叉项	（3） Tobit	（4） Tobit 交叉项
SENT	0.304 *** （25.763）	0.303 *** （25.696）	0.622 *** （31.123）	0.623 *** （31.167）
TAX	－0.000 （－1.556）	－0.000 （－1.165）	－0.002 *** （－2.875）	－0.003 *** （－3.760）

续表

被解释变量	R&D	R&D	R&D	R&D
解释变量	（1） OLS	（2） OLS 交叉项	（3） Tobit	（4） Tobit 交叉项
SENT × TAX		− 0. 003 ** （ − 2. 128）		− 0. 013 *** （ − 2. 615）
Size	− 0. 001 *** （ − 9. 442）	− 0. 001 *** （ − 9. 445）	− 0. 001 *** （ − 5. 545）	− 0. 001 *** （ − 5. 569）
Lev	− 0. 005 *** （ − 8. 014）	− 0. 005 *** （ − 8. 002）	− 0. 007 *** （ − 7. 081）	− 0. 007 *** （ − 7. 067）
Cash	0. 000 （0. 541）	0. 000 （0. 512）	− 0. 000 （ − 0. 496）	− 0. 000 （ − 0. 489）
Oper	0. 004 *** （11. 097）	0. 004 *** （11. 107）	0. 006 *** （13. 560）	0. 006 *** （13. 548）
ROE	0. 007 *** （5. 590）	0. 007 *** （5. 598）	0. 009 *** （4. 524）	0. 009 *** （4. 592）
Growth	0. 001 *** （3. 123）	0. 001 *** （3. 091）	0. 002 *** （2. 995）	0. 002 *** （3. 016）
MTB	0. 001 *** （6. 838）	0. 001 *** （6. 835）	0. 001 *** （6. 104）	0. 001 *** （6. 057）
Div	− 0. 123 *** （ − 2. 696）	− 0. 123 *** （ − 2. 694）	− 0. 350 *** （ − 4. 845）	− 0. 352 *** （ − 4. 870）
Topage	− 0. 000 *** （ − 4. 218）	− 0. 000 *** （ − 4. 221）	− 0. 000 *** （ − 3. 285）	− 0. 000 *** （ − 3. 216）
Manapay	0. 003 *** （19. 201）	0. 003 *** （19. 195）	0. 004 *** （17. 356）	0. 004 *** （17. 341）
BoardSize	0. 000 （0. 363）	0. 000 （0. 366）	0. 001 * （1. 907）	0. 001 * （1. 896）
Dual	− 0. 001 *** （ − 3. 876）	− 0. 001 *** （ − 3. 868）	− 0. 001 *** （ − 4. 261）	− 0. 001 *** （ − 4. 279）
Age	− 0. 000 *** （ − 19. 122）	− 0. 000 *** （ − 19. 117）	− 0. 001 *** （ − 20. 658）	− 0. 001 *** （ − 20. 668）
Share1	− 0. 000 *** （ − 4. 766）	− 0. 000 *** （ − 4. 757）	− 0. 000 *** （ − 2. 903）	− 0. 000 *** （ − 2. 908）
SENT_tax2		0. 003 ** （2. 128）		− 0. 013 *** （ − 2. 615）

续表

被解释变量	R&D	R&D	R&D	R&D
解释变量	(1) OLS	(2) OLS 交叉项	(3) Tobit	(4) Tobit 交叉项
_cons	−0.035*** (−12.089)	−0.035*** (−12.096)	−0.096*** (−21.435)	−0.095*** (−21.362)
行业哑变量	控制	控制	控制	控制
年度哑变量	控制	控制	控制	控制
var（R&D）			0.000*** (48.390)	0.000*** (48.423)
N	15 698	15 698	15 698	15 698
Adjusted R^2	0.422	0.422		
Log Likelihood			26 554.325	26 558.012

（三）产权视角的宏观经济走势、税收效应与研发投入关系检验

结合中国的制度背景，本书研究不同产权性质下"税收效应"是否得到支持，实证检验结果如表 7-6 所示。Panel A 的列（1）、列（2）是使用 OLS 回归检验国有企业的宏观经济走势、税负比重与研发投入关系，列（3）、列（4）是使用 OLS 回归检验非国有企业的宏观经济走势、税负比重与研发投入关系。本书重点关注列（2）和列（4）中的交叉项 SENT×TAX 系数可知，非国有企业的系数是 −0.010，国有企业的系数是 −0.002，即非国有企业的税收负担抑制效应明显高于国有企业，并且经过 F-test 检验，发现两类产权性质下的抑制效应差异显著。Panel B 是使用 Tobit 回归检验国有企业的宏观经济走势、税负比重与研发投入关系，检验结果仍然支持该结论。表明在控制其他因素影响下，由于存在不同的代理问题和激励机制，会导致国有企业的税收效应显著弱于非国有企业，故其研发投入小于非国有企业。因此，研究假设 H3 得到实证支持。

表7-6　产权视角下宏观经济走势、税盾效应与研发投入的实证检验

被解释变量	R&D	R&D	R&D	R&D
解释变量	（1） OLS 国有	（2） OLS 国有交叉项	（3） OLS 非国有	（4） OLS 非国有交叉项
Panel A				
SENT	0.272 *** （17.845）	0.272 *** （17.807）	0.337 *** （16.325）	0.337 *** （16.279）
TAX	-0.000 ** （-1.969）	-0.000 （-1.561）	-0.004 *** （-3.003）	-0.003 *** （-2.864）
SENT × TAX		-0.002 （1.403）		-0.010 *** （2.597）
N	8 888	8 888	6 810	6 810
Adjusted R^2	0.365	0.365	0.413	0.413
Panel B				
	Tobit 国有	Tobit 国有 交叉项	Tobit 非国有	Tobit 国有 交叉项
SENT	0.589 *** （23.030）	0.592 *** （23.106）	0.690 *** （18.061）	0.688 *** （18.018）
TAX	-0.002 *** （-2.622）	-0.003 *** （-2.980）	-0.004 *** （-2.677）	-0.004 ** （-2.497）
SENT × TAX		-0.015 ** （-2.395）		-0.022 *** （-2.575）
控制变量	省略	省略	省略	省略
行业哑变量	控制	控制	控制	控制
年度哑变量	控制	控制	控制	控制
N	8 888	8 888	6 810	6 810
Log Likelihood	26 551.323	26 552.326	26 560.010	26 562.016

第五节　▶ 针对税收效应作用机制的进一步分析

　　财税改革作为政府进行宏观经济调控的重要政策手段，税制改革无疑会对企业发挥重要的治理及引导作用，近年越来越多的文献开始关注税收

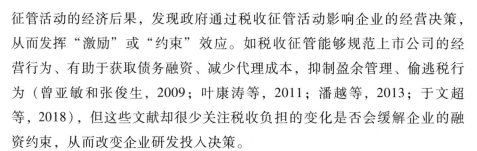

征管活动的经济后果，发现政府通过税收征管活动影响企业的经营决策，从而发挥"激励"或"约束"效应。如税收征管能够规范上市公司的经营行为、有助于获取债务融资、减少代理成本，抑制盈余管理、偷逃税行为（曾亚敏和张俊生，2009；叶康涛等，2011；潘越等，2013；于文超等，2018），但这些文献却很少关注税收负担的变化是否会缓解企业的融资约束，从而改变企业研发投入决策。

过高的税收负担会导致企业经营成本增加，特别是我国现阶段的法制环境尚不够健全，在正常的税收征管活动中，企业除缴纳显性的"税""费"之外，还需要支付一系列隐性费用，例如行政部门的罚款和摊派、税务部门"吃卡拿要"的腐败成本、企业为应付税务稽核检查付出的人力时间成本等，诸如此类非正规活动都将增加企业经营成本。而且，当宏观经济或地方经济下行压力加大时，税务部门为完成既定的税收目标，完成绩效考核指标，会促使企业缴纳"过头税"或预缴"未来税"，甚至以"查税、罚没"等名义获取非税收入，使企业现金流出加大，损害企业融资水平。据中国网《警惕非税收入抵消减税成效》一文报道，2012年前三季度地方非税收入累计达10 344亿元，同比增长27.8%，而全国税收收入增幅则比2011年同期大幅回落18.8%。有些地方政府甚至将非税收入作为遏制财政收入下滑的首选手段。

研发投入具有周期长、风险高、易失败等特点，企业难以单靠外部融资获得资金支持。通常需要企业内部预留的留存收益来缓解外部融资约束问题，因此过高的税负无疑会挤占企业的内部留存收益和现金流水平，弱化企业的内源融资水平，最终影响企业本应投入研发的自由现金流量。在过去十余年间，我国实施的一系列减税降费制度改革，这些政策理论上可以降低企业税负，缓解融资约束，最终提高研发投入所需现金流。首先，根据融资优序理论，当企业需要为研发活动增加投入时，会首选内源融资，原因在于自有资金可以自主安排、灵活使用，也无交易成本，不需外部监管。而外部资金却不存在这些优点，政府通过降低税负把资金留给企业，不仅可以解决企业融资约束问题，还可以提高企业决策自主性，这对于促进企业研发投入的意愿和能力非常重要；其次，降低税负可以提高企业和高管的税后收益率，有助于企业获取外源融资。因为外部投资者会综合考虑投资收益率和风险大小来做出投资选择，企业税后收益率提高，传递了该企业运行情况良好的信号，有助于获取外部资金对研发活动的支持。

基于此，本节认为税负会影响融资约束，进而作用于企业研发投入，即融资约束存在中介效应。参考鞠晓生等（2013）、刘莉亚等（2015）构造的融资约束 SA 指数来衡量企业获得的间接资源支持：$-0.737 \times size + 0.043 \times size^2 - 0.04 \times age$。融资约束 SA 指数的绝对值越大，则企业面临的融资约束程度越高。提出研究假设 H4：

H4：在控制其他因素情况下，税收效应将影响企业的融资约束程度，进而影响企业研发投入强度。

本节借鉴温忠麟等（2014）的方法构建中介效应模型（7-3）~模型（7-5），具体设定如下三步骤：

第一步模型检验当期税收负担是否影响下一期研发投入。如果回归系数 β_1 显著为负，则说明当期税收负担 TAX 越大，则导致下一期研发投入 $R\&D$ 越少，模型（7-3）设定为：

$$R\&D_{t+1} = \alpha + \beta_1 TAX_t + \beta_2 SENT_t + \sum \beta Controls_t + \varepsilon_t \qquad (7-3)$$

第二步模型检验当期税收负担是否影响了下一期融资约束。如果回归系数 γ_1 显著为正，则说明当期税收负担越重，企业的下一期融资约束程度越大，模型（7-4）设定为：

$$SA_{t+1} = \gamma + \gamma_1 TAX_t + \gamma_2 SENT_t + \sum \gamma Controls_t + \varepsilon_t \qquad (7-4)$$

第三步模型加入融资约束 SA 和税收负担 TAX 检验中介传导机制。结合模型（7-4），如果 γ_1 和 φ_2 都显著时，则说明融资约束在当期税收负担与下一期研发投入之间发挥中介效应；如果仅有一个显著，则需通过 $Sobel$ 检验验证中介效应是否成立。模型（7-5）设定为：

$$R\&D_{t+1} = \varphi + \varphi_1 TAX_t + \varphi_2 SA_{t+1} + \varphi_3 SENT_t + \sum \varphi Controls_t + \varepsilon_t$$

$$(7-5)$$

表 7-7 报告了融资约束的中介效应回归结果，可见列（1）中的 *TAX* 系数与 *R&D* 显著负相关，表明税负越大，研发投入越小。列（2）中的 *TAX* 系数与 *SA* 的绝对值显著正相关，表明税负越大，融资约束程度越大。列（3）中的 *TAX* 系数与 *R&D* 显著负相关，*SA* 系数与 *R&D* 并不相关。

表 7-7 　　　　　　　　　　融资约束的中介效应检验

被解释变量	*R&D*	*SA*	*R&D*
解释变量	（1） *Tobit* 回归	（2） *Tobit* 回归	（3） *Tobit* 回归
TAX	-0.002 *** （-2.88）	0.0002 ** （2.06）	-0.003 *** （-3.52）
SA			0.0004 （0.28）
SENT	0.621 *** （31.12）	0.212 *** （4.32）	0.220 *** （25.25）
Size	-0.001 *** （-5.55）	-0.043 *** （-22.90）	-0.001 *** （-5.11）
Lev	-0.006 *** （-7.08）	0.005 （0.72）	-0.005 *** （-5.25）
Cash	-0.000 （-0.50）	0.009 （1.33）	-0.001 （-1.23）
Oper	0.006 *** （13.56）	0.005 * （1.80）	0.006 *** （11.25）
省略	省略	省略	省略
行业哑变量	控制	控制	控制
年度哑变量	控制	控制	控制
N	11 740	11 740	11 740
Log Likelihood	26 554.325	8 643.996	18 950.493

由于 φ_2 系数并不显著，接下来需要作 *Sobel* 检验，检验发现间接效应的 *P* 值显著小于零，表明融资约束在税收负担和研发投入之间的中介效应

成立，即过高的税收负担导致企业下一期出现融资约束问题，最终导致研发投入偏少，故研究假设 H4 得到支持。

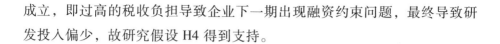

 稳健性检验

一、使用替代变量再次检验

（一）使用 Baker 不确定性指数

本节采用贝克尔等（Baker，2016）提出的经济政策不确定性指数替代宏观经济新闻情感指标来测度经济政策不确定性水平。考虑该指数是月度数据，我们采用取平均值的方式将月度经济政策不确定性指数调整为年度经济政策不确定性指数。代入模型（7－1）~模型（7－5）重新进行回归检验。

表 7－8 的结果表明，在 OLS 回归和 Tobit 回归模型中经济不确定性指数 EPU 系数分别是 －0.132 和 －0.215，均在 5% 水平上与研发投入 R&D 显著负相关。其他模型回归结果基本不变，说明本书的回归结果是稳健的。

表 7－8　　　　　经济政策不确定性与研发投入的实证检验

被解释变量		R&D	R&D
解释变量	预测符号	(1) OLS	(2) Tobit
EPU	－	－0.132 ** （－2.145）	－0.215 ** （－2.544）
Size	－	－0.001 *** （－8.590）	－0.001 *** （－5.987）

续表

被解释变量		R&D	R&D
解释变量	预测符号	(1) OLS	(2) Tobit
Lev	−	− 0.005 *** (− 6.793)	− 0.007 *** (− 6.620)
Cash	+	0.001 (1.015)	0.000 (0.062)
Oper	+	0.004 *** (9.765)	0.006 *** (11.400)
ROE	+	0.009 *** (5.688)	0.010 *** (4.319)
省略		省略	省略
行业哑变量		控制	控制
年度哑变量		控制	控制
var (R&D)			0.000 *** (48.409)
N		11 204	11 204
Adjusted R^2		0.416	
Log Likelihood			20 289.213

注: * 、** 和 *** 分别表示在 10% 、5% 和 1% 的显著性水平上显著。括号内为依据稳健性处理并在企业层面聚类的标准误计算的 t 值,下同。

（二） 替换融资约束指数

本节使用融资约束 *KZ* 指数替换融资约束 *SA* 指数,回归结果基本不变。

（三） 替换研发投入指数

本节使用研发投入与营业收入的比重衡量研发投入强度,回归结果依然稳健。

二、内生性问题检验

本节在回归模型中,添加了较多的控制变量,并且控制了行业固定效应和年度时间效应，尽可能地削弱遗漏变量可能导致的内生性问题。使用滞后一期解释变量数据尽可能地削减互为因果可能导致的内生性问题。由于国外经济政策不确定性会影响中国的经济走势，但是并不会直接影响中国企业的研发投入活动，因此出于稳健性考虑，本节使用七国贸易加权后的国外经济政策不确定性指数作为中国经济走势的工具变量，采用两阶段最小二乘法对模型进行了重新估计，回归结果仍然保持一致。

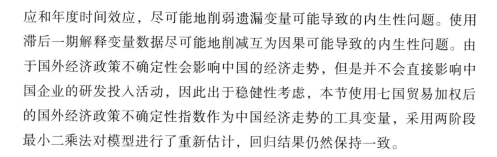

第七节 ▶ 研究结论和政策建议

本章基于我国报纸财经新闻文本，采用深度学习模型构建宏观经济走势情感指数，选取沪深两市 2006—2018 年度的 A 股非金融行业上市公司为样本，实证检验了宏观经济走势、税负效应对企业研发投入的影响。实证结果发现：（1）宏观经济走势越积极，则企业研发投入越多；（2）在控制宏观经济走势影响情况下，税收负担越多，则企业研发投入越少，进一步从产权性质视角分析发现，国有企业的税收效应更不显著，主要由于存在不同的代理问题和激励机制，会导致国有企业的税收效应显著弱于非国有企业，故其研发投入小于非国有企业；（3）针对税收效应的作用机制作进一步分析发现，税收负担影响了企业的融资约束程度，最终影响企业的研发投入决策，即融资约束是影响税收和研发投入的中介变量。

本章的研究结论对于落实我国高质量发展战略，推动产业转型升级成功提供了切实的借鉴意义。特别是在当前突发公共事件冲击背景下，我国宏观经济存在较大的下行压力，外在经济环境的变化确实影响到企业的研发投入决策，这是由于企业在经营过程中存在财务杠杆和经营杠杆效应，它是一把双刃剑，在宏观经济向好时，企业增加研发投入会增加销售和获利，反之在宏观经济下行时，则会使企业销售和获利以更大幅度下降。为了避免宏观经济下行导致企业陷入这种负面的研发投入螺旋，采取减税降费被证明是行之有效的政策，因此，可有针对不同的产权性质、不同规模大小的企业精准实施不同程度的减税降费政策，提高财税政策执行质效。同时也应持续完善金融市场，实行上市公司审批注册制，改善民间投资环境，缓解企业外源融资约束，使企业可以从内外两种渠道获得所需研发投入资金，增强科技进步对经济增长的贡献度，形成新的增长动力源泉，推动我国经济再上新的台阶。

第八章

宏观经济走势与企业金融化
——基于全国和江苏的比较

宏观经济的未来走势是微观企业做出经营决策通常要考虑的首要因素，当企业预期未来宏观经济走势向好时，更倾向于选择积极扩张战略，例如通过在建工程、研发投入、资本并购等方式扩产增能。而当预期未来宏观经济走势下行时，企业一般会采取收缩战略应对经济环境的不确定性，例如通过持有更多现金、增加存货、偿还贷款等行为规避经济风险（饶品贵等，2013，2016）。宏观经济的变化必然影响到微观企业的决策行为，对其深入研究有助于更好地理解宏观经济影响微观企业的作用路径，同时也帮助企业管理层更好地应对宏观经济变化。考虑到最近几年企业金融化趋势日益严重，因此探讨宏观经济走势与微观企业行为决策之间互动关系的研究依然成为经济研究领域的一个新热点，对两者相结合的研究也具有重要的政策与实际意义。

制造业是我国的立国之本、兴国之器、强国之基，制造业企业是实现高质量发展、产业转型升级的主要抓手。我国国民经济和社会发展"十四五"规划纲要中明确提出，要深入实施制造强国战略，加强产业基础能力建设、提升产业链供应链现代化水平、保持制造业比重基本稳定，坚持自主可控、安全高效，增强制造业竞争优势，推动制造业高质量发展。规划纲要进一步提出要强化要素保障和高效服务，巩固拓展减税降费成果，降低企业生产经营成本，提升制造业根植性和竞争力。推动工业用地提容增效，推广新兴产业用地模式。扩大制造业中长期贷款、信用贷款规模，增加技改贷款，推动股权投资、债券融资等向制造业倾斜。允许制造业企业全部参与电力市场化交易，规范和降低港口航运、公路铁路运输等物流收费，全面清理规范涉企收费。建立制造业重大项目全周期服务机制和企业家参与涉企政策制定制度，支持建设中小企业信息、技术、进出口和数字化转型综合性服务平台。由此可见，国家无论是从战略高度，还是从资金供给、土地保障、市场开放、涉企降费、信息平台等要素和服务维度，都高度重视和全方位支持制造业高质量发展。

然而近几年，一方面是我国经济发展环境的复杂性、严峻性和不确定性上升，经济下行压力加大；另一方面劳动力成本、土地成本、税负成本不断攀升，在这种内外压力夹击之下，一些制造企业选择将大量资本转入房地产和金融领域追求虚拟经济的短期收益，一时间，制造业"脱实向虚、逐渐空心化"论调甚嚣尘上。出现这一现象的原因是房价长期高企不下，房地产市场的投资回报率远远超过正常制造业水平，而导致我国高房价的原因又是多方位的：一是城市化进程，相较于欧美发达国家城市化率大多在 75% 以上。尽管我国城市化水平发展较快，在 2020 年达到了 60.6%，但东西部差异较大，省份之间差异较大，城市化水平还不高，这为房地产市场发展提供了较大的发展空间；二是货币政策宽松，我国为应付 2008 年金融危机的冲击，出台了"四万亿"大规模投资计划，其中部分资金进入房地产市场，进一步推升了房价；三是土地财政，卖地收入是各级地方政府财政收入的主要构成，土拍价格上涨也推升了房价。因此，在高房价高需求高回报的诱惑下，许多制造业将原本投入研发活动的资金对外提供交易性金融资产获取利息报酬，将实业建设用地转而进行房地产开发，甚至将从事互联网金融业务作为主业，制造业仅剩下一具空壳。这种制造业空心化、金融化的倾向违背了国家制造业强国的发展战略，阻碍了生产力的提高，蕴藏着系统性金融风险，危害了国民经济的长远发展。

党和政府很早就注意到这种倾向，党的十九大报告要求："深化金融体制改革，增强金融服务实体经济能力""健全金融监管体系，守住不发生系统性金融风险的底线"，"十四五"规模再次明确金融业发展方向：金融机构资源将向科技创新、高端制造、消费升级、城镇建设、民生金融和绿色金融等方向倾斜。并陆续进行一系列改革来解决制造业空心化问题：一是深化供给侧结构性改革。通过减少高耗能、高污染、低质量供给，关停并转僵尸企业，加快过剩产能行业出清，扩大有效和中高端供给，推动自主创新和科技经济深度融合，引领产业向中高端发展。二是实行减税降费让利政策。先后进行了企业所得税、个人所得税、营改增等税制改革，放宽留抵退税认定规定，提高研发投入加计扣除比例，针对小微企业推出"三扩大三加力两统筹"普惠性减税措施，从以前的不分行业大水漫灌倾向先进制造行业精准浇注。从 2012～2022 年十年，新增减税降费累计 8.8 万亿元，新办涉税市场主体超 9 000 万户，我国宏观税负从 2012 年的 18.7% 降至 2021 年的 15.1%。三是推进资本市场改革。近年大力推进创业板、科创板、新三板改革，力主为有科技含量、资金需求大、处于初创期的科技企业提供资金融通，围绕服务实体经济推进 IPO 注册制改革，解决实体经济融资难、融资贵难题。2021 年 9 月，设立北京证券交易所，加大支持中小企业创新发展，深化新三板改革，打造服务创新型中小企业主阵地；四是出台政府补贴措施。对于制造业企业来说，政府补贴是重要的资金支持，多则数十亿元，少则数百万元，据长安汽车 2021 年报显示，当年政府补贴高达 15.6 亿元，数据显示自 2013 年后每年约九成上市公司获得政府补贴，2018 年上半年制造业上市公司获得政府补贴合计 388.46 亿元；五是新增地方政府专项债券。地方政府支持企业发行项目建设专项债券，为符合政策导向的重要项目，定向提供资金支持,根据中宣部2022年5月《新时代财税改革与发展有关情况发布》报告,2015~2021年安排新增地方政府专项债券额度12.2万亿元,支持扩大有效投资。凡此种种,这些政策性措施无疑会改变企业资本结构,缓解企业融资约束程度,最终可能影响企业经营决策。

本章主要关注的问题是:宏观经济的走势是否影响企业金融化决策?不同的经济周期,即上行和下行时期对企业金融化有什么影响?金融资产结构有什么变化?不同的内外部异质性因素对企业金融化有什么影响?如何去金融化?

就笔者目前所涉猎的文献来看,鲜有学者将宏观因素和微观因素相结合来研究企业金融化决策的内外动因,仅有的几篇文献要么是从宏观经济环境(邓超等,2017)、经济政策不确定性(彭俞超等,2018)等外部动因进行研究,要么是从股东价值最大化(邓超等,2017)、CEO金融背景(杜勇等,2019)微观特征进行探讨,本章认为综合内外的经济环境、税制政策、产权性质、融资约束状况等因素全面地看待企业金融化决策,更符合客观现实,更好地了解企业金融化的影响因素。

近年来倡导宏观经济政策与微观企业行为之间互动关系的研究已然成为经济研究领域的一个重要分支,姜国华和饶品贵(2011)尝试建立一个宏观经济影响微观企业行为的理论分析框架。本章基于这一宏观经济影响微观企业的理论分析框架,以全国和江苏省企业为样本,研究宏观经济走势对制造业空心化及创新投入产出的影响,以及融资约束、地区差异和产权性质的调节效应。之所以选择江苏省,一是江苏作为制造业大省,其经济总量持续多年领跑兄弟省份,在全国经济中占据重要份额;二是江苏作为制造业强省,制造业种类繁多,先进制造业较发达,是贯彻国家"十四五"规划高质量发展战略的典型省份;三是为促进江苏省制造业高质量发展,提供政策建议。

本章的研究发现主要有以下几点:

(1)宏观经济走势显著正向影响企业金融资产占比和金融资产结构配置策略,企业会基于"投资替代"动机选择增持短期金融资产策略。

（2）企业融资环境越宽松，则其会持有更多的金融资产，且倾向于持有更多的短期金融资产。国有企业的金融化程度要明显高于非国有企业，并且国有企业主要通过持有短期金融资产作为金融资产配置策略。

（3）企业"金融化—研发支出—创新产出"的中介效应检验支持金融化"挤占"研发支出，最终损害企业创新产出的观点。

本章的贡献体现在以下几个方面：

（1）基于宏观经济影响微观企业行为的理论分析框架，以企业金融化现象为切入点，探讨经济走势对企业行为的影响，有助于深化理解经济环境、政府政策与微观企业行为之间的互动关系。

（2）大部分学者从经济政策不确定性视角进行研究，但经济发展有起有落，不可能完全处于一种不好的状态，分经济向上和下行两个时段来探讨企业金融化，可更好更全面地理解在不同经济发展阶段，企业采取不同金融化的真正动机，因此本章的研究内容丰富了企业金融化的相关研究。

（3）确认了中国企业金融化的动机主要是利润追逐而非预防性储蓄，排除了经济下行走势是企业金融化的原因，这为政府制定相关政策提供一定的参考价值。

第二节　江苏制造业发展状况

江苏作为传统制造业大省、强省，经过几十年的发展，综合实力连上新台阶，在我国的宏观经济发展中占据重要的地位，2021 年全省实现生产总值 11.64 万亿元，占全国的 10.2%，人均 GDP 居全国之首。目前已形成了一批先进的制造业集群和产业链，全省上市公司数量总计 225 家，其中大概 200 家隶属于制造行业，见图 8 - 1。

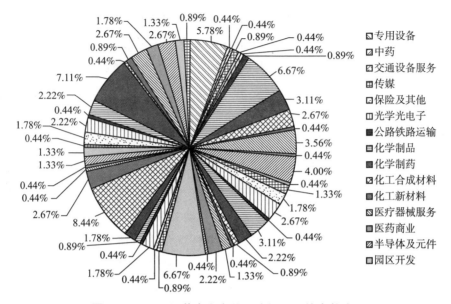

图 8 - 1　2021 江苏省上市公司分行业（按个数比）

资料来源：千际投行。

实体经济根基更加稳固。全省三次产业结构由 2012 年的 6∶50.6∶43.4 调整至 2021 年的 4.1∶44.5∶51.4。2021 年制造业增加值 4.17 万亿元，占 GDP 比重达 35.8%；服务业增加值 5.99 万亿元，占比十年累计增加 8 个百分点，2013～2021 年均增长 8.1%，快于 GDP 年均增速 0.7 个百分点。企业经济效益不断改善，2021 年全省规模以上工业实现利润总额 9 358.1 亿元，与 2012 年相比年均增长 2.9%。

产业发展迈向中高端。先进制造业和高技术制造业保持较快增长，产业链供应链自主可控能力有效提升。2021 年全省高新技术产业产值占规模以上工业总产值比重达 47.5%，比 2012 年提高 10 个百分点；战略性新兴产业产值占规模以上工业比重 39.8%，比 2014 年提高 11.1 个百分点；高新技术产品出口额比 2012 年增加 431.9 亿美元。现代服务业加快成长，2021 年高技术服务业营业收入占规模以上服务业比重达 37.5%。

创新活力充分激发。全省研究与试验发展经费支出由 2012 年 1 288.0

亿元增加到 2021 年的 3 447.8 亿元，年均增长 11.6%，占 GDP 比重由 2.3% 提升至 2.95%，接近创新型国家和地区中等水平。2021 年全省万人发明专利拥有量达 41.2 件，约为全国平均水平的 2 倍，比 2012 年提高 35.4 件；科技进步贡献率为 66.1%，比 2012 年提高 9.6 个百分点。

数字经济赋能强劲。2021 年，全省数字经济核心产业增加值占 GDP 比重预计为 10.3%，对 GDP 增长的贡献率达 16% 以上。2021 年，规模以上工业中数字产品制造业增加值比上年增长 19.7%，比规模以上工业高出 6.9 个百分点，对规模以上工业增长的贡献率达 27.8%；规模以上服务业中互联网和相关服务、软件和信息技术服务业营业收入分别增长 27.5%、16.8%，其中互联网平台、互联网数据服务增长 25.5%、115.9%。

此外，《江苏省国民经济和社会发展第十四个五年规划和二〇三五年远景目标纲要》提出坚持巩固壮大实体经济根基，以培育建设具有国际竞争力的产业集群为主抓手，加快构建实体经济、科技创新、现代金融和人力资源协同发展的现代产业体系，不断提升江苏在全球产业链、供应链、价值链中的位势和能级。

培育壮大先进制造业集群。充分发挥江苏制造业体系健全和规模技术优势，大力培育集成电路、生物医药和新型医疗器械、高端装备、新型电力装备、工程机械、物联网、高端纺织、前沿新材料、海工装备和高技术船舶、节能环保、核心信息技术、汽车即零部件、新型显示、绿色食品等十三个省级先进制造业集群。到 2025 年，省级先进制造业集群产业规模突破 6 万亿元，新型电力装备、物联网、工程机械、纳米新材料等集群达到世界先进水平。

大力发展战略新兴产业。重点聚焦集成电路、生物医药、人工智能等前沿领域，积极发展新一代信息技术、新材料、节能环保、新能源、新能源汽车等产业，强化技术攻关、试点示范和场景应用，加快技术迭代和产业升级，努力成为主导经济发展的新引擎。推动互联网、大数据、人工智能等融合应用，形成新技术、新产品、新业态、新模式，赋能战略性新兴产业发展。实施未来产业培育计划，前瞻布局第三代半导体、基因技术、空天和海洋开发、量子科技、氢能与储能等领域。到2025年，战略性新兴产业产值占规模以上工业比重超过42%。

激发传统产业转型升级。坚持智能化、绿色化、高端化导向，加快传统产业优化升级和布局调整，强化分类施策，支持钢铁、化工、纺织、机械等优势传统产业开展优化升级试点。如支持钢铁企业开发高端钢种，力争填补国内空白。持续推进化工安全环保整治提升，推动化工产业向精细化、高端化、专业化、安全化发展。以增品种、提品质、创品牌为重点，大力发展新型面料、品牌服装、现代家纺等，强化创意设计和品牌运营等高附加值环节，探索定制成衣等生产模式，塑造一批世界知名品牌，逐步向时尚产业转型升级。以关键核心零部件和高端装备为主攻方向，加大技术攻坚和系统集成力度，鼓励工业互联网、智能制造、共享制造、再制造等新模式应用，进一步提升行业生产质效，打造一批具有代表性的工业母机，掌握一批独门绝技。

继往开来，咬定青山不放松，实体经济在过去、现在和未来都是江苏经济发展壮大的重要基石，准确定位影响实体企业金融化的动因，寻找促进实体经济创新产出的对策，落实江苏省"十四五"规划纲要的指示，这使得本书研究更具特别意义。

第三节 ▶ 文献回顾与研究假设

金融化分为宏观层面金融化和微观企业金融化（张成思，2019），宏观层面金融化主要指宏观经济整体的金融体系深化或者金融发达程度，金融体系深化原则上有利于提高资本配置效率，促进实体经济的发展，相对于西方发达的金融体系而言，我国宏观层面金融化程度还不够完善，现阶段的融资难融资贵、资本错配现象仍然十分突出。而微观角度定义"金融化"，主要是基于微观企业的金融化行为。例如，"企业利润的积累日益依靠金融渠道而不是传统的贸易和商品生产"（Krippner，2005），"非金融企业卷入金融市场"（Stockhammer，2004），以及"各种经济行为的核心从生产部门和一些外延的服务部门变为金融部门"（Foster，2007）。本节主要研究我国微观企业层面的金融化现象，针对我国情况而言，2006年以来，微观企业金融化现象日趋明显（张成思，2018），微观企业金融化不仅会导致全社会实物资产的积累大大减慢，而且可能造成实体经济投资率下降，尽管这是否是世界各国普遍现象还存在争议（Kliman and Williams，2015），需要做进一步研究。

马克思在《资本论》中对"实体经济"与"虚拟经济"有过精辟论述：劳动可分为生产性劳动和非生产性劳动。生产性劳动创造价值，属于实体经济部门；非生产性劳动不直接创造价值，属于虚拟经济部门。虚拟经济作为实体经济的延伸虽不直接创造价值，但通过提供资金融通、商品流通等服务，协助实体经济提高价值创造效率。马克思认为：虚拟经济发展必须依托于实体经济，若脱离实体经济自行膨胀，必形成经济泡沫，最终将导致金融危机。

近年来，由于国内虚拟经济的高利润率，主要是金融与房地产行业（黄群慧，2017），远远高于制造行业，据公开数据显示，2015年我国制造业上市公司利润率平均为6.84%，同期金融业上市公司利润率高达16.27%，房地产行业一般也在10%左右。在这样的背景下，中国经济的"脱实向虚"趋势愈演愈烈：一方面，金融公司相互持股，将资金配置到利润更高的金融公司，脱离服务实体经济初衷，出现资本空转现象；另一方面，越来越多的制造业企业脱离原来的主营业务，通过持有更多的金融资产以及利润来源主要是由金融投资构成（宋军，2014；彭俞超，2018），即所谓的空心化或金融化。据Wind数据统计显示，2016年有767家上市公司持有银行和证券公司的理财产品、信托贷款、私募等金融产品，金额高达7 268.76亿元（王国刚，2017），甚至一些企业名义上是制造业，实质上已经蜕变成信贷公司，利用从政府或银行获得的廉价贷款，专门从事放贷或金融投资活动。正如马克思所指出，实体经济过度金融化，必将形成系统性金融风险，严重危害宏观经济的平稳运行。因此，厘清企业金融化的动机、机制和后果对于中央和地方政府制定宏观调控政策，引导金融回归实体经济，对于防范系统性金融风险，促进制造业高质量可持续发展具有重要的理论和现实意义。

梳理已有文献，企业金融化的动机大致可分为三类：

一是预防性储蓄理论。该理论基础最早可追溯到费雪和弗里德曼（Fisher & Friedman）的研究，预防性储蓄是指风险厌恶的消费者为预防未来不确定性导致的消费水平的下降而进行的储蓄。同样地，企业持有金融资产的目的并不一定表明企业"脱实向虚"，相反其能作为上市公司的流动性储备，以防止现金流短缺而导致资金链断裂（Stulz，1996；胡亦明，2017）。特别是当宏观经济处于下行阶段，预防性储蓄的动机应当更为强烈，德米尔（Demir，2009）通过对阿根廷等国非金融企业投资组合的分析发现，应对宏观经济不确定性是企业持有金融资产的重要原因。丁（Ding，2013）发现企业通过从事一些金融性投资，以缓解融资约束对固定资产投资的抑制，这也有益于实体经济的发展。因而，预防性储蓄理论认为应对经济不确定性的企业金融化，有利于缓解融资约束，有益于实体经济发展。

然而，预防性储蓄理论在解释制造业空心化动机时，目前的研究结论并不一致，胡亦明等（2017）研究发现从经济趋势上看，GDP不断增长，意味着企业越来越富有，越来越多地增加对金融资产的投资，但从GDP周期变化来看，当经济出现周期性增速或景气时，企业减少对金融资产的投入，增加对实体经营的投入，而当经济周期减速或下行时，企业会增加金融资产配置，减少实体资产投入，符合"储水池"动机。然而杜勇等（2017）、彭俞超等（2018）研究发现，中国企业持有金融资产的主要动机是利润追逐而非预防性储蓄，论证了经济政策不确定性上升并非企业金融化的原因。

二是投资替代理论。该理论认为企业金融化的目的是追求利润最大化，因此当金融资产的收益率高于实体经济的收益率时，企业则投资于金融资产来替代实体投资，反之，则投资于实体经济来替代金融资产

（Demir，2009）。基于投资替代理论，可以分析美国产业转移和企业金融化：（1）发达国家的制造行业利润率低于发展中国家，传统制造行业利润率缺乏竞争力是造成欧美国家产业转移和企业金融化的原动力（张成思等，2015）；（2）金融投资收益率不断上升，以及长期奉行的量化宽松政策，导致过剩的流动性涌入资本市场和房地产市场，造成资产价格泡沫和房市泡沫，进一步推升虚拟经济繁荣；（3）企业管理层对短期利益的追求以及经理人市场的激烈竞争，加上管理层的薪酬与企业绩效挂钩，导致管理层对短期利益的偏好程度不断上升。

考虑 2008 年金融危机后，我国出台"四万亿"大规模投资计划，导致一部分资金流向房地产市场，推高了房价，使得房地产成为高收益的金融投资品，从而挤压了实体经济资金配置。胡亦明（2017）分析发现，中国上市公司在 2002—2014 年（不含金融企业）的金融资产平均规模和金融资产占总资产之比的平均数总体呈上升趋势，平均规模从 3.46 亿元发展到 11.87 亿元。徐策（2012）研究认为金融业对实体经济的利润在一定程度上造成了挤压，罗能生（2012）发现实体经济占中国 GDP 的比重在不断地下降，虚拟经济却发展迅速，罗来军（2016）实证研究表明虚拟经济正从实体经济抽走资金，流向业已过度繁荣的房地产市场和资本市场，这对实体经济发展非常不利。

三是实体中介理论。辛和赵（Shin & Zhao，2013）提出了"实体中介"理论来解释新兴市场国家的企业金融化现象。阿伦等（Allen et al.，2005）发现新兴市场国家，由于金融市场发展严重滞后于经济发展，存在银行信贷歧视现象。而我国的金融体系又以银行为主导，加上政府大力扶持国有企业，使得国有银行和国有企业之间存在着天然利益关系，更容易获得银行贷款，而大多数非上市民营企业由于规模小、风险高、信息披露不健全等因素，导致银行对民企的信贷歧视现象更严重（钱雪松，2015；黄轲，2020），出现所谓"融资难、融资贵"现象。此外，我国股票市场弱效率和高门槛，相较于发达国家的股票市场由于受到合格的机构投资者和健全的监管法律约束，股票市场可以发挥高效的资本配置功能，我国股票市场缺乏合格的机构投资者和健全的法律约束，股票市场追涨杀跌、大起大落，非但不能发挥资本市场本来的配置功能，反而变成资本逐利的大赌场，已是金融风险酝酿的温床。长期过高的上市门槛，将真正需要资金但规模较小的企业拒之门外。

在受到融资歧视的情况下，患有资金饥渴症的企业将被迫寻找其他的融资渠道，如地下钱庄、影子银行等。在市场主导的西方发达国家，高风险企业主要依靠风险资本、私募股权基金、资本市场等直接融资方式获得融资。在新兴市场国家，金融市场发展相对缓慢，高风险企业只能通过影子银行获得融资，推高了影子银行的投资收益率。面对影子银行投资的高收益率，那些拥有大量闲余资金的上市公司和大型企业具有盘活资金、提高资金利用效率的诉求。于是，这些企业便通过影子信贷体系，将资金提供给了那些难以从银行获得融资的企业，即表现为非金融企业金融化现象（Du et al.，2016；戴赜，2018）。

虽然上述三种企业金融化动机理论的研究视角不同，但可归纳为两类：一是预防性储蓄动机，即预防性储蓄理论；二是投资替代性动机，包括投资替代理论和实体中介理论。要辨识微观企业这两类动机，回答实体经济是否被"挤出"，可以通过直接观测宏观经济数据，如一段时期内金融对 GDP 贡献大小，但这仅仅是一个宏观结果，但无法揭示微观企业层面发生的过程或机理，也无法辨识不同企业的真正动机，更无法做出针对性的政策调控。同时，这两类动机本身并不矛盾，它们可能随着经济环境的波动和金融业的发展水平不同而交替出现，企业的金融化动机也不同，可能某一阶段中国企业金融化的逐利动机较为突出，或者某一阶段预防性动机较强，而这需要深入的实证检验。

一、宏观经济走势与金融资产占比

宏观经济走势无疑是企业做出经营决策的首要考量因素，在过去四十年，中国 GDP 年均增长达 10%，以三大产业为主的实体经济占 GDP 的比重达 95.94%（罗能生，2012），中国实体经济在快速发展的同时，也遇到融资难融资贵、资本错配等"融资约束"问题，制约了中小企业的发展、降低了投资效率（Ding，2013；张嘉望，2021；陈彪，2021）。因此，如果企业以实体投资为主，则当宏观经济向上运行时，投资机会增多，不确定性降低，为了更快更多地占领市场，企业会利用经营杠杆的正效应，将资金主要配置到实体资产当中去，相应地会减少金融资产配置。而当宏观经济环境下行时，市场前景不明，实体投资机会减少，经营杠杆的反噬效应凸显，企业为了维持必要的流动性储备，一般会配置更多的金融资产，即在企业从事实体经营、预防性储蓄动机的前提下，宏观经济走势与金融资产配置之间呈现负相关关系，并且企业配置金融资产是出于这种预防性动机的话，则不会对实体经济形成"挤出"效应。本节提出假设 H1：

H1：在"预防性储蓄"动机前提下，宏观经济走势与企业金融资产占比之间呈显著负相关关系，即不存在"挤出"效应。

但是，如果企业以"投资替代"为动机，追求利润最大化为目的，当宏观经济上行，特别是金融资产的收益率超过实体资产的收益率，并且风险较小时，则企业将配置更多的金融资产。反之，当经济下行时，由于股票市场大幅波动，银行信贷规模萎缩，使得一方面金融投资风险加大，另一方面是受到融资规模和成本上升约束，导致风险规避的经理人从事金融资产投融资活动的意愿下降（陈国进等，2017），则企业会减少金融资产配置，这样，宏观经济运行和金融资产配置之间将会是正相关关系，并且企业配置金融资产是出于这种替代性动机的话，则会对实体经济形成"挤出"效应。本节提出假设 H2：

H2：在"投资替代"动机前提下，宏观经济走势与企业金融资产配置之间呈显著正相关关系，即存在"挤出"效应。

二、宏观经济走势与金融资产结构

宏观经济的波动会影响企业在流动性和期限结构不同的金融资产之间

配置，为了进一步分析宏观经济走势与金融资产结构差异，正如前文所分析，如果企业秉持"预防性储蓄"动机，当经济处于"上行"时，由于不确定性变小，则企业可将更多资金配置到收益率更高的长期金融资产上，仅需持有更少量的短期金融资产。当经济处于"下行"时，由于不确定性加大，企业需要将长期金融资产转到流动性更强、容易变现的短期金融资产上，加强企业流动性储备。相反，考虑我国资本市场实际上仍处于弱势有效阶段，大多数投资者是追逐短期套利而非长期价值持有的动机较强，如果企业秉持的是"投资替代"动机，在追逐利润最大化的目标驱动下，当经济上行时，股价频繁飙升，企业可能持有更多短期金融资产通过套利策略来获取更高利益，而在经济处于"下行"时，企业管理层仍然基于自利的投资策略，即通过选择收益更高长期金融资产配置，削减短期金融资产配置策略，实现任期内收益最大化目标。因此，本节提出假设 H3：

H3a：在"预防性储蓄"动机前提下，宏观经济走势与企业短期金融资产配置之间呈显著负相关关系。

H3b：在"投资替代"动机前提下，宏观经济走势与企业短期金融资产配置之间呈显著正相关关系。

第四节 ▶ 研究设计

一、样本选择和数据来源

本节选择 2007 年第一季度到 2019 年第四季度沪深两市 A 股上市公司作为研究样本，按照以下原则进行样本筛选：（1）剔除 ST、PT 及金融、保险类行业的上市公司；（2）剔除相关数据缺失的样本。最终得到 82 572

个公司—季度观测值。关于宏观经济走势指标，本节采用前文基于深度学习模型计算的财经新闻文本情绪指标，相对于国内外研究较多使用的贝克尔等（2016）根据英文版《南华早报》关键词搜索测算得到的经济政策不确定性指数（Wang et al.，2014；田磊，2016；彭俞超，2018），本节指标取自国内二十余种主流财经媒体关于"宏观经济"的报道：一是覆盖面更广；二是针对宏观经济更强。企业财务数据来自国泰安上市企业数据库（CSMAR），宏观经济数据来自国家统计局，货币政策数据来自中国人民银行。为了消除极端值对实证结果的影响，本节对模型中所有连续变量进行1%分位的双侧缩尾（Winsorize）处理。

二、主要变量定义

（一）金融化程度（*FinAsset*）指标

本书借鉴宋军等（2015）、杜勇等（2017）、彭俞超等（2018）的方法，用企业持有的金融资产占总资产比例衡量金融化程度。本书将资产负债表中的交易性金融资产净额、衍生金融资产净额、发放贷款及垫款净额、可供出售金融资产净额、持有至到期投资净额、投资性房地产净额都纳入金融资产的范畴。需要指出，虽然货币资金也属于金融资产，但由于货币资金的收益率低，企业持有其目的更多是经营活动的预防性动机，因此本书中的金融资产剔除货币资金。此外，现代社会中的炒房现象愈演愈烈，房地产越来越脱离"房住不炒"的原则，房地产依然具有了金融资产的属性，根据《企业会计准则第3号——投资性房地产》定义，投资性房地产是指为了赚钱租金或资本增值，或两者兼有而持有的房地产，它能较好地衡量实体企业房地产投资状况，故而本书将投资性房地产纳入金融资产范畴。因此，企业金融化程度（*FinAsset*）指标的计算公式为：*FinAsset* =（交易性金融资产净额 + 衍生金融资产净额 + 发放贷款及垫款净额 + 可供出售金融资产净额 + 持有至到期投资净额 + 投资性房地产净额）/总资产。

（二）宏观经济走势（SENT）指标

计算过程如下：

首先，计算每篇新闻文本情感数值：

$Sentiment\_lines = (PospcT - Negpct)/(Pospct + Negpct)$，其中 $Pospct$ 代表文本正面情感词语数，$Negpct$ 代表文本负面情感词语数。

其次，计算每日新闻文本情感数值：

$Sentiment\_daily = \sum Sentiment\_lines/N$，其中 N 代表每日新闻文本数目，即求出每日所有篇文本情感平均值。

再次，计算每月新闻文本情感数值：

$Sentiment\_month = \sum Sentiment\_daily/M$，其中 M 代表当月所对应的天数，即求出每月所有日文本情感平均值。

最后，计算每季新闻文本情感数值：

$Sentiment\_quarter = \sum Sentiment\_month/3$，其中 3 代表每个季度所对应的月数，即求出每季所有月文本情感平均值。

（三）其他相关研究变量

包括经营性资产利润占比（Profit_ratio）指标衡量主营业务创造的利润占营业利润比例，金融资产利润占比（FinAct_ratio）指标衡量金融资产收益占营业利润比例。

（四）控制变量

本节的控制变量分为三类：一是公司财务类变量，包括总公司规模（Size）、资产负债率（Lev）、资产净利率（ROA）、经营活动现金流比率（Cash）、应收账款周转率（Turn）、营业收入增长率（Growth）、托宾 Q 值（TobinQ）；二是公司治理类变量，包括董事长兼职总经理（Duality）、高管薪酬对数（ManaPay）、高管团队持股比（ExcuShare）、第一大股东持股比（*Share*1）；三是宏观经济政策类变量，包括企业家经济景气信心指数（*JQ*）、广义货币供应量增长率（*M*2）、一年期银行贷款利率（*Rate*）。具体的变量定义见表 8 - 1。

表 8 - 1　　　　　　　　　　　　变量定义及计算

变量名称	变量描述	测算方法
FinAsset	金融资产占比	金融资产/总资产
SENT	宏观经济走势	见前文
Profit_ratio	经营性资产利润占比	（营业收入 - 营业成本）/营业利润
FinAct_ratio	金融资产利润占比	（投资收益 + 公允价值变动收益 + 汇兑收益）/营业利润
Size	公司规模	总资产的自然对数
Lev	资产负债率	总负债/总资产
ROA	资产净利率	净利润/总资产
Cash	经营活动现金流比	经营活动现金流量/现金净额
Turn	应收账款周转率	营业收入/应收账款净额
Growth	营业收入增长率	本期营业收入/上期营业收入 - 1
TobinQ	托宾 *Q* 值	市值/账面总资产
Duality	董事长兼任总经理	兼职取 1，否则取 2
ManaPay	高管薪酬对数	高管前三名薪酬和的自然对数
ExcuShare	高管团队持股比	高管团队持股数/总股数
*Share*1	第一大股东持股比	第一大股东持股数/总股数
JQ	企业家景气信心指数	取自 CSMAR 宏观经济数据库
*M*2	广义货币供应量增长率	中国统计年鉴
Rate	一年期银行贷款利率	中国统计年鉴

三、计量模型设定

为了检验上述 H1、H2 假设，本书构建如下回归模型（8 - 1）：

$$FinAsset_{t+1} = \alpha_0 + \alpha_1 SENT_{i,t} + \sum ContrlVar_{i,t} + Quarter + \mu_i + \varepsilon_{i,t}$$

$$(8-1)$$

其中，下角 i 标代表企业，t 代表季度。被解释变量 $FinAsset$ 表示金融资产占比，用来衡量企业金融化趋势。解释变量 $SENT$ 表示宏观经济情感指标，用来衡量不同季度的宏观经济走势。$ContrlVar$ 表示公司财务、公司治理和宏观经济政策等系列控制变量，$Quarter$ 是季度虚拟变量，μ_i 是个体固定效应，ε 是随机扰动项。

为了检验上述 H3a、H3b 假设，本书构建如下检验模型（8-2）：

$$StrucAsset_{t+1} = \alpha_0 + \alpha_1 SENT_{i,t} + \sum ContrlVar_{i,t} + Quarter + \mu_i + \varepsilon_{i,t}$$

$$(8-2)$$

模型（8-2）中 $StrucAsset$ 表示金融资产结构，分为短期金融资产占比（$ShortAsset$）和长期金融资产占比（$LongAsset$）。短期金融资产包括交易性金融资产、可供出售金融资产和持有至到期投资；长期金融资产包括衍生金融资产、投资性房地产、长期股权投资等长期保值型金融资产，金融资产结构用来衡量企业在不同经济周期的金融资产配置行为。

第五节 ▶ 实证结果

一、描述性统计和相关性分析

表 8-2 为描述性统计。从中可见不同企业的金融资产（$FinAsset$）最小值为 0，最大值为 0.352，表明有的企业并不持有金融资产，而有的企业总资产中有 35.2% 为金融资产，标准差为 0.061，即存在较大的差异。宏观经济情感（$SENT$）最小值为 -0.338，最大值为 0.344，标准差为

0.161，表明季度宏观经济走势波动较大。经营性资产利润占比（*Profit_ratio*）最小值为 0.299，最大值为 37.8，表明不同企业的经营性资产利润贡献差异较大。金融资产利润占比（*FinAct_ratio*）最小值为 -0.410，最大值为 3.568，表明不同企业的金融资产利润占比存在一定差异，相较于经营性资产而言，金融资产利润贡献较小。控制变量中的公司规模（*SIZE*）最小值为 19.74，最大值为 25.71，资产负债率（*Lev*）最小值为 0.042，最大值为 0.858，以及其他变量与彭俞超（2018）、杜勇（2019）文中的数值基本一致。

表 8 - 2　　　　　　　　　　描述性统计分析

Variable	N	Mean	SD	Min	p50	Max
FinAsset	82 572	0.029	0.061	0	0.003	0.352
SENT	82 572	-0.012	0.161	-0.338	-0.018	0.344
Profit_ratio	82 572	4.345	5.471	0.299	2.636	37.88
FinAct_ratio	82 572	0.190	0.523	-0.410	0.016	3.568
Size	82 572	22	1.217	19.74	21.85	25.71
Lev	82 572	0.408	0.201	0.042	0.404	0.858
ROA	82 572	0.033	0.031	0	0.023	0.158
Cash	82 572	0.038	7.778	-44.06	0.643	31.37
Turn	82 572	19.51	70.10	0.265	3.285	572.6
Growth	82 572	0.128	0.489	-0.681	0.045	2.853
TobinQ	82 572	2.080	1.221	0.901	1.688	7.783
Duality	82 572	1.750	0.433	1	2	2
ManaPay	82 572	14.22	0.730	12.35	14.23	16.16
ExcuShare	82 572	0.064	0.131	0	0	0.588
Share1	82 572	34.55	14.64	8.774	32.69	73.06
JQ	82 572	125.3	8.755	98.50	126.9	146.9
M2	82 572	13.39	4.654	8	13.10	29.30
Rate	82 572	5.331	0.845	4.150	5.310	7.470

表 8 – 3 是主要变量相关系数分析，可见宏观经济情感值（*SENT*）与金融资产（*FinAsset*）显著正向相关，表明在 2007～2019 年宏观经济越积极，企业金融资产投入越多。企业规模（*Size*）和金融资产显著正相关，意味着公司规模越大，金融资产投入越多。资产负债率（*Lev*）和金融资产显著负相关，表明企业负债率越大，可供企业用于金融资产投资的自由现金流较少。净资产收益率（*ROE*）、经营活动现金流比（*Cash*）、营运收入增长率（*Growth*）和金融资产显著负相关，表明盈利能力、获现能力、增长潜力越强，企业更愿意做经营性投资，而不是金融资产投资。应收账款周转率（*Turn*）、托宾 *Q* 值（*TobinQ*）均和金融资产显著正相关，表明企业经营效率高、市场估值大的企业，其金融资产投入越高。董事长兼任总经理（*Duality*）、高管薪酬（*Manapay*）和金融资产显著正相关，表明高管的报酬会受到企业业绩激励，其追求短期利润的动机就越强烈，金融资产投入的数量就越多。第一大股东持股比（*Share1*）、企业家经济景气和信心指数（*JQ*）、银行贷款利率和金融资产显著负相关，表明大股东会约束经理人的追求短期利润动机，未来经济向好和融资成本上升会约束金融资产的投入。所有解释变量的相关系数均小于 0.5，膨胀因子 *VIF* 小于 5，表明解释变量之间不存在多重共线性。

表 8 – 3　　　　　　　　　　　相关系数分析

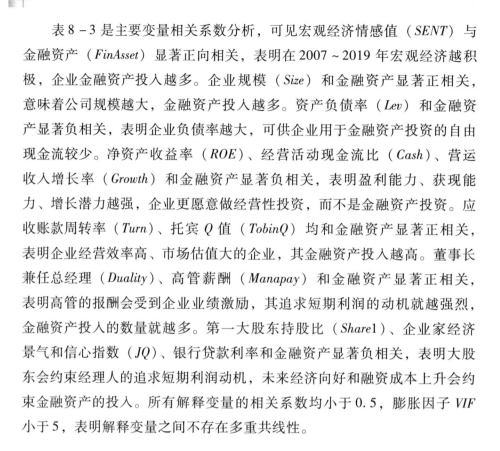

	FinAsset	*SENT*	*size*	*Lev*	*ROA*	*Cash*	...
FinAsset	1.000	1.000					
SENT	0.066 ***						
Size	0.026 ***	0.143 ***	1.000				
Lev	– 0.029 ***	0.014 ***	0.462 ***	1.000			
ROA	– 0.007 *	– 0.018 ***	– 0.042 ***	– 0.280 ***	1.000		
Cash	– 0.010 ***	– 0.003	0.076 ***	0.049 ***	0.073 ***	1.000	

续表

	FinAsset	SENT	size	Lev	ROA	Cash	...
Turn	0.034 ***	− 0.014 ***	0.056 ***	0.070 ***	0.107 ***	0.063 ***	
Growth	− 0.004	0.013 ***	− 0.031 ***	0.019 ***	0.093 ***	0.038 ***	
TobinQ	0.050 ***	0.018 ***	− 0.376 ***	− 0.257 ***	0.248 ***	− 0.051 ***	
Duality	0.015 ***	− 0.009 ***	0.152 ***	0.148 ***	− 0.030 ***	0.019 ***	
ManaPay	0.066 ***	0.176 ***	0.467 ***	0.053 ***	0.144 ***	0.001	
ExcuShare	− 0.082 ***	− 0.015 ***	− 0.249 ***	− 0.283 ***	0.078 ***	− 0.042 ***	
Share1	− 0.043 ***	− 0.060 ***	0.172 ***	0.040 ***	0.085 ***	0.036 ***	
JQ	− 0.016 ***	0.185 ***	− 0.027 ***	0.041 ***	− 0.051 ***	− 0.046 ***	
M2	− 0.068 ***	− 0.181 ***	− 0.221 ***	0.077 ***	0.022 ***	0.032 ***	
Rate	− 0.094 ***	− 0.339 ***	− 0.223 ***	0.033 ***	0.049 ***	− 0.010 ***	

二、金融化趋势分析

（一）金融资产占比趋势

图8 - 2是全国企业的金融资产占比年度平均值和宏观经济情感共同趋势图，从中可以看出金融资产占比与经济情感有一定的关联，值得注意的是在2008～2012年，由于受到全球金融危机的影响，我国宏观经济市场受悲观情绪所笼罩，经济情感指标下行也反映了这一现实，在此区间的金融资产占比也呈现明显下降趋势，表明企业采取了出清动作，减少了金融资产配置，这符合以追求利润最大化为目的的"投资替代"动机，不符合"预防性储蓄"动机。在2012～2018年，随着国家四万亿投资计划的落实，政策效应开始发力，经济恢复强势反弹，经济情感指标也反映出这一趋势，在此区间的企业金融资产占比也是一路攀升，这更能说明企业

在经济预期向好的情况下，倾向于追逐利润资本利得最大化而不是去做更大规模的实体投资，这进一步佐证了企业金融化的"投资替代"动机而非"预防性储蓄"动机。因此，从 2007~2019 年整体情况来看，宏观经济的走势初步佐证了我国企业金融资产投资的动机更多出于"投资替代"而非"预防性储蓄"，但是不同税负效应、不同产权性质、不同经济周期情况下，金融化动机和金融资产结构是否有差异，仍需要进一步研究。

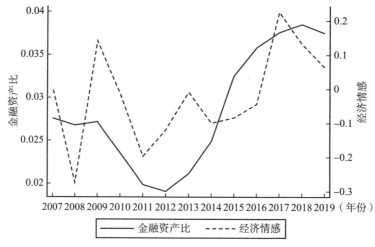

图 8 - 2　全国金融资产占比和经济情感趋势

图 8 - 3 是江苏企业的金融资产占比年度平均值和宏观经济情感共同趋势图，有趣的是在 2008~2010 年，江苏省企业在经济下行时，金融资产占比呈现增加态势，表明江苏省企业选择加大持有金融资产，其金融化的动机更符合"预防性储蓄"理论。而在 2013~2019 年，受到 4 万亿投资计划影响，江苏省企业的金融资产占比也是一路攀升，表明企业在经济预期向好的情况下，江苏企业也倾向于追逐利润资本利得最大化而不是去做更大规模的实体投资，其金融化的动机更符合"投资替代"理论。当然，还需要用实证检验来佐证上述推断。

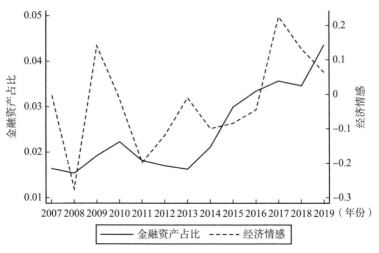

图 8-3　江苏金融资产占比和经济情感趋势

（二）金融资产结构趋势

图 8-4 是全国企业的金融资产结构和经济情感趋势图，可以明显看出，在 2009~2012 年，即经济处于"下行"时期，短期金融资产占比小

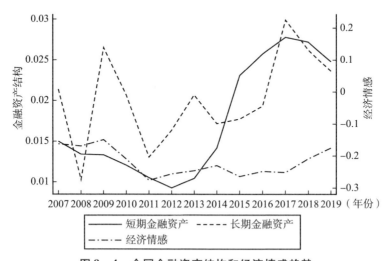

图 8-4　全国金融资产结构和经济情感趋势

于长期金融资产占比，表明管理层可能为了追求利益最大化，倾向于选择持有收益更高的长期金融资产。在 2012～2019 年，即经济处于"上行"时期，短期金融资产占比显著高于长期金融资产占比，表明企业持有短期金融资产，可能是为了通过频繁套利来追求利益最大化，这更符合"投资替代"动机。也就是说，通过分析企业金融资产结构在不同经济周期的变化，进一步佐证了从 2009～2019 年，我国企业秉持的主要是"投资替代"动机。

图 8-5 是江苏企业金融资产结构和经济情感趋势图，与全国金融资产结构所不同的是，在 2009～2012 年，即宏观经济下行期间，江苏企业的长期金融资产占比呈下降趋势，而短期金融资产占比放但未下降，还出现了小幅上升，这表明管理层通过增加短期金融资产来应对金融危机的冲击，更符合"预防性储蓄"动机。但在 2012～2019 年，江苏企业和全国企业一样持有更高的短期金融资产，开始转向"投资替代"动机。这表明，在金融危机期间，江苏企业能够秉持"预防性储蓄"动机来应对经济下行的冲击，但随着四万亿投资计划带来的巨大冲击效应，宽松的货币

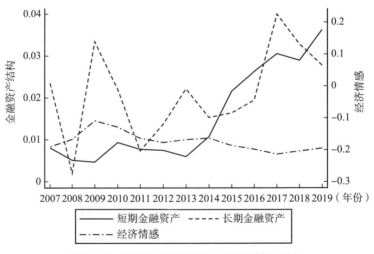

图 8-5　江苏金融资产结构和经济情感趋势

政策和繁荣的房市，确实导致部分企业为了追逐利益最大化而采取"脱实向虚"的经营策略。甚至有些资金雄厚的头部企业直接切入房地产市场，结果几乎给自身企业造成了资金流断裂的财务风险，如苏宁电器、雨润股份等。

（三）金融资产获利趋势

如果企业利润来源主要依靠金融资产贡献利润的话，则表明企业采取了"脱实向虚"的经营策略。图8-6呈现的是在2007～2019年全国企业经营性资产获利能力和金融资产获利能力的趋势图，由于经营性资产利润占营业利润的平均值大约处于4～5，而金融资产利润占营业利润的平均值大约处于0～1，尽管在2008～2012年金融危机后，两个指标均有所下降，但前者仍远远大于后者，这表明经营性资产仍是绝大部分企业的利润贡献者。值得注意的是，在2016～2019年，金融资产的利润贡献率也呈现一定程度的上升，这说明企业金融化也给企业带来一定比例的利润贡献，但绝对贡献仍远小于经营性资产所创造的利润贡献。

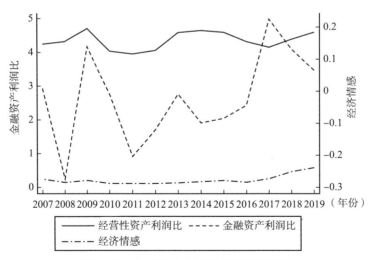

图8-6 全国企业金融资产利润比趋势

同样，图8-7报告了江苏企业经营性资产获利能力和金融资产获利能力的趋势图，结果和图8-6中的全国企业表现一致，说明企业金融化并不是江苏企业的主要利润贡献因素。

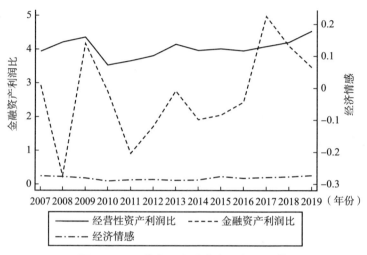

图8-7 江苏企业金融资产利润比趋势

综上所述，通过对企业金融资产占比、配置结构、利润占比的整体表现分析，可以发现：一是宏观经济走势会影响到企业的金融资产配置策略，即企业会在经济下行时期采取出清金融资产，而在经济上行时期，采取增加金融资产，佐证了企业基于"投资替代"而不是"预防性储蓄"的动机；二是企业主要是通过操作短期金融资产来谋取利润最大化，这与我国资本市场不够完善的现状相吻合，即包括企业在内的众多投资者大多采取快进快出的短期套利、赚快钱的方式来追逐资本利得，而不是采取长期稳健型的价值投资策略；三是企业金融化并不是企业的主要利润贡献方，也许对某些企业而言，金融化给其带来巨大利润，但从长期、从整体看，对大多数企业来说，"脱实向虚"并无法取代经营性资产的绝对地位；四是结合宏观经济趋势可以发现江苏省企业在2008～2012年的金融化策略不同于全国企业，即采取的是"预防性储蓄"措施来应对金融危机，但在 2012 年后的表现和全国企业一样，这说明在四万亿投资计划带来的金融或房地产市场过度繁荣的外因诱惑下，原本理性的决策者也无法抵抗跨行业的高额利差诱惑，这表明 2008 年 11 月推出的四万亿投资计划对提振中国市场信心发挥了重要的作用，但同时它也可能是中国企业金融化的重要外因之一。

三、多元回归分析

表 8 - 4 报告了对本书基本假设的检验结果，第（1）（2）列的被解释变量金融资产趋势，第（2）列是在第（1）列基础上纳入公司财务、公司治理和宏观经济政策三类控制变量；第（3）（4）列的被解释变量是金融资产结构，即短期金融资产和长期金融资产的占比。可以看到列（1）（2）中的宏观经济情感指标（SENT）的回归系数分别是 0.004 和 0.006，分别在 10% 和 1% 水平上显著，这表明宏观经济走势越积极，企业会增持金融资产，反之宏观经济走势越下行，企业则会减持金融资产。实证结果支持了企业金融化的"投资替代"动机观点，即在本书研究期间（2007～2019 年），全国企业改变金融资产配置策略的整体动机是为了追求利润最大化，而不是为了生产经营而秉持"预防性储蓄"动机。列（3）中的宏观经济情感指标（SENT）回归系数是 0.005，在 5% 水平上显著，而列（4）中的宏观经济情感指标（SENT）回归系数是 0.002，并不显著，这表明企业通过选择增持短期金融资产而不是长期金融资产作为实现"投资替代"动机的策略。以上结果符合假设 H2 和 H3b 的预期，即我国企业金融化的"挤出"效应要大于"储水池"效应，意味着企业金融化出于短期套利目的，而不是为了通过"储水池"机制反哺生产经营主业，可以预期其未来主业的表现会变差。尽管有的企业进行金融化获取投资收益，不排除将其配置到经营性资产中去，但在内在资本逐利动机的驱使和外部跨行业高额利差的诱惑下，很可能最终也会走向"企业金融化 - 获取收益 - 企业金融化"的炒钱循环中，罗来军等（2016）的研究佐证

这一观点，他们发现企业的利润大量地流向了虚拟经济领域，利润对企业固定资产的增长没有起到显著的促进作用。

表 8 - 4   宏观经济走势对全国企业金融化的多元回归结果

	金融资产占比	金融资产占比	短期金融资产	长期金融资产
	(1)	(2)	(3)	(4)
SENT	0.004 * (1.952)	0.006 *** (2.913)	0.005 ** (2.360)	0.002 (1.517)
Size		0.001 *** (5.598)	0.004 *** (17.222)	− 0.002 *** (− 12.146)
Lev		− 0.028 *** (− 19.147)	− 0.037 *** (− 27.769)	0.003 *** (2.717)
ROA		− 0.039 *** (− 4.835)	− 0.008 (− 1.026)	− 0.040 *** (− 6.871)
Cash		− 0.000 (− 1.397)	− 0.000 *** (− 2.831)	0.000 (0.216)
Turn		− 0.000 *** (− 4.225)	− 0.000 *** (− 5.682)	0.000 (0.939)
Growth		− 0.000 (− 0.887)	− 0.000 (− 1.191)	0.000 (0.262)
TobinQ		0.002 *** (8.431)	0.002 *** (8.683)	0.000 *** (2.615)
Duality		− 0.003 *** (− 5.093)	− 0.001 (− 1.174)	− 0.002 *** (− 5.642)
ManaPay		0.000 (1.117)	− 0.000 (− 0.215)	− 0.000 (− 0.345)
ExcuShare		− 0.040 *** (− 24.370)	− 0.019 *** (− 13.267)	− 0.023 *** (− 24.708)
Share1		− 0.000 *** (− 3.011)	− 0.000 *** (− 3.017)	0.000 (0.010)
JQ		− 0.000 ** (− 1.982)	− 0.000 (− 0.526)	− 0.000 ** (− 2.034)
M2		− 0.001 *** (− 2.652)	− 0.000 ** (− 2.285)	− 0.000 (− 1.372)

续表

	金融资产占比	金融资产占比	短期金融资产	长期金融资产
	（1）	（2）	（3）	（4）
Rate		-0.136 *** （-6.791）	-0.119 *** （-6.365）	-0.027 ** （-2.178）
行业	控制	控制	控制	控制
季度	控制	控制	控制	控制
_cons	0.013 *** （10.169）	1.036 *** （6.904）	0.846 *** （6.042）	0.266 *** （2.909）
N	82 570	82 570	82 570	82 570
R^2_adj	0.089	0.101	0.055	0.096
F 值	362.51	153.6	94.31	93.05

注：* 、** 和 *** 分别表示在10%、5%和1%的显著性水平上显著。括号内为依据稳健性处理并在企业层面聚类的标准误计算的 *t* 值，下同。

本节以江苏企业为样本进一步分析在外部因素的刺激下，是否存在企业金融化动机"转向"问题，结合本书在描述性统计中所反映的趋势，以2008年金融危机期间，我国出台的四万亿刺激计划为背景，将江苏企业样本以2012年作为分割点，划分为前后两个时段分别纳入模型（8-1）进行回归，结果见表8-5。

表8-5　　　宏观经济走势对江苏企业金融化的多元回归结果

	金融资产占比	金融资产占比	短期金融资产	长期金融资产
	（1）	（2）	（3）	（4）
PANEL A 全样本				
SENT	0.007 （1.075）	0.008 （1.157）	0.005 （0.861）	0.003 （0.812）
CVs	NO	控制	控制	控制
行业	控制	控制	控制	控制
季度	控制	控制	控制	控制
N	8 448	8 448	8 448	8 448
R^2_adj	0.066	0.097	0.111	0.046
F 值	60.52	47.49	28.37	29.26

	金融资产占比 (1)	金融资产占比 (2)	短期金融资产 (3)	长期金融资产 (4)
PANEL B 2012 年前样本				
SENT	0.018 (1.431)	0.013 (0.726)	0.005 (0.442)	0.008 (0.527)
CVs	NO	控制	控制	控制
行业	控制	控制	控制	控制
季度	控制	控制	控制	控制
N	2 027	2 027	2 027	2 027
R^2_adj	0.049	0.108	0.128	0.075
F 值	24.47	9.53	5.56	7.72
PANEL C 2012 年后样本				
SENT	0.004 (0.460)	0.004 (0.513)	0.004 (0.523)	0.001 (0.210)
CVs	NO	控制	控制	控制
行业	控制	控制	控制	控制
季度	控制	控制	控制	控制
N	6 421	6 421	6 421	6 421
R^2_adj	0.071	0.104	0.104	0.042
F 值	88.93	35.90	23.45	29.87

注：*、** 和 *** 分别表示在 10%、5% 和 1% 的显著性水平上显著。括号内为依据稳健性处理并在企业层面聚类的标准误计算的 *t* 值；*CVs* 代表控制前文所述的一系列控制变量，下同。

表 8-5 中的 PANEL A 报告了宏观经济走势对江苏省全部样本企业的金融化影响，可知宏观经济情感指标（*SENT*）的回归系数无论是在金融资产占比（列（1）、列（2））还是金融资产结构（列（3）、列（4））回归中均不显著，实证检验不支持宏观经济走势对江苏企业金融化造成显著影响的假设。PANEL B 是针对 2012 年前样本进行回归，发现金融危机期间的 *SENT* 回归系数仍然不显著，表明即使身处金融危机阶段，宏观经

济走势也不是江苏企业金融化的影响因素。PANEL C 是针对 2012 年后样本进行回归，表明在走出金融危机之后，宏观经济走势也未能显著影响江苏企业的金融化。杜勇（2017）研究认为中国幅员辽阔，区域金融生态环境存在十分明显的差异，金融生态环境可以作为一种良好的外部治理机制，能够优化资金配置效率，减弱投资套利动机，从而削弱金融化对实体企业主业发展的负面效应。彭俞超（2018）研究认为中西部地区普遍存在地理环境恶劣、制度环境较差和经济欠发达等问题，缺乏良好的实体投资机会，而金融投资不受地理条件约束的特点，使得中西部地区的金融资产投资与实体投资相比更加活跃。而且，中西部地区受限于经济发达程度、金融市场化程度以及中介和法律市场的完善程度影响，应对政府政策出台和实施引致的市场需求更迭、产业结构变迁的能力较差，进而对经济政策不确定性的变动更加敏感。

江苏作为东部最发达省份之一，企业拥有充足的资金储备、良好的金融中介、完善的法律市场等金融生态环境，在应对外部宏观经济变动冲击时，拥有更多的金融工具和备选方案以缓冲经济变动所造成的冲击。故而，相对中西部企业而言，江苏企业的金融化对宏观经济走势缺乏敏感性。

通过比较全国企业和江苏企业金融化对宏观经济走势的敏感性可知：从全国视角看，宏观经济走势显著正向影响到企业金融资产占比和金融资产结构配置策略。但由于存在金融生态环境的区域差异化，所以从江苏视角看，宏观经济走势并未显著影响到江苏企业的金融化配置策略。那么，需要进一步思考的是，是否有其他因素影响全国特别是中西部企业的金融化配置策略，譬如企业内部融资约束因素、地区金融生态环境因素？倘若这些因素影响到企业金融化策略的话，本书预期其将在宏观经济走势和企业金融化之间发挥调节效应，以期为政府针对企业金融化进行政策性调控提供经验证据。

<table>
<tr><td></td><td>第六节</td><td>▶</td><td colspan="1">融资约束和金融生态等调节效应检验</td></tr>
</table>

第六节 ▶ 融资约束和金融生态等调节效应检验

一、企业内部融资约束影响

上述实证检验表明，宏观经济走势影响企业金融化策略，并且企业金融化主要以"投资替代"的动机为主。为了进一步分析企业金融化行为背后的逻辑，本节研究融资约束作为调节变量在其中所发挥的效应。本节采用两类方法来度量企业融资约束程度：一是采用企业销售收入规模来划分融资约束的强弱程度（Guariglia，2010；彭俞超等，2018），具体是把销售收入大于同季度同行业中位数的企业设定为受融资约束较轻的企业（虚拟变量取值为1），其余企业设定为受融资约束较重的企业（虚拟变量取值为0）；二是使用 SA 指数，采用同样的方式将 SA 指数转化为虚拟变量。本节仅报告第一种方法的分组回归结果，见表8－6。

表8－6　　　　　融资约束、宏观经济走势与企业金融化

	融资约束较弱			融资约束较强		
	(1)	(2)	(3)	(4)	(5)	(6)
	金融资产占比	短期金融资产	长期金融资产	金融资产占比	短期金融资产	长期金融资产
$SENT$	0.006** (2.53)	0.004** (2.14)	0.002 (1.43)	0.004 (1.21)	0.003 (1.13)	0.001 (0.70)
CVs	控制	控制	控制	控制	控制	控制
行业	控制	控制	控制	控制	控制	控制
季度	控制	控制	控制	控制	控制	控制

续表

	融资约束较弱			融资约束较强		
	（1）	（2）	（3）	（4）	（5）	（6）
	金融资产占比	短期金融资产	长期金融资产	金融资产占比	短期金融资产	长期金融资产
N	43 711	43 711	43 711	38 859	38 859	38 859
R^2_adj	0.099	0.057	0.124	0.085	0.069	0.101
F 值	75.66	54.77	66.84	55.32	49.21	40.41

表 8 - 6 中的第（1）（2）（3）列报告了在融资约束较弱组的宏观经济走势对金融化的影响，可以发现列（1）的 *SENT* 回归系数是 0.006，在 5% 统计水平上显著，表明融资约束较弱的企业因资金充裕而持有更多的金融资产。列（2）的 *SENT* 回归系数是 0.004，在 5% 统计水平上显著，而列（3）的 *SENT* 回归系数是 0.002，并不显著，说明企业主要通过持有短期金融资产作为配置策略；第（4）（5）（6）列报告了在融资约束较强组的宏观经济走势对金融化的影响，值得注意的是 *SENT* 回归系数均不显著，说明受融资约束较强的企业虽有动机但缺少配置金融资产的能力。表 8 - 6 的回归结果表明，如果企业基于"投资替代"为动机而持有金融资产的话，企业融资环境越宽松，则其会持有更多的金融资产，且倾向于持有更多的短期金融资产。

这给我们的政策启示是，如果政府一味地采取大水漫灌式的货币宽松政策，来解决实体企业融资难融资贵问题，可能会取得适得其反的政策效果，会使得部分资金经企业之手又流向虚拟经济中，而无法反哺真正需要资金的实体企业。信贷政策必须变"大水漫灌"为"精准滴灌"，需要积极创新信贷体制机制，通过深入调研、实地分析，切实把握企业金融资产配置动机，重新设计精准信贷新机制。

二、地区金融生态环境影响

地方金融政策、金融资源禀赋以及金融市场发达程度的差异导致了中国地区发展不均衡。东部沿海地区对外开放较早，人才济济、交通便捷、很早地抓住了欧美日发达国家的产业链转移机遇，使得实体产业比较发达。而中西部地区经济发展相对落后，地理环境恶劣，制度条件也不健全，很难吸引到外资等良好的实体投资机会，因此考虑到金融投资不受地理条件所限，理论上会使得中西部地区的金融资产投资相对于东部更加凸显。

然而，我国于 2000 年提出西部大开发国家战略，重点在于调整结构、搞好基础设施和生态环境，使得中西部地区的投资环境得到不断改善，再加上近年来，随着沿海地区人工成本的提高和环保意识的加强，使得东部沿海的企业开始向西部迁移，促进了西部的产业升级和经济发展。此外，伴随着"一带一路"倡议的实施，这条经济带有一条是从西安延伸乌鲁木齐，在经过阿富汗、俄罗斯等中亚国家后，直抵欧洲荷兰，另有一条是从云南经过老挝延伸到巴基斯坦、伊朗等中东地区，沿路带动了东西方的交流、促进了西部地区的经济发展。"西部大开发"和"一带一路"倡议打消了西部相对于东部的地理劣势，让西部城市也能够成为开放的"窗口"。因此，经过二十多年的发展，可能削减了东西部地区金融生态环境差异对企业金融化造成的影响。

本节将样本分为东部、中西部两个子样本，分别对基准模型进行回归，实证结果如表 8 - 7 所示。第（1）（2）（3）列报告了在东部地区企业样本组的宏观经济走势对金融化的影响，可以发现列（1）的 *SENT* 回归系数是 0.006，在 5% 统计水平上显著，表明东部地区的企业因金融生态良好而持有更多的金融资产。而第（4）列的中西部地区企业组的 *SENT* 回归系数是 0.005，在 10% 统计水平上显著，本节使用 bdiff 命令（Bootstrap + Permutaion）检验两组的 SENT 回归系数发现并不存在显著差异，这与彭俞超等（2018）的研究结论不一致，本节认为可能是两者的研究期间存在差异，彭文的研究期间是 2007～2015 年，本节的是 2007～2019 年，这表明经过二十多年的西部大开发和近十年的"一带一路"建设，地区金融生态差异已经不是宏观经济走势影响企业金融化过程中的调节因素。

表 8 - 7　　　　　　　　地区差异、宏观经济走势与企业金融化

	东部地区企业			中西部企业		
	（1）	（2）	（3）	（4）	（5）	（6）
	金融资产占比	短期金融资产	长期金融资产	金融资产占比	短期金融资产	长期金融资产
SENT	0.006 **	0.004 *	0.002	0.005 *	0.003	0.001
	（2.35）	（1.95）	（1.31）	（1.67）	（1.11）	（0.90）
CVs	控制	控制	控制	控制	控制	控制
行业	控制	控制	控制	控制	控制	控制
季度	控制	控制	控制	控制	控制	控制
N	57 597	57 597	57 597	24 973	24 973	24 973
R^2_adj	0.115	0.063	0.107	0.078	0.069	0.120
F 值	142.44	73.43	97.43	39.46	29.07	29.23

三、企业产权性质的影响

前期研究认为，我国金融市场存在银行信贷歧视现象（Allen，2012；马蓓丽，2016），国有企业由于规模较大，有政府作为最终的信用担保，具有较强的抗风险能力，从而更容易获得银行贷款。因此，相对于非国有企业，国有企业的融资约束较弱，处在同样宏观经济走势背景下，将有动机配置更多的金融资产来满足其利润最大化目的。根据表 8 - 8 的分不同产权性质回归结果，发现列（1）国有企业组的 *SENT* 系数在 5% 水平上

显著，列（4）非国有企业组的 *SENT* 系数并不显著，使用 bdiff 命令
（Bootstrap + Permutaion）检验两组的 *SENT* 回归系数发现在 5% 水平上存
在显著差异，表明在同样的宏观经济背景下，国有企业的金融化程度要明
显高于非国有企业，并且国有企业主要通过持有短期金融资产作为金融资
产配置策略。

表 8 - 8 　　　　　　　　　产权性质、宏观经济走势与企业金融化

	国有企业			非国有企业		
	（1）	（2）	（3）	（4）	（5）	（6）
	金融资产占比	短期金融资产	长期金融资产	金融资产占比	短期金融资产	长期金融资产
SENT	0.007** (1.96)	0.005* (1.62)	0.003 (0.99)	0.004 (1.61)	0.002 (1.09)	0.002 (1.25)
CVs	控制	控制	控制	控制	控制	控制
行业	控制	控制	控制	控制	控制	控制
季度	控制	控制	控制	控制	控制	控制
N	31 638	31 638	31 638	46 345	46 345	46 345
R^2_adj	0.163	0.074	0.155	0.087	0.071	0.073
F 值	76.08	39.50	52.17	95.45	67.17	44.19

　　基于以上融资约束、地区差异和产权异质性的研究表明：一是货币宽
松政策应避免无的放矢、大水漫灌，要做到有的放矢、精准滴灌；二是中
西部地区的金融生态环境在过去 20 年有了质的提升，表明我国西部大开
发战略取得实效；三是未来对企业金融化调控，要重点关注国有企业金融
化问题，加强国有企业资金司库管理体系建设和资金使用去向专项审计。

四、稳健性检验

　　（1）宏观经济走势的替代度量指标。本节采用贝克尔等（2016）提

出的经济政策不确定性指数替代宏观经济新闻情感指标来测度经济政策不确定性水平。考虑到该指数是月度数据，我们采用取平均值的方式将月度经济政策不确定性指数调整为年度经济政策不确定性指数。代入模型（8-1）~模型（8-2）重新进行回归检验。实证结果基本保持一致。

（2）本书使用融资约束 KZ 指数替换融资约束 SA 指数，回归结果基本不变。

（3）内生性问题检验。本书在回归模型中，添加了较多的控制变量，并且控制了行业固定效应和年度时间效应，尽可能地削弱遗漏变量可能导致的内生性问题。使用滞后一期解释变量数据尽可能地削减互为因果可能导致的内生性问题。使用滞后二期、滞后三期解释变量进行回归，实证结果基本不变。

（4）子样本回归。制造业是实体经济的主体，本节用制造业子样本检验宏观经济走势对企业金融化的影响，检验结果未改变本节研究的基本结论。

第七节　进一步讨论：企业金融化的"挤占"效应

前文发现宏观经济走势会影响企业的金融化，本节进一步讨论金融化是否挤占了研发支出，并最后损害企业未来的创新产出，以期打开实体企业金融化影响企业创新的中间"作用机制"和"经济后果"。本书借鉴巴伦和肯尼（Baron & Kenny，1986）、温忠麟等（2014）的方法构建中介效应模型（8-3）~模型（8-5）检验金融化的"挤出"效应，具体设定如下三步骤。

第一步模型（8-3）检验当期企业金融资产是否影响下一期企业创新产出。如果回归系数 β_1 显著为负，则说明当期金融资产占比越大，则导致下一期创新产出越少，模型设定为：

$$Ln(patent)_t = \alpha + \beta_1 FinAsset_{t-1} + \sum \beta Controls_{t-1} + \varepsilon_{t-1} \quad (8-3)$$

本节采用发明专利申请量加 1 的自然对数——$Ln(patent)$ 来衡量企业创新产出，发明创造包括发明、实用新型和外观设计，相比于实用新型和外观设计，发明专利的创新程度更高，更能体现创新价值（杜勇，2017）。此外，本节使用发明专利、实用新型和外观设计专利的总申请量加上 1 的自然对数作为替代变量代入模型（8 - 3）进行稳健性检验。由于研发支出、发明专利数仅能获得年度数据，故将以上年度数据代入模型。

第二步模型（8 - 4）检验当期企业金融资产是否影响了下一期研发支出。如果回归系数 γ_1 显著为负，则说明当期金融资产占比越大，企业的下一期研发支出程度越小，即金融资产挤占了研发支出，模型设定为：

$$R\&D_t = \gamma + \gamma_1 FinAsset_{t-1} + \sum \gamma Controls_{t-1} + \varepsilon_{t-1} \quad (8-4)$$

本节的 $R\&D$ 采用研发支出占总资产比例来衡量。

第三步模型（8 - 5）同时纳入金融资产（$FinAsset$）和研发支出（$R\&D$）检验中介传导机制。结合模型（8 - 4），如果 γ_1 和 φ_2 都显著时，则说明研发支出在当期金融资产与下一期创新产出之间发挥中介效应；如果仅有一个显著，则需通过 $Sobel$ 检验验证中介效应是否成立。模型设定为：

$$Ln(patent)_t = \varphi_0 + \varphi_1 FinAsset_{t-1} + \varphi_2 R\&D_t + \sum \varphi Controls_{t-1} + \varepsilon_{t-1}$$

$$(8-5)$$

表 8 - 9 报告了全国企业"金融化—研发支出—创新产出"的中介效应检验结果。第（1）列的结果显示，$FinAsset$ 的回归系数在 1% 水平上显著为负。第（2）列是关于金融化影响中介因子的检验结果，$FinAsset$ 的回归系数在 1% 水平上显著为负，这表明金融化降低了实体企业的研发支出水平。需要注意的是第（3）列的结果，$R\&D$ 的回归系数在 1% 水平上显著为正，$FinAsset$ 的回归系数在 1% 水平上显著为负（且 $|\varphi_1| < |\beta_1|$），表明研发支出是金融化影响实体企业未来创新产出的部分中介因子。具体而言，当被解释变量是发明专利申请量加 1 的自然对数——$Ln(patent)$ 时，中介效应占总效应的比重是（ -0.016×23.946 ）/ $-1.363 = 28.11\%$。第

（4）（5）（6）列是使用发明专利、实用新型和外观设计专利的总申请量加上 1 的自然对数作为替代变量，代入上述模型进行稳健性检验，回归结果保持一致。也就是说，中介效应检验结果支持金融资产"挤占"研发支出，最终损害企业创新产出的观点。

表 8 – 9　　　　　　　全国企业金融化、研发支出与未来创新产出

	(1)	(2)	(3)	(4)	(5)	(6)
	Ln（patent）	R&D	Ln（patent）	patent_w	R&D	patent_w
FinAsset	− 1. 363 *** (− 10. 08)	− 0. 016 *** (− 7. 44)	− 0. 968 *** (− 7. 02)	− 1. 942 *** (− 10. 30)	− 0. 016 *** (− 7. 44)	− 1. 473 *** (− 7. 77)
R&D			23. 946 *** (22. 80)			28. 389 *** (22. 66)
CVs	控制	控制	控制	控制	控制	控制
行业	控制	控制	控制	控制	控制	控制
年度	控制	控制	控制	控制	控制	控制
N	21 429	21 429	21 429	21 429	21 429	21 429
R^2_adj	0. 366	0. 330	0. 430	0. 397	0. 330	0. 446
F 值	309. 04	368. 49	363. 52	425. 47	368. 49	489. 21
中介效应比			28. 11%			23. 38%

表 8 – 10 是以江苏企业为子样本，再次代入模型（8 – 3）~模型（8 – 5），分析江苏企业的金融化是否同样存在对研发支出"挤占"效应，回归结果再次支持以上研究结论，不过江苏企业的研发支出的中介效应更强，可能与江苏制造企业居多，研发支出的角色更为重要有关。

表 8 – 10　　　　　　江苏企业金融化、研发支出与未来创新产出

	(1)	(2)	(3)	(4)	(5)	(6)
	Ln（patent）	R&D	Ln（patent）	patent_w	R&D	patent_w
FinAsset	− 1. 766 *** (− 3. 61)	− 0. 026 *** (− 5. 02)	− 0. 961 ** (− 1. 96)	− 2. 242 *** (− 3. 35)	− 0. 016 *** (− 7. 44)	− 1. 473 *** (− 7. 77)

续表

	（1）	（2）	（3）	（4）	（5）	（6）
	Ln（patent）	R&D	Ln（patent）	patent_w	R&D	patent_w
R&D			30.038 *** （11.45）			28.389 *** （22.66）
CVs	控制	控制	控制	控制	控制	控制
行业	控制	控制	控制	控制	控制	控制
年度	控制	控制	控制	控制	控制	控制
N	2 149	2 149	2 149	2 149	2 149	2 149
R^2_adj	0.345	0.374	0.408	0.378	0.330	0.446
中介效应比			44.22%			23.38%

第八节 ▶ 研究结论与启示

一、研究结论

近年来，我国企业"脱实向虚"现象越发突出，危害中国经济高质量战略的推进和实施。有前期研究认为是由于经济环境不景气，越来越多实体企业将资金投入高收益的金融和房地产行业（彭俞超等，2018）。针对这一现象，本章基于深度学习模型构建的宏观经济情感指标，利用沪深两市 A 股非金融企业上市公司 2007 年第一季度到 2019 年第四季度的数据，实证检验了宏观经济走势对企业金融化的影响，考察了企业融资约束、金融生态环境和不同产权性质对两者关系的调节效应，并进一步检验了实体企业金融化对其未来创新产出的作用机制。本章的研究表明：（1）宏观经济走势显著正向影响企业金融资产占比和金融资产结构配置策略，即企业不仅在经济下行时期，而且在经济上行时期，也会基于"投资替代"动机选择增持短期金融资产策略；（2）企业融资环境越宽松，则其会持有更多的金融资产，且倾向于持有更多的短期金融资产。国有企业的金融化程度要明显高于非国有企业，并且国有企业主要通过持有短期金融资产作为金融资产配置策略。但未能发现地区金融生态环境的差异发挥调节效应；（3）企业"金融化—研发支出—创新产出"的中介效应检验支持金融化"挤占"研发支出，最终损害企业创新产出的观点。

二、启示与对策建议

（1）不同的经济周期并非中国企业金融化的动因。"四万亿"投资刺激计划引发的跨行业利益差，可能是导致企业过度金融化的主要外因，未来要进一步规范房地产市场发展，坚持"房住不炒"的发展理念，遏制房价过快虚高的上涨势头，缩小实体资本与金融资本之间的收益率差距。提高资本市场的资金配置效能，推广 IPO 注册制、北京证券交易所、沪港通等各种形式的融资机制，给资金和企业提供充分的双向选择平台。银行等金融机构可以利用互联网、大数据和云计算等数字化技术进行用户画像，甄别高质量客户，消弭信贷歧视问题。政府部门进一步加强对"影子银行"金融监管的力度、增强金融监管的频率，对货币流向、流速、流量进行跟踪监测，弥补市场缺陷，预防信贷资金过多流向投机领域，防范企业"脱实向虚"。

（2）货币宽松政策应做到有的放矢、精准滴灌。如果政府一味地采取大水漫灌式的货币宽松政策，来解决实体企业融资难融资贵问题，可能会取得适得其反的政策效果，会使得部分资金经企业之手又流向虚拟经济中，而无法反哺真正需要资金的实体企业。信贷政策必须变"大水漫灌"为"精准滴灌"，需要积极创新信贷体制机制，通过深入调研、实地分析，切实把握企业金融资产配置动机，重新设计精准信贷新机制。

（3）未来对企业金融化调控，要重点关注国有企业金融化问题，加强国有企业资金司库管理体系建设和资金使用去向专项审计。完善企业的金融投资品种、风险状况、损益大小等信息披露机制，从企业源头遏制金融风险的链式传染。

企业金融化既有外部宏观经济走势的影响，也有企业内部融资约束和代理问题的驱动，从整体看，金融化对国家战略是利空，但从个体看，配置金融资产不代表对实体企业的简单否定，随着金融体制改革的深化，思考如何利用金融更好地促进实体经济向高质量成功转型仍然是一个亟待深入研究的命题。

第九章

企业金融化、债务结构与
股价崩盘风险

第一节 ▶ 引言

前期研究发现，在利润最大化目标的驱使下，中国企业金融化的主要动机是"投资替代"而非"预防性储蓄"（杜勇等，2017；彭俞超等，2018a）。通常当企业选择"脱实向虚"的经营策略时，不仅会降低企业的创新投入和创新产出，抑制未来主业的发展，而且一旦金融资产泡沫破灭，引发的债务违约风险通过信贷传导机制，进而会导致资本市场股价崩盘风险和系统性金融风险（彭俞超等，2018b；司登奎等，2021）。尽管国家近年来一直在倡导企业去金融化，但是有几个问题仍然亟待深入探讨：企业去金融化是否应当"一刀切"？是什么样的债务结构在支撑企业金融化？不同产权性质企业、不同行业企业的债务结构有何不同？主要风险点在哪里？宏观经济周期在企业金融化过程中扮演何种角色？前期研究很少考虑宏观经济周期的影响，并且关于金融资产和债务结构与股价崩盘风险的研究仍然相当匮乏。

当下，我国经济发展遇到三个关卡：一是经济不确定性增强；二是企业金融化趋势加剧；三是企业债务负担过重。诸如中美贸易冲突和新冠肺炎疫情等外因错综复杂的变化，导致宏观经济不确定性增强，宏观经济政策的变动会导致微观企业行为的改变（姜国华等，2011；饶品贵等，2017），而企业过度金融化就是常见行为之一。企业金融化最早可追溯至2008年全球金融危机对中国经济造成的严重冲击，2008年中国经济增速较2007年下降4.5个百分点，中国社会科学院发布的《社会蓝皮书》显示，2008年中国城镇实际失业率高达9.6%，中央政府为了应对宏观经济下行带来的巨大压力，于2008年底推出了"四万亿"经济刺激计划，并配套制定十大产业振兴规划，同时实行宽松的货币政策以向市场注入大量流动性（钟宁桦等，2021）。随着"四万亿"计划的执行，我国经济在2010年三季度恢复至危机前水平，但同时大量的资金也涌入金融市场和房地产市场，高额垄断利率和居高不下的房价使得"跨行业利差"效应吸引了大量实体企业开始"脱实向虚"。

从企业的财务目标来看，适度的资产金融化有助于提高资金利用效益、降低现金短期成本和预防现金短缺风险，即"预防性储蓄"动机。然而当企业在利润最大化目标驱使下背离"预防性储蓄"动机转向"投资替代"动机时，一旦遇到宏观经济波动，金融资产的泡沫将面临破裂的风险。从企业的债务结构来看，适当或稍高的财务杠杆，有利于发挥税盾效应、扩大用资规模、降低企业融资成本。如果企业通过负债来推动金融资产投资，当宏观经济下行，金融资产泡沫破裂时，金融资产快速贬值甚至化为乌有，而债务的硬约束特征将使企业迅速面临债务违约风险。从企业的财务风险传导看，一旦企业出现债务违约情况，其在权益市场的有价证券将被市场重新定价，最终导致股价崩盘风险发生。因此，基于宏观经济走势这一背景，准确识别企业金融化的债务结构，以及股价崩盘风险发生的可能，对于政府制定精准宏观经济政策具有实际意义。

有鉴于此，本章基于2007～2018年沪深两市A股非金融上市公司财务数据，分析了不同产权、行业的企业债务结构特征，以及在宏观经济不同阶段背景下，由不同债务结构驱动的企业金融化对未来股价崩盘风险的影响。描述性分析结果表明：（1）产权视角。非国有企业的短期借款占比较高，长期借款占比较低，甚至将近一半以上的企业长期借款占比接近于零，值得注意的是在 2007～2010 年的金融危机期间，非国有企业的短期借款下降幅度高于一般国有企业；一般国有企业的短期借款占比较高，但其长期借款占比高于非国有企业，这表明我国存在着银行信贷歧视现象，特别是在金融危机期间，非国有企业更难获得银行短期贷款（Allen，2011；马蓓丽等，2016），但也不排除一种可能，就是非国有企业的财务柔性优于国有企业，通过及时偿还短期借款来抵御财务风险；中央企业的短期借款和长期借款均保持在较稳定水平，尤其是长期借款占比较高，表明中央企业能够获得银行长期资金扶注；（2）行业视角。未受"四万亿"计划支持的行业金融资产占比大于受到支持的行业，但其长期负债占比小于未受支持行业。表明未受支持行业金融资产主要由短期负债来驱动，可能存在更高的财务风险。实证分析结果表明：（1）对全样本在 2007～2018 年回归，发现金融资产占比未能影响未来股价崩盘风险。但在 2007～2009 年经济下行期间，金融资产占比显著正向影响未来股价崩盘风险，而在 2010～2018 年经济上行期间，金融资产占比未能影响未来股价崩盘风险，这表明外部宏观经济走势是决定微观企业金融资产能否引发股价崩盘的重要因素；（2）分不同产权性质回归发现，在 2007～2009 年经济下行期间，一般国有企业的金融资产导致股价崩盘的风险在三类产权性质中最为显著，非国有企业次之，中央企业最低。在 2010～2018 年经济上行期间，三类产权性质企业金融资产占比均未能影响未来股价崩盘风险；（3）分不同行业性质回归发现，在 2007～2009 年经济下行期间，未受"四万亿"计划支持的行业其金融资产显著正向影响未来股价崩盘风险，而受到"四万亿"计划支持的行业不存在以上关系。这表明受到中央政府政策和资金支持的行业，具有更大的优势应对宏观经济下行的冲击，大大降低了股价崩盘的概率。

进一步对作用机制的研究发现，相较于中央企业和非国有企业而言，一般国有企业存在较为严重的代理问题和多层级管理链条，使得其信息不对称程度更大，信息质量更差，财务柔性更弱，从而更容易导致股价崩盘风险。本章贡献有三个方面：第一，与现有研究强调微观的资产价格泡沫渠道、风险传染渠道不同，本章基于"宏观经济影响微观行为"理论框架，实证检验揭示了宏观经济走势是影响金融风险、抑制金融稳定的重要外部因素，企业必须时刻关注外部宏观经济情势的变化，未雨绸缪、预做准备。第二，不同的债务结构安排，会影响到企业金融化导致未来股价崩盘风险的大小，企业金融化需量力而行，不可盲目躁进，一旦遇到宏观经济呈下行态势，财务杠杆的反噬效应不仅引发债务违约风险，甚至会导致股价崩盘风险。第三，本章阐释了企业金融化的经济后果，提出了企业金融化是影响股价崩盘风险的新因素，丰富了股价崩盘风险的有关研究，对于审视如何从债务结构源头去抑制金融化风险，引导经济"脱虚向实"的相关政策制定具有一定的实际意义。

第二节 ▶ 理论分析与研究假设

一、宏观经济与企业行为

关于宏观经济影响企业投融资行为始终是国内外研究的一个重要方向，（Hackbarth et al.，2006）发现宏观经济状况影响公司的融资政策，而且资产负债表呈现出反经济周期变化的特征。陈（Chen，2007）发现宏观经济变化的周期性和不确定性可以解释公司金融领域的两大谜题：一是利差及其波动性过大；二是公司整体负债水平偏低。姜国华等（2011）提出以宏观经济政策与微观企业行为互动为基础的会计与财务研究框架，并以货币政策变动探讨对企业融资、会计选择、经营业绩的影响。苏冬蔚等（2011）发现宏观经济上行时，企业的融资偏好为"股权—债务"，而宏观经济衰退时，企业的融资偏好则调整为"债务—股权"，企业家对经济前景越有信心，债务融资的可能性就越大。饶品贵等（2013）指出，在货币紧缩期非国有企业不得不利用更高成本的商业信用或民间融资缓解资金压力，国有企业这种行为则很少。杨兴全等（2017）发现紧缩货币政策导致民营企业的信贷资金规模显著减少，地方国有企业次之，央企则没有显著影响。

还有一部分研究聚焦于宏观经济环境不确定性，包括宏观经济政策的不确定性（Gulen & Ion，2015；彭俞超等，2018；张成思等，2018）、货币政策不确定性（Gertler et al.，1994；饶品贵等，2013，2016），及经济危机导致融资成本上升（Gan，2007；Duchin，2010；Chaney，2012）。上述研究多将宏观环境视为外生变量，而另一分支文献开始关注企业自身对宏观环境的感知，如张成思等（2021）基于中国上市公司年报文本信息，构建了微观企业宏观经济感知指数，阐释货币政策在不同宏观经济感知情形下如何影响微观企业投融资行为，实证研究表明，当央行实施积极货币政策时，对宏观经济感知更乐观的企业更积极地响应政策刺激，表现为投融资行为增加。区分企业所有制的结果还表明，持有积极宏观经济感知的民营企业仅在积极货币政策状态下增加投资和提高杠杆率，而宏观经济感知对国有企业投融资行为的作用则未受货币政策状态影响。

基于上述文献可知，宏观经济是影响企业投融资行为的重要外生变量，并且区分所有制的企业行为表现也不同。但是，关于宏观经济影响企业金融化策略的学术研究并不多，并且现有的研究多集中于企业金融化的影响和动机两个方面（谢家智等，2014；张成思等，2016；杜勇等，2017），鲜有研究从宏观经济的角度探讨企业金融化的融资结构问题。

二、金融化与债务结构

从资产负债表的左侧来看，金融资产占比反映企业金融化的程度，外部可以据此分析企业资源配置战略的意图。前期文献大多对金融资产的动机和后果进行了研究（张成思等，2016；杜勇等，2017；彭俞超等，2018），但较少对决定企业金融化战略的资本支撑机制进行挖掘。实际上，企业金融化的竞争优势与发展潜力不仅取决于现有金融资产的结构及其运用状况，而是更在于支撑企业金融化发展的资本动力机制。而这个动力机制是由资产负债表的右边——负债和股东权益来决定的，在决定企业金融化前景和方向的关键性因素中，相比于股东权益的低风险特点，负债的来源结构更具有风险决定性和传染性。此外，经典财务学认为资产结构与资本结构的配比分三种类型：一是保守型结构，是指企业全部资产的资金来源都是长期资本；二是稳健型结构，是指流动资产与流动负债对应，长期资产与长期负债对应；三是冒险型结构，是指除了流动资产与流动负债对应，部分长期资产也与流动负债对应。也就是说，资产负债表右侧的负债结构是企业金融化的资本动力机制，能够反映企业金融化战略实施的风险程度。

张新民（2021）将负债分为经营性负债和金融性负债，经营性负债是指企业通过经营性活动所产生的负债，主要项目包括应付票据、应付账款和预收款项。金融性负债是指企业通过债务融资渠道所产生的负债，一般是指从金融机构或资本市场获得的债务融资，主要项目包括各类贷款，如短期借款和长期借款。从风险程度看，经营性负债是基于商业信用形成，一方面，企业具有较强的获取商业信用能力，反映企业具有较强的"两头吃"能力——企业利用上下游企业的资金来支持企业自身发展的能力较强；另一方面，商业信用资源通常具有低成本优势（低于贷款的成本），以及固化的上下游关系使得其偿还压力低于贷款融资。因此，本节主要分析金融性负债驱动企业金融化战略所产生的风险大小。

三、金融化与股价崩盘风险

金融资产的估值最终是依靠实体经济在背后支撑，当本来应投入实体经济的大量资金流向虚拟经济，即所谓"脱实向虚"时，实体经济遭到釜底抽薪之痛，而虚拟经济也失去赖以存在之基。随着实体经济的不断空心化，贫富差距的逐渐拉大，为金融危机播下火种，一旦遇到突发公共事件冲击，金融资产泡沫瞬间破灭，最终会产生系统性金融风险。近年来，党和政府多次对经济"脱实向虚"做出准确判断，认为大量资金流向虚拟经济，使资产泡沫膨胀，金融风险逐步显现，社会再生产中的生产、流通、分配和消费整体循环不畅。在党的十九大报告中，习近平总书记明确指示：要深化金融体制改革，增强金融服务于实体经济的能力，健全货币政策和宏观审慎政策双支柱调控框架，完善金融监管体系，守住不发生系统性风险的底线。2021 年的国家"十四五"规划进一步明确金融业发展方向：支持实体经济、深化改革、防范风险。

目前关于金融化风险的研究大多着眼于宏观跨部门风险传染机制，如金融风险会通过货币渠道和信贷渠道进行风险传导，进而引起金融系统不稳定，诱导金融危机发生（成思危，2015），如果部分企业持有的金融资产发生大幅减值，则可能引发连锁反应，导致金融化的企业陷入财务困境，进而影响银行体系的稳定（王永钦，2015）。然而，现有研究却缺少对企业内部债务结构的深层次研究，譬如何种类型债务更容易催生风险？短期或长期？何种企业持何种债务更容易催生风险？对这些问题的研究有助于从源头抑制金融风险的产生并及时隔断其后向传导链条。

综上，本节基于资产负债表视角，提出在不同的宏观经济周期，金融资产→债务结构→股价崩盘的风险传导链条，如图 9 - 1 所示。

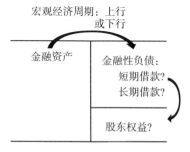

图 9 - 1　金融资产→债务结构→股价崩盘的风险传导链条

当宏观经济上行时，企业家对市场前景充满信心，银行信贷条件相对宽松，企业金融化更可能采取冒险型结构，即通过更多的短期借款融资来降低资本成本，支撑其金融化策略。由于大环境较好，市场会对金融资产给予过高估值，金融资产的泡沫还可以继续维持，企业内部人的信息"捂盘"动机不强，该阶段的股价崩盘风险不会太高。本节提出如下研究假设H1：

H1：当宏观经济处于上行周期时，如果企业金融化越依赖于持有更多的短期借款，但股价崩盘风险不会越高。

当宏观经济下行时，企业家对经济前景失去信心，金融资产的市场估值会严重下跌，金融资产的泡沫容易破裂，此时由于银行信贷紧缩，甚至信贷歧视，企业金融化如果采取冒险型结构，即通过更多的短期借款融资支撑其金融化策略，金融性负债中的短期借款的硬约束会导致其容易发生债务违约风险，而且出于职业生涯和个人私利考虑，企业内部人向外界隐瞒坏消息的动机较强，当坏消息累积达到上限，金融投资信息"捂盘"的作用将会失效，当违约信息释放时，会迅速向资本市场传递，投资者大量抛售该企业股票，就会造成该企业的股价崩盘，损害股东权益，其风险传导链条如图9-1所示。本节提出如下研究假设H2：

H2：当宏观经济处于下行周期时，如果企业金融化越依赖于持有更多的短期借款，则股价崩盘风险会越高。

第三节 ▶ 研究设计

一、样本选取与数据来源

本节的样本区间为2007~2019年。样本开始于2007年，是因为自2007年我国颁布全新的会计准则后，用于计算企业金融资产变量的指标方可得。因为使用当年的金融资产解释下一年的股价崩盘程度，所以解释变量的样本区间为 2007~2018 年，股价崩盘风险的样本区间为 2008~2019 年。根据研究惯例，本节剔除了金融业、房地产业的样本、主要变量存在缺失值的样本，以及处于特殊状态（ST、*ST、暂停上市和退市）的样本，为了排除极端值的影响对所有连续变量在前后 1% 的水平上进行了缩尾处理。最终得到包含 16 028 个企业—年度观测值的样本。

二、变量定义

（一）股价崩盘风险（*Crash*）指标

借鉴金等（2011）、许年行等（2012）、叶康涛等（2015）的方法，本节采用负收益偏态系数（*NCSKEW*）和收益上下波动率（*DUVOL*），衡量从管理层业绩说明会发布之后开始计算未来 12 个月的崩盘风险。具体算法如下：

首先使用个股实际收益率来衡量股价是否发生暴跌时，需要考虑市场因素影响，因此为了控制非同步交易的影响，加入市场收益率的滞后和超前各两期建立回归模型，并计算股票 i 第 t 周的股票特有收益率 $W_{i,t}$：

$$R_{i,t} = \alpha_i + \beta_1 R_{m,t-2} + \beta_2 R_{m,t-1} + \beta_3 R_{m,t} + \beta_4 R_{m,t+1} + \beta_5 R_{m,t+2} + \varepsilon_{i,t}$$

$$(9-1)$$

其中，$R_{i,t}$ 是股票 i 第 t 周的收益率，$R_{m,t}$ 是第 t 周经流通市值加权的市场收益率，$\varepsilon_{i,t}$ 是式（9-1）的残差，表示个股收益未被市场所解释的部分，若 $\varepsilon_{i,t}$ 为负且绝对值越大，说明公司 i 的股票与市场收益相背离的程度越大。股票特有收益率是：$W_{i,t} = \mathrm{Ln}(1 + \varepsilon_{i,t})$，然后，基于特有收益率 $W_{i,t}$ 构造以下两个变量：

（1）负收益偏态系数（*NCSKEW*）：

$$NCSKEW_{i,t} = -\left[n(n-1)^{3/2} \sum W_{i,t}^3 \right] / \left[(n-1)(n-2) \left(\sum W_{i,t}^2 \right)^{3/2} \right]$$

$$(9-2)$$

其中，n 是股票 i 每年的交易周数。$NCSKEW$ 的数值越大，股价崩盘风险越大。

（2）收益上下波动率（$DUVOL$）：

$$DUVOL_{i,t} = \log\left\{\left[(n_{UP}-1)\sum_{DOWN}W_{i,t}^2\right]\middle/\left[(n_{DOWN}-1)\sum_{UP}W_{i,t}^2\right]\right\}$$

$$(9-3)$$

其中，$n_{UP}(n_{DOWN})$ 是股票 i 的周特有收益率 $W_{i,t}$ 大于（小于）年平均收益率的周数。$DUVOL$ 数值越大，股价崩盘风险越大。

（二）金融化程度（$FinAsset$）指标

本节借鉴宋军等（2015）、杜勇等（2017）、彭俞超等（2018）的方法，用企业持有的金融资产占总资产比例衡量金融化程度。本节将资产负债表中的交易性金融资产净额、衍生金融资产净额、发放贷款及垫款净额、可供出售金融资产净额、持有至到期投资净额、投资性房地产净额都纳入金融资产的范畴。需要指出，虽然货币资金也属于金融资产，但由于货币资金的收益率低，企业持有其目的更多是经营活动的预防性动机，因此本节中的金融资产剔除货币资金。此外，现代社会中的炒房现象愈演愈烈，房地产越来越脱离"房住不炒"的原则，房地产依然具有了金融资产的属性，根据《企业会计准则第 3 号——投资性房地产》定义，投资性房地产是指为了赚钱租金或资本增值，或两者兼有而持有的房地产，它能较好地衡量实体企业房地产投资状况，故而本节将投资性房地产纳入金融资产范畴。因此，企业金融化程度（$FinAsset$）指标的计算公式为：$FinAsset$ =（交易性金融资产净额 + 衍生金融资产净额 + 发放贷款及垫款净额 + 可供出售金融资产净额 + 持有至到期投资净额 + 投资性房地产净额）/总资产。

（三）其他控制变量

本节的控制变量分为四类：一是公司财务类变量，包括总公司规模（$Size$）、资产负债率（Lev）、资产净利率（ROA）、经营活动现金流比率

（*Cash*）、应收账款周转率（*Turn*）、营业收入增长率（*Growth*）、托宾 *Q* 值（*TobinQ*）；二是公司治理类变量，包括董事长兼职总经理（*Duality*）、高管薪酬对数（*ManaPay*）、高管团队持股比（*ExcuShare*）、第一大股东持股比（*Share*1）；三是宏观经济政策类变量，包括企业家经济景气信心指数（*JQ*）、广义货币供应量增长率（*M*2）、一年期银行贷款利率（*Rate*）；四是市场波动类，股票回报率（*Ret*）、股票波动率（*Sigma*）。

三、模型设定

为了研究企业金融化程度对股价崩盘风险的影响，本节估计如下的回归模型：

$$Crash_{t+1} = \beta_0 + \beta_1 FinAsset_{i,t} + \lambda Control_{i,t} + Ind_t + Year_t + \varepsilon_{i,t+1} \quad (9-4)$$

式中，$Crash_{i,t+1}$ 是企业 i 在第"$t+1$"年的股价崩盘风险，$FinAsset$ 是本书主要关心的解释变量。$Control_{i,t}$ 是系列控制变量，模型中还控制了行业固定效应和年度固定效应，并对回归系数的标准误在企业层面进行了聚类处理。本节主要变量定义及描述性统计见表 9-1。

表 9-1   主要变量定义与描述性

变量符号	变量定义	样本量	均值	标准差	中位数
NCSKEW	股价崩盘风险指标1，计算方法见上文	16 028	-0.320	0.737	-0.277
DUVOL	股价崩盘风险指标2，计算方法见上文	16 028	-0.219	0.487	-0.220
FinAsset	金融化程度，金融资产/总资产	16 028	22.01	0.060	0.004
Size	企业规模，总资产的自然对数	16 028	0.406	1.202	21.85
Lev	负债率，总负债/总资产	16 028	0.053	0.195	0.402
ROA	资产报酬率，净利润/总资产	16 028	1.464	0.038	0.046
Cash	经营现金流比，经营活动现金流量/现金净额	16 028	31.06	4.837	1.038
Turn	应收账款周转率，营业收入/应收账款净额	16 028	0.277	88.33	6.158

续表

变量符号	变量定义	样本量	均值	标准差	中位数
Growth	成长性，本期营业收入/上期营业收入 – 1	16 028	2.084	0.586	0.125
TobinQ	托宾值，市值/账面总资产	16 028	1.754	1.209	1.696
Duality	董事长兼任总经理，兼职取 1，否则取 2	16 028	14.19	0.431	2
ManaPay	高管薪酬，高管前三名薪酬和的自然对数	16 028	0.064	0.719	14.19
ExcuShare	高管持股比，高管团队持股数/总股数	16 028	35.20	0.133	0
Share1	第一大股东持股比，第一大股东持股数/总股数	16 028	122.0	14.70	33.49
JQ	经济景气指数，取自 CSMAR 宏观经济数据库	16 028	13.75	9.175	123.3
M2	广义货币量，中国统计年鉴	16 028	5.459	4.857	13.59
Rate	一年期银行贷款利率，中国统计年鉴	16 028	22.01	0.797	5.310
Ret	股票回报率，周股票特有收益的年平均值	16 028	0.004	0.013	0.001
Sigma	股票波动率，周股票特有收益的年标准差	16 028	0.066	0.038	0.060

第四节 ▶ 实证结果与分析

一、金融资产和债务结构描述性分析

首先，本节对企业金融资产和金融性负债两者结构进行描述性分析。图 9 – 2 是全部样本的金融资产与短期借款结构，可以看出在 2007 ~ 2019 年，金融资产/总资产的平均值位于 0 ~ 0.05，短期借款/总资产的平均值位于 0.1 ~ 0.2，其间呈现出下降趋势，并且在 2007 ~ 2010 年的金融危机期间出现大幅下降。图 9 – 3 是全部样本的金融资产与长期借款结构，可以看出在 2007 ~ 2019 年，长期借款/总资产的平均值位于 0.1 ~ 0.2，0.06 ~ 0.1，其间呈现平稳趋势，但在 2016 ~ 2019 呈现快速上升趋势。从中可以得出两点启示：一是短期借款是支撑企业金融化策略的主要资本动

力；二是在 2007～2010 年金融危机期间，短期借款出现大幅下降，长期借款反而是小幅上升，在 2016～2019 年经济上升期，长短期借款比重都有提升，长期借款的提升幅度更大，需要深入挖掘背后的原因及金融化的风险效应。

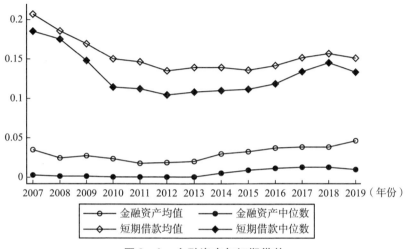

图 9 - 2　金融资产与短期借款

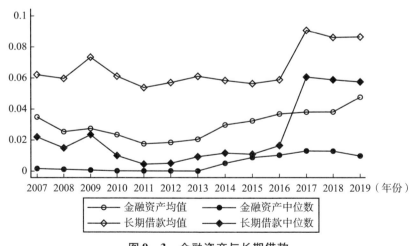

图 9 - 3　金融资产与长期借款

　　其次，本节进一步对不同产权性质的企业金融资产和金融性负债两者结构进行描述性分析。图 9 – 4 是非国有企业的金融资产与短期借款结构，可以看出短期借款在 2007 ~ 2010 年的金融危机期间出现大幅下降，并且幅度超过图 9 – 2 中的全样本。一种原因可能是非国有企业遭受到更大的银行信贷歧视，出现融资难；另外一种可能是非国有企业面对金融危机具有更高水平的财务柔性，通过及时偿还短期贷款来规避债务违约风险。两种原因导致的股价崩盘风险不同，因此这是一个需要实证检验的问题。图 9 – 5 是非国有企业的金融资产与长期借款结构，注意到，长期借款的中位数在 2020 ~ 2015 年，几乎为 0，表明至少一半的非国有企业没有长期借款，这从侧面证实了短期借款应当是非国有企业金融化的真正资本驱动力。

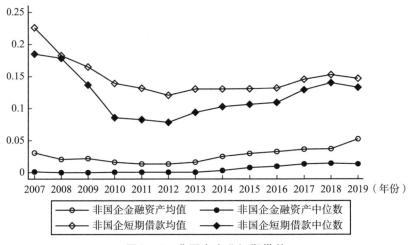

图 9 – 4　非国有企业短期借款

　　图 9 – 6 是国有企业的金融资产与短期借款结构，可以看出，国有企业的金融资产占比高于非国有企业，短期借款在 2007 ~ 2010 年的金融危机期间下降幅度小于非国有企业，一种原因可能是国有企业的银行信贷歧视程度更轻，融资状况好于非国有企业；另外一种可能是国有企业面对金

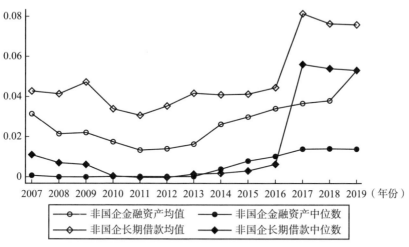

图 9 – 5　非国有企业长期借款

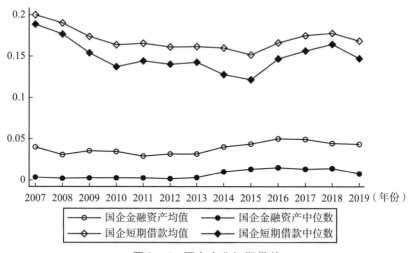

图 9 – 6　国有企业短期借款

融危机具有更低的财务柔性水平，未能通过及时偿还短期贷款来规避债务违约风险。两种原因导致的股价崩盘风险不同，因此这是一个需要实证检验的问题。图 9 - 7 是国有企业的金融资产与长期借款结构，注意到，国有企业的长期借款高于非国有企业，并且中位数也大于 0，说明国有企业比非国有企业更容易获得银行长期借款，国有企业受到银行信贷歧视程度较轻。如果国有企业金融化是由长期借款驱动的话，则其股价崩盘风险会低。反之，国有企业金融资产占比过高，并且是由短期借款驱动，即使在银行信贷歧视程度更轻的条件下，如果其财务柔性水平较低，仍然会导致股价崩盘风险。

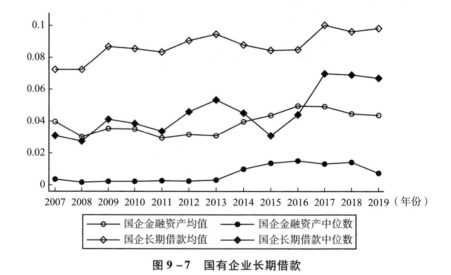

图 9 - 7　国有企业长期借款

图 9 - 8 是中央企业的金融资产与短期借款结构，可见其金融资产占比一直保持在相对低的平稳水平，短期负债大多呈现下降趋势，图 9 - 9 的长期借款却一直保持在相对高的平稳水平，因此中央企业的金融化具有较稳健的资本驱动力保障，再考虑其更少遭受到银行信贷歧视，因此本节推断央企金融化导致的股价崩盘风险应当较低。

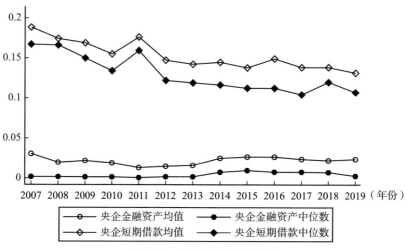

图 9 - 8　中央企业短期借款

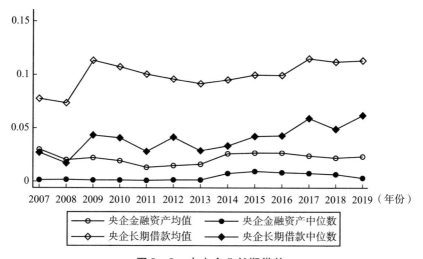

图 9 - 9　中央企业长期借款

　　最后，本节按照各行业是否受到"四万亿"计划支持与否，划分为受支持行业和未受支持行业两大类，对行业金融资产和金融性负债两者结构进行描述性分析。为配合"四万亿"计划的落实，我国于 2009 年推出"十大产业振兴计划"明确对"汽车产业、钢铁产业、纺织产业、装备制造业、船舶工业、电子信息、轻工业、石化、有色金属产业和物流业"的支持。因此，本节将"汽车制造业、黑色金属矿采业、黑色金属冶炼和压延加工业、纺织业、通用设备制造业、专用设备制造业、铁路、船舶、航空航天和其他运输设备制造业、电气机械和器材制造业、互联网和相关服务业、开采辅助活动业、有色金属矿采选业、有色金属冶炼和压延加工业、道路运输业、航空运输业、装卸搬运和运输代理业"定义为"受支持行业"，按照 2012 年证监会行业分类代码，分别对应的代码是 C36、C31、B08、C17、C34、C35、C37、C38、J64、B11、B09、C32、G54、G56、G58。

比较图 9 - 10 和图 9 - 12，可以发现未受支持行业的金融资产高于受支持行业，在 2007 ~ 2010 年金融危机期间的短期负债也高于受支持行业，再考虑未受支持行业存在程度更高的银行信贷歧视和政策歧视，因此，本节推断，随着金融危机期间金融资产泡沫的出现，未受支持行业的企业金融化依靠短期借款作为资本驱动力，更容易出现股价崩盘风险。比较图 9 - 11 和图 9 - 13 的长期借款中位数，可知受支持行业的企业更容易获得长期借款。

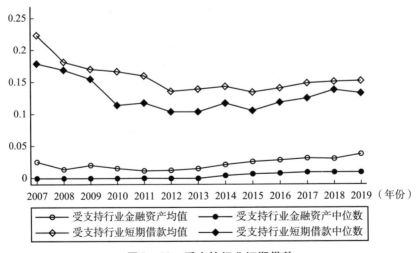

图 9 - 10　受支持行业短期借款

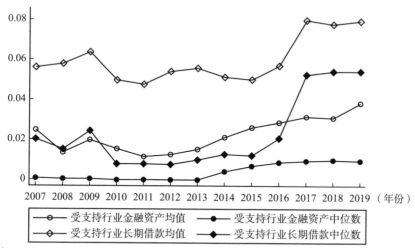

图 9 - 11　受支持行业长期借款

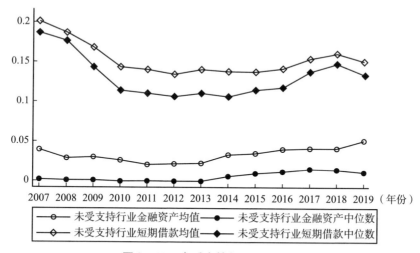

图 9 - 12　未受支持行业短期借款

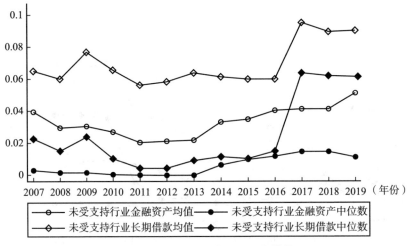

图 9 – 13　未受支持行业长期借款

综上可知，一是从数量上看，长期借款占比较小，企业金融化可能更多是由短期借款作为资本支撑；二是从产权性质看，在 2007～2010 年金融危机期间，非国有企业和国有企业的短期借款和长期借款趋势表现有很大不同，虽然印证了国有企业的银行信贷歧视程度更轻，但是无法排除国有企业金融资产占比过高，并且是由短期借款驱动，即使在银行信贷歧视程度更轻的条件下，如果其财务柔性水平较低，仍然存在导致股价崩盘风险的可能；三是从行业分类看，随着金融危机期间金融资产泡沫的出现，未受支持行业的企业金融化依靠短期借款作为资本驱动力，更容易出现股价崩盘风险。当然以上是基于金融资产和金融性负债结构的描述性统计分析，还需要作进一步实证检验。

二、实证检验

首先，本节在考虑宏观经济走势条件下对企业金融化程度与股价崩盘风险的关系进行实证检验。回归结果如表 9 – 2 所示，列（1）～列（3）是检验 2007～2018 年全样本的金融化程度的直接影响，列（1）的回归模型仅控制了行业—年度固定效应，被解释变量是 *NCSKEW*，未添加其他控制变量。列（2）是在其基础上添加了控制变量。列（3）则使用了不同的被解释变量 *DUVOL*。可以看出，*FinAsset* 的回归系数均不显著，表明从全周期看，企业金融化并未导致明显的股价崩盘风险，本节结论与彭俞超（2018）的结论并不相同，他的研究区间是 2007~2016 年，这可能是一方面原因。本节进一步以 2008 年金融危机为分界点，将全周期划分为2007~2009 年经济下行期和 2010~2018 年经济上行期两个时段，分别检验。列（4）~列（5）为经济下行期，可以发现，*FinAsset* 的回归系数均在 10% 的统计水平上显著为正，表明当外部宏观经济下行时，企业金融化程度越高，企业股价崩盘风险越高。以第（4）列为例，从经济意义上看，企业金融投资每增加一个标准差（0.166），使得下一期负收益偏态系数 *NCSKEW* 的提升幅度相当于样本标准差的 18.4%（＝0.282×0.166/－0.254），使得下一期收益上下波动比率的提升幅度相当于样本标准差的21.2%（＝0.243×0.166/－0.191），幅度是很明显的。由此可见，不论是从统计意义上还是仅仅意义上来看，在宏观经济下行期的企业金融化显著正向影响未来的股价崩盘风险。列（6）~列（7）为经济上行期，可以发现，*FinAsset* 的回归系数均不显著，并且为负向，表明当外部宏观经济上行时，企业金融化程度越高，企业股价崩盘风险并未明显增高。这表明外部宏观经济形势是金融化影响股价崩盘的决定性因素，这也可以从上文图 9－1 的描述性统计看出，自 2013 年以来，受到宏观经济层面积极向好的影响，全样本企业的金融资产占比显著攀升。

表 9－2　　全样本全周期和分阶段的金融化与股价崩盘风险

	2007~2018 年			2007~2009 年经济下行期		2010~2018 年经济上行期	
	$NCSKEW_{t+1}$	$NCSKEW_{t+1}$	$DUVOL_{t+1}$	$NCSKEW_{t+1}$	$DUVOL_{t+1}$	$NCSKEW_{t+1}$	$DUVOL_{t+1}$
	(1)	(2)	(3)	(4)	(5)	(6)	(7)
FinAsset	0.005 (0.05)	－0.001 (－0.01)	0.012 (0.18)	0.282* (1.70)	0.243** (1.97)	－0.118 (－1.00)	－0.083 (－1.09)

续表

	2007~2018 年			2007~2009 年经济下行期		2010~2018 年经济上行期	
	$NCSKEW_{-t+1}$ (1)	$NCSKEW_{-t+1}$ (2)	$DUVOL_{-t+1}$ (3)	$NCSKEW_{-t+1}$ (4)	$DUVOL_{-t+1}$ (5)	$NCSKEW_{-t+1}$ (6)	$DUVOL_{-t+1}$ (7)
Size		0.027 *** (3.75)	0.010 ** (2.04)	0.001 (0.05)	−0.011 (−1.04)	0.031 *** (3.83)	0.012 ** (2.20)
Lev		0.069 * (1.80)	0.061 ** (2.36)	0.102 (1.15)	0.082 (1.36)	0.052 (1.20)	0.055 * (1.94)
ROA		1.514 *** (8.36)	0.796 *** (6.59)	1.492 *** (3.68)	0.853 *** (3.00)	1.357 *** (6.52)	0.731 *** (5.34)
Cash		−0.002 (−1.48)	−0.001 (−1.51)	0.001 (0.48)	−0.000 (−0.01)	−0.003 ** (−2.06)	−0.002 * (−1.94)
Turn		−0.000 * (−1.75)	−0.000 * (−1.81)	0.000 (0.18)	0.000 (0.56)	−0.000 ** (−2.03)	−0.000 ** (−2.23)
Growth		0.002 (0.17)	−0.000 (−0.01)	0.009 (0.34)	0.006 (0.36)	0.004 (0.36)	0.000 (0.06)
TobinQ		0.047 *** (7.19)	0.031 *** (7.14)	0.047 *** (2.91)	0.030 ** (2.56)	0.058 *** (8.14)	0.038 *** (8.00)
Duality		−0.002 (−0.15)	0.006 (0.59)	−0.030 (−0.88)	−0.016 (−0.65)	0.003 (0.16)	0.009 (0.86)
ManaPay		−0.022 ** (−2.23)	−0.007 (−1.06)	0.021 (1.04)	0.022 (1.53)	−0.026 ** (−2.36)	−0.011 (−1.48)
ExcuShare		0.060 (1.16)	0.020 (0.57)	−0.270 (−1.57)	−0.166 (−1.32)	0.126 ** (2.29)	0.060 * (1.67)
Share1		−0.001 *** (−2.59)	−0.001 ** (−2.09)	−0.000 (−0.37)	0.000 (0.46)	−0.001 ** (−2.53)	−0.001 ** (−2.30)
JQ		0.004 *** (6.06)	0.003 *** (6.79)	0.010 *** (5.58)	0.007 *** (5.87)	0.003 *** (2.71)	0.001 (1.44)
M2		−0.000 (−0.20)	−0.002 ** (−2.19)	0.004 (1.24)	0.001 (0.68)	−0.009 *** (−3.71)	−0.006 *** (−4.09)
NCSKEW		0.061 *** (7.35)	0.038 *** (7.06)	0.041 * (1.82)	0.023 (1.46)	0.055 *** (6.15)	0.035 *** (6.03)
Ret		5.097 *** (7.68)	3.253 *** (7.15)	−0.429 (−0.23)	−0.031 (−0.02)	6.234 *** (7.10)	3.143 *** (5.36)
Sigma		−1.551 *** (−5.27)	−1.041 *** (−5.22)	−0.158 (−0.41)	−0.159 (−0.62)	−2.963 *** (−7.96)	−1.890 *** (−7.83)
行业效应	控制	控制	控制	控制	控制	控制	控制

续表

	2007~2018 年			2007~2009 年经济下行期		2010~2018 年经济上行期	
	$NCSKEW_{-t+1}$ (1)	$NCSKEW_{-t+1}$ (2)	$DUVOL_{-t+1}$ (3)	$NCSKEW_{-t+1}$ (4)	$DUVOL_{-t+1}$ (5)	$NCSKEW_{-t+1}$ (6)	$DUVOL_{-t+1}$ (7)
年度效应	控制	控制	控制	没有	没有	没有	没有
_cons	-0.287*** (-6.78)	-1.156*** (-5.60)	-0.767*** (-5.49)	-1.998*** (-4.92)	-1.301*** (-4.42)	-0.883*** (-3.41)	-0.396** (-2.28)
N	16 028	16 028	16 028	2 453	2 453	13 575	13 575
Adj_R^2	0.002	0.036	0.032	0.081	0.081	0.032	0.028

注：*、**和***分别表示在10%、5%和1%的显著性水平上显著。括号内为依据稳健性处理并在企业层面聚类的标准误计算的 t 值，下同。

其次，本节在表9-2的研究基础上，针对不同产权性质的企业金融化与股价崩盘风险关系分上行和下行两个时期做进一步分析。表9-3的Panel A 是非国有企业样本，列（1）~列（3）对应经济下行期，列（1）的被解释变量是 NCSKEW，未添加其他控制变量，由于考虑时间序列效应，故仅控制行业固定效应，而未控制年度固定效应。列（2）（3）是加入控制变量，结果发现，FinAsset 的回归系数虽然正向但是均不显著，表明即使在宏观经济下行阶段，以及在受到更大程度的银行信贷歧视情形之下，非国有企业的金融化程度并未显著影响企业未来股价崩盘风险。再看列（4）、列（5），FinAsset 的回归系数均不显著，并且为负向，表明当外部宏观经济上行时，非国有企业金融化程度越高，企业股价崩盘风险并未明显增高。

表9-3　　　　　　不同产权性质企业的金融化与股价崩盘风险

Panel A	非国有企业				
	2007~2009 年经济下行期			2010~2018 年经济上行期	
	$NCSKEW_{-t+1}$ (1)	$NCSKEW_{-t+1}$ (2)	$DUVOL_{-t+1}$ (3)	$NCSKEW_{-t+1}$ (4)	$DUVOL_{-t+1}$ (5)
FinAsset	0.696** (2.10)	0.375 (1.18)	0.278 (1.14)	-0.127 (-0.75)	-0.111 (-1.05)

续表

Panel A	非国有企业				
	2007～2009 年经济下行期			2010～2018 年经济上行期	
	$NCSKEW_{-t+1}$ (1)	$NCSKEW_{-t+1}$ (2)	$DUVOL_{-t+1}$ (3)	$NCSKEW_{-t+1}$ (4)	$DUVOL_{-t+1}$ (5)
CVs	没有	控制	控制	控制	控制
行业效应	控制	控制	控制	控制	控制
年度效应	没有	没有	没有	没有	没有
_cons	-0. 340 *** (-3. 21)	-2. 619 *** (-3. 51)	-1. 151 ** (-2. 20)	-1. 638 *** (-4. 46)	-1. 003 *** (-4. 18)
N	964	964	964	8 546	8 546
Adj_R²	0. 010	0. 086	0. 080	0. 027	0. 025
Panel B	一般国有企业				
FinAsset	0. 476 ** (2. 23)	0. 319 * (1. 71)	0. 316 ** (1. 98)	-0. 254 (-1. 38)	-0. 159 (-1. 30)
CVs	没有	控制	控制	控制	控制
行业效应	控制	控制	控制	控制	控制
年度效应	没有	没有	没有	没有	没有
_cons	-0. 201 ** (-2. 11)	-1. 272 * (-1. 95)	-1. 097 ** (-2. 31)	-0. 128 (-0. 27)	0. 353 (1. 10)
N	1 150	1 150	1 150	3 607	3 607
Adj_R²	0. 035	0. 166	0. 178	0. 056	0. 043
Panel C	中央国有企业				
FinAsset	-0. 403 (-0. 77)	-0. 615 (-1. 27)	-0. 396 (-1. 10)	0. 048 (0. 12)	0. 198 (0. 70)
CVs	没有	控制	控制	控制	控制
行业效应	控制	控制	控制	控制	控制
年度效应	没有	没有	没有	没有	没有
_cons	-0. 550 *** (-2. 96)	-1. 910 (-1. 60)	-1. 057 (-1. 09)	-0. 667 (-0. 86)	-0. 053 (-0. 10)
N	336	336	336	1 406	1 406
Adj_R²	0. 021	0. 190	0. 173	0. 048	0. 042

注：*、** 和 *** 分别表示在 10%、5% 和 1% 的显著性水平上显著。括号内为依据稳健性处理并在企业层面聚类的标准误计算的 t 值；CVs 代表控制前文所述的一系列控制变量，下同。

表 9 - 3 的 Panel B 是一般国有企业样本，可以发现在经济下行期，列（1）~ 列（3）的 *FinAsset* 的回归系数均在 10% 的统计水平上正向显著，表明在宏观经济下行阶段，以及在受到更小程度的银行信贷歧视情形之下，一般国有企业的金融化程度却显著影响企业未来股价崩盘风险。再看列（4）、列（5），*FinAsset* 的回归系数均不显著，并且为负向，表明当外部宏观经济上行时，一般国有企业金融化程度越高，企业股价崩盘风险并未明显增高。

表 9 - 3 的 Panel C 是中央企业样本，可以发现在经济下行期，列（1）~ 列（5）的 *FinAsset* 的回归系数均不显著，这表明对央企来，外部宏观经济走势不是其企业金融化影响股价崩盘风险的决定性因素。

根据表 9 - 3 的结果，本节得出以下启示：一是外部宏观经济下行显著影响一般国有企业金融化的股价崩盘风险，而经济上行期对所有产权性质企业均没有显著影响，表明经济上行带来的利好基本抵消了企业金融化的股价崩盘风险；二是在银行信贷歧视方面，中央企业比一般国有企业更有优势，其股价崩盘风险也更小，这容易理解的话。那么一般国有企业比非国有企业更具有信贷优势，然而其股价崩盘风险却更大，这该如何解释？因此，相较于央企和非国有企业，一般国有企业金融化影响股价崩盘风险的中间作用机制还需要进一步研究，是信息不透明？财务柔性水平差？

表 9 - 4 针对是否受到"四万亿"计划支持与否，检验不同行业金融化对股价崩盘风险影响。Panel A 是受到"四万亿"计划支持的行业的回归结果，由列（2）中 *FinAsset* 的回归系数是 - 0.819，在 5% 统计水平上显著为负，可知由于受到政策支持，即使是在宏观经济下行期，股价崩盘风险不仅未增加，反而是显著下降。反观 Panel A 中的未受到"四万亿"计划支持的行业的回归结果，在宏观经济下行期，列（1）~ 列（3）中 *FinAsset* 的回归系数均在 1% 统计水平上显著为正，表明失去政策支持，其企业金融化显著增加了股价崩盘风险。

表 9 – 4   不同行业性质的企业股价崩盘风险回归结果

Panel A	受到"四万亿"计划支持的行业				
	2007～2009 年经济下行期			2010～2018 年经济上行期	
	$NCSKEW_{-t+1}$ (1)	$NCSKEW_{-t+1}$ (2)	$DUVOL_{-t+1}$ (3)	$NCSKEW_{-t+1}$ (4)	$DUVOL_{-t+1}$ (5)
$FinAsset$	– 0. 723 * (– 1. 83)	– 0. 819 ** (– 2. 11)	– 0. 310 (– 1. 11)	– 0. 328 (– 1. 28)	– 0. 238 (– 1. 49)
CVs	没有	控制	控制	控制	控制
行业效应	没有	没有	没有	没有	没有
年度效应	控制	控制	控制	控制	控制
N	668	668	668	3 840	3 840
Adj_R^2	0. 079	0. 129	0. 138	0. 081	0. 078
Panel B	未受"四万亿"计划支持的行业				
$FinAsset$	0. 501 *** (2. 95)	0. 503 *** (2. 83)	0. 336 *** (2. 65)	– 0. 127 (– 0. 99)	– 0. 069 (– 0. 85)
CVs	没有	控制	控制	控制	控制
行业效应	没有	没有	没有	没有	没有
年度效应	控制	控制	控制	控制	控制
$\_cons$	– 0. 078 *** (– 3. 12)	– 2. 029 *** (– 4. 23)	– 1. 397 *** (– 4. 25)	– 3. 153 *** (– 8. 05)	– 2. 051 *** (– 7. 96)
N	1785	1785	1785	9735	9735
Adj_R^2	0. 103	0. 125	0. 129	0. 057	0. 056

综合以上对产权性质和行业特征的分析，本节初步得到以下判断：未受到政策支持的一般国有企业，其金融化所导致的股价崩盘风险最大；受到政策支持的中央企业，其金融化所导致的股价崩盘风险最小。

作用机制分析：会计信息质量或是柔性财务效率

在实际经济活动中，一般国有企业大多数受惠于"四万亿"计划的政策支持，并且遭受程度更轻的银行信贷歧视，理论上一般国有企业的股价崩盘风险应当小于非国有企业，但这与上文的研究结论并不相符，那么为何一般国有企业的股价崩盘风险大于非国有企业？是否由于其会计信息质量或者财务柔性效率更差？因此，一般国有企业金融化影响股价崩盘风险的中间作用机制还需要做进一步的研究。

一、金融化对会计信息质量的影响

本节对经济下行期的企业金融化如何直接影响会计信息质量进行检验，回归结果如表 9 – 5 所示，会计稳健性指标 *Cscore* 和 *Gscore* 作为被解释变量，两个指标是按照可汉和瓦茨（Khan and Watts，2009）的方法进行计算。*Cscore* 指标越高，说明企业会计盈余对坏消息的灵敏度越高，企业的会计稳健性越强。*Gscore* 越高，说明企业会计盈余对好消息的灵敏度越高。回归结果表明列（3）~ 列（4）的一般国有企业金融化程度对应着 *Cscore* 指标的显著下降和 *Gscore* 指标的显著上升，这说明金融化程度越高，使得一般国有企业在会计处理上对坏消息披露的及时性明显下降，却更加及时披露好消息。这一发现更加直接地反映了一般国有企业具有隐藏坏消息的动机。列（1）~ 列（2）是非国有企业样本，发现金融化程度与两个会计稳健性指标并不显著相关。本节使用 *stata* 的 *bdiff* 命令（Bootstrap + Permutaion）检验两组的 *FinAsset* 回归系数发现确实存在显著差异，表明一般国有企业可能存在更为严重的代理问题和信息不对称问题，具有"捂盘"的动机和条件，从而导致更大概率的未来股价崩盘风险。

表9-5   经济下行期金融化与会计信息质量

	非国有企业		一般国有企业	
	Cscore (1)	Gscore (2)	Cscore (3)	Gscore (4)
FinAsset	-0.203* (-1.01)	0.203 (1.01)	-0.413* (-1.89)	0.397* (1.78)
CVs	控制	控制	控制	控制
Year/Firm FE	控制	控制	控制	控制
N	877	877	1 065	1 065
Adj_R^2	0.030	0.032	0.019	0.018

二、金融化对财务柔性效率的影响

本节对经济下行期的企业金融化如何直接影响财务柔性效率进行检验，回归结果如表9-6所示，财务柔性指标是借鉴曾爱民（2011）的方法进行计算。其中现金柔性＝企业现金比率－行业现金比率，负债融资柔性＝Max（0，行业平均负债比率－企业负债比率）。可以发现在宏观经济下行时期，非国有企业金融化程度越高，企业具有越高的负债融资柔性，正如上文图9-3所描述，企业通过加速偿还短期贷款，从而避免未来股价崩盘风险，而一般国有企业的负债融资柔性比较弱。

表9-6   经济下行期金融化与财务柔性效率

	非国有企业		一般国有企业	
	现金流柔性 (1)	负债融资柔性 (2)	现金流柔性 (3)	负债融资柔性 (4)
FinAsset	-0.058* (-0.98)	0.237** (1.99)	-0.022 (-0.58)	0.128 (1.18)

续表

	非国有企业		一般国有企业	
	现金流柔性 （1）	负债融资柔性 （2）	现金流柔性 （3）	负债融资柔性 （4）
CVs	控制	控制	控制	控制
Year/Firm FE	控制	控制	控制	控制
N	943	943	1 127	1 127
Adj_R^2	0.207	0.267	0.019	0.018

综上，本节认为一方面中央企业隶属国资委直接监管，监督力道较强，负责人也由中组部直接录用任命，委托代理链条简短，然而一般国有企业的委托代理链条级数较多，代理问题相对严重（杨瑞龙，1997）。另一方面，非国有企业所有者比较明确，公司治理相对完善，而一般国有企业存在所有者"缺位"现象，内部人控制问题比较严重（郑志刚，2021）。这也就解释了上述一般国有企业相较于中央企业和非国有企业存在较高未来股价崩盘风险的现象。因此，重点推进一般国有企业混合所有制改革是化解企业金融化导致未来股价崩盘风险的突破方向（郑志刚，2022）。

第六节 ▶ 稳健性检验

本节的实证策略是使用当期的企业金融化程度预测下一期的股价崩盘风险，这在一定程度上可以缓解反向因果所导致的内生性问题。但是，股价崩盘风险高的企业，有可能出于避险或获取收益之动机，主动增加金融资产占比，这就带来了反向因果问题；此外，CEO过度自信等个人特质也会影响金融化决策，进而影响未来股价崩盘风险，这就存在遗漏变量问题。为了处理潜在的内生性问题，本节接下来会从 5 个方面对企业金融化与股价崩盘风险的关系再作检验，包括加入其他控制变量、工具变量检验、子样本检验等。

一、加入其他控制变量

在这一部分中，本节通过在回归模型中加入其他控制变量，缓解因遗漏变量带来的内生性问题，杜勇等（2019）研究了 CEO 背景与企业金融化的关系，发现 CEO 金融背景对企业金融化具有显著的正向影响，模型加入 CEO 金融背景变量 *CEOFIN*。江宇轩等（2015）发现，企业过度投资会加剧未来的股价崩盘风险，参照理察德森（Richardson，2006）模型构建过度投资指标，并加入模型。谢德仁（2016）发现股权质押与否影响未来股价崩盘风险，因此，模型加入衡量企业股东当年是否进行股权质押的虚拟变量 *Pledge*。常等（Chang et al.，2017）认为，股票流动性越高，企业内部人会因为担忧短期持股的投资者过度买卖影响股价而选择更多地隐藏坏消息，导致股价崩盘风险加大，本节采用江等（Jiang et al.，2017）构建股票流动性的正向指标 *Liquidity*。本节将上述变量逐次以及一次性加入模型（9-4），结果表明，本节所发现的金融化程度对股价崩盘风险的影响是稳健的，其效果并不能用现有研究所发现的几个重要指标所解释。加入其他控制变量在一定程度上缓解了遗漏变量问题造成的干扰。

二、工具变量法

本节通过引入工具变量进一步缓解潜在的内生性问题。我们采用两个工具变量，一是与该企业在同一行业的其他企业金融化的平均值，二是与该企业在同一省份的其他企业的平均值。与采用类似策略构建工具的现有研究一致（王化成，2015；彭俞超，2018），同行业、同省份其他企业金融化的平均值与该企业金融化水平相关，但并不会直接影响该企业的股价崩盘风险，满足工具变量条件。利用 2SLS 二阶段回归结果发现，在考虑内生性条件下，宏观经济下行期的企业金融化与股价崩盘风险之间的正向关系依然显著成立。

三、子样本检验

本节将宏观经济下行期的样本缩小至金融危机爆发前后两年，即 2008~2009 年子样本，代入模型回归，发现企业金融化与股价崩盘风险之间的正向关系结果更加显著。

四、倾向评分法匹配检验

企业参与金融化可能存在样本自选择问题，为了解决样本选择偏误，本节采用倾向评分法进行稳健性测试。从没有进行金融化的企业当中，选择一组与进行金融化企业在主要财务指标上相似的企业构建对照组来进行分析。对照组的遴选步骤如下：（1）估计 Logit 模型，其中被解释变量为企业在当年是否进行金融化投资的虚拟变量，财务指标包括，产权性质、盈利能力、成长性、负债水平、企业规模、上市年龄、治理水平，在这一步计算出倾向的分值；（2）按照最近邻匹配（1:2）方法，从当年没有进行金融化的企业中选择得分最近的样本，作为进行金融化的匹配样本；（3）基于新样本重新进行检验，本节的主要结论仍然显著成立。

五、其他稳健性检验

本节将被解释变量换为未来 2 期股价崩盘风险、控制当期的股价崩盘风险、控制行业、年份等固定效应，回归结果均未有明显变化。

第七节 ▶ 研究结论与启示

　　实体经济"脱实向虚"是新时代我国经济迈向高质量发展阶段所面临的严峻考验和重大阻碍，日益受到政府和学界的关注。本章基于股价崩盘风险的视角，从"资产负债表观"探索支撑企业金融化的债务结构所隐含的风险传导逻辑。描述性统计分析发现：在数量方面，所有企业的长期借款占比较小，企业金融化可能更多是由短期借款作为资本支撑；在产权性质方面，在2007~2010年金融危机期间，非国有企业和国有企业的短期借款和长期借款趋势表现有很大不同，虽然印证了国有企业的银行信贷歧视程度更轻，但是无法排除国有企业金融资产占比过高，并且是由短期借款驱动，即使在银行信贷歧视程度更轻的条件下，如果其财务柔性水平较低，仍然存在导致股价崩盘风险的可能；在行业分类方面，未受"四万亿"计划支持的行业企业金融化依靠短期借款作为资本驱动力，更容易出现股价崩盘风险。实证研究发现：宏观经济下行是影响金融化导致股价崩盘风险的关键外部因素，针对不同产权性质的研究发现一般国有企业的金融化显著正向影响未来股价崩盘风险，而中央企业和非国有企业不显著。分是否受"四万亿"计划支持行业的研究发现，未受到政策支持的一般国有企业，其金融化所导致的股价崩盘风险最大。

　　进一步，针对影响宏观经济下行期的非国有企业和一般国有企业股价崩盘风险的作用机制研究表明，一般国有企业的会计信息质量和负债融资柔性显著较弱，使得与外界的信息不对称程度更高和应对经济危机的财务柔性能力更差，从而诱导了股价崩盘风险的上升。根本原因可能在于存在多级代理冲突和内部人控制问题。

　　本章的研究结论从微观企业层面揭示了抑制经济"脱实向虚"危害金融市场稳定的新视角。一是企业要实时关注宏观经济波动对金融化造成的不利影响，做好实时预测宏观经济的工作，不是说任意一个企业金融化就能赚钱，一定要考虑自身治理能力、财务柔性以及外部宏观经济环境变化；二是政府及证券市场监管部门应重点关注未受到政策支持的一般国有企业，其金融化所导致的股价崩盘风险最大，采取措施加强对该类型企业会计信息披露的要求；三是加强一般国有企业混合所有制改革，推进公司治理机制和内部控制制度建设，减少内部控制人做出道德风险和逆向选择的动机和可能，防范股价崩盘风险，维系金融市场稳定；四是从源头切断金融行业和房地产市场存在的"跨行业利差"诱惑，恢复金融业服务实体经济的本来功用，坚持"房住不炒"的原则；五是出台有利于发展实体经济的"减税降费"措施，引导上市公司在利用金融资产及衍生品进行风险分散和预防性储蓄之余，尽量减持金融资产，积极回归主业。

主要参考文献

[1] 徐康宁，陈丰龙，刘修岩. 中国经济增长的真实性：基于全球夜间灯光数据的检验 [J]. 经济研究，2015，50（9）：17-29.

[2] 刘涛雄，汤珂，姜婷凤，等. 一种基于在线大数据的高频CPI指数的设计及应用 [J]. 数量经济技术经济研究，2019，36（9）：81-101.

[3] 唐晓彬，董曼茹，张瑞. 基于机器学习LSTM &US模型的消费者信心指数预测研究 [J]. 统计研究，2020，37（7）：104-115.

[4] 刘金全，张龙，张鑫. 我国经济增长质量的混频测度与货币政策调控方式转型 [J]. 经济学动态，2019（5）：73-87.

[5] 尚玉皇，郑挺国. Mixed – Frequency SV Model for Stock Volatility and Macroeconomics [J]. Economic Modelling，2021（95）：462-472.

[6] 郑挺国，王霞. 中国经济周期的混频数据测度及实时分析 [J]. 经济研究，2013，48（6）：58-70.

[7] 王霞，司诺，宋涛. 中国季度GDP的即时预测与混频分析 [J]. 金融研究，2021（8）：22-41.

[8] 肖争艳，刘玲君，赵廷蓉，等. 深度学习神经网络能改进GDP的预测能力吗？[J]. 经济与管理研究，2020，41（7）：3-17.

[9] 唐松，吴秋君，孙铮. 会计盈余能预测未来GDP增长率吗？[J]. 中国会计评论，2015，13（3）：267-284.

[10] 方军雄，周大伟，罗宏，等. 会计信息与宏观分析师经济预测 [J]. 中国会计评论，2015，13（4）：389-412.

［11］罗宏，方军雄，曾永良，等．企业汇总会计盈余能有效预测未来通货膨胀吗？［J］．经济评论，2017（6）：148－162．

［12］卿小权，张碧涵，蔡祎萌．会计盈余能预测宏观经济增长吗？：盈余结构分析视角［J］．科学决策，2017（8）：21－50．

［13］张先治，于悦．会计准则变革、企业财务行为与经济发展的传导效应和循环机理［J］．会计研究，2013（10）：3－12．

［14］饶品贵，罗勇根，陈冬华，等．宏观之微观意义和微观之宏观启示：第九届宏观经济政策与微观企业行为研究学术研讨会综述［J］．经济研究，2021，56（1）：206－208．

［15］罗宏，陈坤，曾永良．上市公司行业间会计盈余差异与宏观经济增长预测［J］．会计研究，2020（11）：16－32．

［16］叶康涛，庄汶资，孙苇杭．资产减值信息与宏观经济预测［J］．经济学（季刊），2020，20（5）：43－64．

［17］马永强，张志远．固定资产信息与宏观经济增长预测［J］．会计研究，2020（10）：50－65．

［18］陈艺云，贺建风，覃福东．基于中文年报管理层讨论与分析文本特征的上市公司财务困境预测研究［J］．预测，2018，37（4）：53－59．

［19］陈艺云．基于信息披露文本的上市公司财务困境预测：以中文年报管理层讨论与分析为样本的研究［J］．中国管理科学，2019，27（7）：23－34．

［20］陈艺云．定性文本信息与信用评级：基于年报文本分析的研究［J］．中国管理科学，2021，27（9）：网络首发．

［21］王昱，杨珊珊．考虑多维效率的上市公司财务困境预警研究［J］．中国管理科学，2021，29（2）：32－41．

［22］陈静．上市公司财务恶化预测的实证分析［J］．会计研究，1999（4）：32－39．

［23］吴世农，卢贤义．我国上市公司财务困境的预测模型研究［J］．经

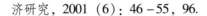

济研究，2001（6）：46－55，96.

[24] 蔡玉兰，钱崇秀，董雪杰. 财务报表信息对企业财务困境的预测能力 [J]. 预测，2016，35（5）：48－54.

[25] 潘泽清. 企业债务违约风险 Logistic 回归预警模型 [J]. 上海经济研究，2018（8）：73－83.

[26] 杨贵军，周亚梦，孙玲莉. 基于 Benford-Logistic 模型的企业财务风险预警方法 [J]. 数量经济技术经济研究，2019，36（9）：149－165.

[27] 孙玲莉，杨贵军，王禹童. 基于 Benford 律的随机森林模型及其在财务风险预警的应用 [J]. 数量经济技术经济研究，2021，38（9）：159－177.

[28] 胡宁，靳庆鲁. 社会性负担与公司财务困境动态：基于 ST 制度的考察 [J]. 会计研究，2018（11）：28－35.

[29] 梁墨，李鸿翔，张顺明. 基于 ST 预测的财务困境测度与股票横截面收益 [J]. 中国管理科学，2021，29（3）：网络首发.

[30] 谢德仁，林乐. 管理层语调能预示公司未来业绩吗？——基于我国上市公司年度业绩说明会的文本分析 [J]. 会计研究，2015（2）：20－27.

[31] 王雄元，高曦. 年报风险信息披露与权益资金成本 [J]. 金融研究，2018（1）：174－190.

[32] 王超恩，张瑞君. 内部控制、大股东掏空与股价崩盘风险 [J]. 山西财经大学学报，2015，37（10）：79－90.

[33] 何贤杰，肖土盛，朱红军. 所有权性质、治理环境与企业社会责任信息披露的经济后果 [J]. 中国会计与财务研究，2013（2）：60－91.

[34] 罗进辉，杜兴强. 媒体报道、制度环境与股价崩盘风险 [J]. 会计研究，2014（9）：53－59.

[35] 许年行，江轩宇，伊志宏，等. 分析师利益冲突、乐观偏差与

股价崩盘风险［J］. 经济研究，2012，47（7）：127 – 140.

［36］权小锋，吴世农，尹洪英. 企业社会责任与股价崩盘风险："价值利器"或"自利工具"?［J］. 经济研究，2015，50（11）：49 – 64.

［37］江轩宇. 税收征管、税收激进与股价崩盘风险［J］. 南开管理评论，2013，16（5）：152 – 160.

［38］杨七中，马蓓丽. 管理层的"弦外之音"，投资者能听得懂吗?——基于管理层语意的 LSTM 深度学习研究［J］. 财经论丛，2019（6）：63 – 72.

［39］马克斯·巴泽曼. 管理决策中的判断［M］. 北京：人民邮电出版社，2007.

［40］巴曙松，朱虹. 融资融券、投资者情绪与市场波动［J］. 国际金融研究，2016（8）：82 – 96.

［41］丁慧，吕长江，陈运佳. 投资者信息能力：意见分歧与股价崩盘风险——来自社交媒体"上证 e 互动"的证据［J］. 管理世界，2018，34（9）：161 – 171.

［42］曾庆生，周波，张程，等. 年报语调与内部人交易："表里如一"还是"口是心非"?［J］. 管理世界，2018，34（9）：143 – 160.

［43］姜国华，饶品贵. 宏观经济政策与微观企业行为：拓展会计与财务研究新领域［J］. 会计研究，2011（3）：9 – 18.

［44］钱雪松，杜立，马文涛. 中国货币政策利率传导有效性研究：中介效应和体制内外差异［J］. 管理世界，2015（11）：11 – 28.

［45］黎文靖，郑曼妮. 实质性创新还是策略性创新?——宏观产业政策对微观企业创新的影响［J］. 经济研究，2016，51（4）：60 – 73.

［46］饶品贵，岳衡，姜国华. 通货膨胀预期与企业存货调整行为［J］. 经济学（季刊），2016，15（2）：499 – 526.

［47］饶品贵，徐子慧. 经济政策不确定性影响了企业高管变更吗?［J］. 管理世界，2017（1）：145 – 157.

［48］饶品贵，岳衡，姜国华. 经济政策不确定性与企业投资行为研

究［J］. 世界经济，2017，40（2）：27－51.

［49］张宗新，吴钊颖. 媒体情绪传染与分析师乐观偏差：基于机器学习文本分析方法的经验证据［J］. 管理世界，2021，37（1）：170－185，11，20－22.

［50］曾庆生，周波，张程，等. 年报语调与内部人交易："表里如一"还是"口是心非"？［J］. 管理世界，2018，34（9）：143－160.

［51］杨青，王晨蔚. 基于深度学习 LSTM 神经网络的全球股票指数预测研究［J］. 统计研究，2019，36（3）：65－77.

［52］姜富伟，胡逸驰，黄楠. 央行货币政策报告文本信息、宏观经济与股票市场［J］. 金融研究，2021（6）：95－113.

［53］林建浩，陈良源，罗子豪，等. 央行沟通有助于改善宏观经济预测吗？——基于文本数据的高维稀疏建模［J］. 经济研究，2021，56（3）：48－64.

［54］温忠麟，张雷，侯杰泰，等. 中介效应检验程序及其应用［J］. 心理学报，2004（5）：614－620.

［55］辛清泉，孔东民，郝颖. 公司透明度与股价波动性［J］. 金融研究，2014（10）：193－206.

［56］徐超，庞保庆，张充. 降低实体税负能否遏制制造业企业"脱实向虚"［J］. 统计研究，2019，36（6）：42－53.

［57］伊志宏，杨圣之，陈钦源. 分析师能降低股价同步性吗：基于研究报告文本分析的实证研究［J］. 中国工业经济，2019（1）：156－173.

［58］蔡明荣，任世驰. 企业金融化：一项研究综述［J］. 财经科学，2014（7）：41－51.

［59］邓超，张梅，唐莹. 中国非金融企业金融化的影响因素分析［J］. 财经理论与实际，2017，38（2）：2－8.

［60］邓建平，曾勇. 金融生态环境、银行关联与企业现金持有——基于我国民营企业的实证研究［J］. 会计研究，2011（12）：33－40.

［61］杜勇，张欢，陈建英．金融化对实体企业未来主业发展的影响：促进还是抑制［J］．中国工业经济，2017（12）：113 - 131.

［62］杜勇，谢瑾，陈建英．CEO金融背景与实体企业金融化［J］．中国工业经济，2019（5）：136 - 154.

［63］彭俞超，韩珣，李建军．经济政策不确定性与企业金融化［J］．中国工业经济，2018（1）：137 - 155.

［64］彭俞超．金融功能观视角下的金融结构与经济增长：来自1989—2011年的国际经验［J］．金融研究，2015（1）：32 - 49.

［65］司登奎，李小林，赵仲匡．非金融企业影子银行化与股价崩盘风险［J］．中国工业经济，2021（6）：174 - 192.

［66］司登奎，赵冰，刘喜华，等．汇率政策不确定性与企业杠杆率［J］．财经研究，2020，46（12）：124 - 137.

［67］申广军，姚洋，钟宁桦．民营企业融资难与我国劳动力市场的结构性问题［J］．管理世界，2020，36（2）：41 - 58.

［68］魏志华，曾爱民，李博．金融生态环境与企业融资约束——基于中国上市公司的实证研究［J］．会计研究，2014（5）：73 - 80.

［69］杨国超，芮萌．高新技术企业税收减免政策的激励效应与迎合效应［J］．经济研究，2020，55（9）：174 - 191.

［70］胡亦明，王雪婷，张瑾．金融资产配置动机："蓄水池"或"替代"？——来自中国上市公司的证据［J］．经济研究，2017，52（1）：181 - 194.

［71］陈国进，王少谦．经济政策不确定性如何影响企业投资行为［J］．财贸经济，2016（5）：5 - 21.

［72］陈国进，张润泽，赵向琴．政策不确定性、消费行为与股票资产定价［J］．世界经济，2017，40（1）：116 - 141.

［73］李凤羽，杨墨竹．经济政策不确定性会抑制企业投资吗？——基于中国经济政策不确定指数的实证研究［J］．金融研究，2015（4）：115 - 129.

［74］谭小芬，张文靖．经济政策不确定性影响企业投资的渠道分析［J］．世界经济，2017，40（12）：3 - 26.

［75］王永钦，刘紫寒，李嫦，等．识别中国非金融企业的影子银行活动：来自合并资产负债表的证据［J］．管理世界，2015（12）：24 - 40.

［76］张成思，张步昙．再论金融与实体经济：经济金融化视角［J］．经济学动态，2015（6）：56 - 66.

［77］张成思，张步昙．中国实业投资率下降之谜：经济金融化视角［J］．经济研究，2016，51（12）：32 - 46.

［78］张成思，刘贯春．中国实业部门投融资决策机制研究：基于经济政策不确定性和融资约束异质性视角［J］．经济研究，2018，53（12）：51 - 67.

［79］张成思．金融化的逻辑与反思［J］．经济研究，2019，54（11）：4 - 20.

［80］聂辉华，阮睿，沈吉．企业不确定性感知、投资决策和金融资产配置［J］．世界经济，2020，43（6）：77 - 98.

［81］刘贯春，刘媛媛，张军．经济政策不确定性与中国上市公司的资产组合配置——兼论实体企业的"金融化"趋势［J］．经济学（季刊），2020，20（5）：65 - 86.

［82］黄贤环，王瑶，王少华．谁更过度金融化：业绩上升企业还是业绩下滑企业？［J］．上海财经大学学报，2019，21（1）：80 - 94.

［83］钟宁桦，刘志阔，何嘉鑫，等．我国企业债务的结构性问题［J］．经济研究，2016，51（7）：102 - 117.

［84］钟宁桦，解咪，钱一蕾，等．全球经济危机后中国的信贷配置与稳就业成效［J］．经济研究，2021，56（9）：21 - 38.

［85］孙自愿，周翼强，章砚．竞争还是普惠？——政府激励政策选择与企业创新迎合倾向政策约束［J］．会计研究，2021（7）：99 - 112.

［86］于文超，梁汉平．不确定性、营商环境与民营企业经营活力［J］．中国工业经济，2019（11）：136 - 154.

［87］段军山, 庄旭东. 金融投资行为与企业技术创新［J］. 中国工业经济, 2021（1）: 155 – 173.

［88］Ghysels E, Santa-Clara P, Valkanov R. Predicting volatility: getting the most out of return data sampled at different frequencies［J］. Journal of Econometrics, 2006, 131（1）: 59 – 95.

［89］Forni M, Giovannelli A, Lippi M. Dynamic Factor model with infinite dimensional factor space: forecasting［J］. Journal of Applied Econometrics, 2018, 33（5）: 625 – 642.

［90］Shapiro A H, Sudhof M, Wilson D J. Measuring news sentiment［J］. Journal of Econometrics, 2020（2）: 251 – 278.

［91］Consoli S, Barbaglia L, Manzan S. Fine-Grained, Aspect-Based Sentiment Analysis on Economic and Financial Lexicon［J］. SSRN Electronic Journal, 2021（1）.

［92］Andreini P, Izzo C, Ricco G. Deep Dynamic Factor Models［J］. arXiv e-prints, 2021.

［93］Ding A A, Tian S, Yu Y & Guo H. A class of discrete transformation survival models with application to default probability prediction［J］. Journal of the American Statistical Association, 2012, 107（499）: 990 – 1003.

［94］Campbell, J Y, Hilscher, J & Szilagyi, J. In search of distress risk［J］. The Journal of Finance, 2008, 63（6）: 2899 – 2939.

［95］Altman E I. Financial ratios, discriminant analysis and the prediction of corporate bankruptcy［J］. Journal of Finance, 1968, 23（4）: 589 – 609.

［96］Doumpos M, Andriosopoulos K, Galariotis E. Corporate failure prediction in the european energy sector: a multicriteria approach and the effect of country characteristics［J］. European Journal of Operational Research, 2017, 262（1）: 347 – 360.

［97］Mayew W J, Sethuraman M & Venkatachalam M. MD&A disclosure and the firm's ability to continue as a going concern［J］. Accounting Review,

2015, 90 (4): 1621-1651.

[98] Feng Mai, Shaonan Tian, Chihoon Lee, Ling Ma. Deep learning models for bankruptcy prediction using textual disclosures [J]. European Journal of Operational Research, 2019, 274 (2): 743-758.

[99] Liang D, Lu. Financial ratios and corporate governance indicators in bankruptcy prediction: A comprehensive study [J]. European Journal of Operational Research, 2016, 252 (2): 561-572.

[100] Mousavi M M, Ouenniche J, Tone K. A comparative analysis of two-stage distress prediction models [J]. Expert Systems with Applications, 2019, 119 (1): 322-341.

[101] Bozanic Z & Thevenot, M. Qualitative disclosure and changes in sell-side financial analysts'information environment [J]. Contemporary Accounting Research, 2015, 32 (4): 1595-1616.

[102] Ohlson, J S. Financial ratios and the probabilistic prediction of bankruptcy [J]. Journal of Accounting Research, 1980, 18 (1): 109-131.

[103] Shumway, T. Forecasting bankruptcy more accurately: A simple hazard model [J]. The Journal of Business, 2001, 74 (1): 101-124.

[104] Cecchini M, Aytug H, Koehler G J & Pathak P. Making words work: Using financial text as a predictor of financial events [J]. Decision Support Systems, 2010, 50 (1), 164-175.

[105] Purda L, Skillicorn D. Accounting Variables, Deception, and a Bag of Words: Assessing the Tools of Fraud Detection [J]. Contemporary Accounting Research, 2015, 32 (3): 1193-1223.

[106] Rönnqvist S, Sarlin P. Bank distress in the news: Describing events through deep learning [J]. Neurocomputing, 2017, 264 (15): 57-70.

[107] Cerchiello P, Nicola G, Rönnqvist, S. Deep learning bank distress from news and numerical financial data [J]. 2017, Social Science Electronic

Publishing.

[108] Glasserman P, Mamaysky H. Does Unusual News Forecast Market Stress? [J]. Journal of Financial and Quantitative Analysis, 2019, 54 (5): 1937 – 1974.

[109] Loughran T, Mcdonald B. When is A Liability not A Liability? Textual Analysis, Dictionaries, and 10-Ks [J]. Journal of Finance, 2011, 66 (1): 35 – 65.

[110] Brown S, Tucker J W. Large – Sample Evidence on Firms' Year-over-Year MD&A Modifications [J]. Journal of Accounting Research, 2011, 49 (2): 309 – 346.

[111] Mikolov Tomas, Kai Chen. Efficient Estimation of Word Representation in Vector Space [J]. 2013, ICLR.

[112] Fama E F, French K R. "Multifactor Explanations of Asset Pricing Anomalies," [J]. Journal of Finance, 1996, 51: 55 – 84.

[113] Carhart M. On Persistence in Mutual Fund Performance [J]. Journal of Finance, 1997, 52 (1): 57 – 82.

[114] Khaled Obaid. A picture is worth a thousand words: Measuring investor sentiment by combining machine learning and photos from news [J]. Journal of Financial Economics, 2021 (4):

[115] Hong H, Stein J C. Differences of Opirtion, Short-Sales Constraints and Market Crashes [J]. The Review of Financial Studies, 2003, 16 (2): 487 – 525.

[116] Defond M, Hung, M., Li, S. Does Mandatory IFRS Adoption Affect Crash Risk? [J]. The Accounting Review, 2015, 90 (1): 265 – 299.

[117] Baker M, Wurgler J. Investor Sentiment in the Stock Market [J]. Journal of Economic Perspectives, 2007 (21): 129 – 151.

[118] Price S M, Doran J S, Peterson D R. Earnings Conference Calls and Stock Returns: The Incremental Informativeness of Textual Tone [J]. Jour-

nal of Banking and Finance, 2012, 36 (4) : 992 - 1011.

[119] Chen H P, De Y, Hu B, H Hwang. Wisdom of Crowds: The Value of Stock Opinions Transmitted Through Social Media [J]. Review of Financial Studies, 2014, 27 (5) : 1367 - 1403.

[120] Feng Li. Annual Report Readability, Current Earnings, and Earnings Persistence [J]. Journal of Accounting and Economics, 2008 , 45 (2): 221 - 247.

[121] Feng Li, Chen J V. Discussion of Textual Analysis and International Financial Reporting: Large Sample Evidence [J]. Journal of Accounting and Economics, 2015, 60 (23): 110 - 135.

[122] Kothari, S P, X Li Short J E. The Effect of Disclosures by Management, Analysts, and Business Press on Cost of Capital, Return Volatility, and Analyst Forecasts: A Study Using Content Analysis [J]. The Accounting Review, 2009 (84): 1639 - 1670.

[123] Davis A K, Ge W, Matsumoto D, Zhang J L. The Effect of Manager-Specific Optimism on the Tone of Earnings Conference Calls [J]. Review of Accounting Studies, 2015, 20 (2): 639 - 673.

[124] Jegadeesh N, Wu D. Word Power: A New Approach for Content Analysis [J]. Journal of Financial Economics, 2013, 110 (3): 712 - 729.

[125] Purda L, Skillicorn D. Accounting Variables, Deception, and a Bag of Words: Assessing the Tools of Fraud Detection [J]. Contemporary Accounting Research, 2015, 32 (3): 1193 - 1223.

[126] Kahneman, D. A Perspective on Judgment and Choice: Mapping Bounded Rationality [J]. American Psychologist. 2003 (58): 697 - 720.

[127] Jona. Garfinkel. Measuring Investors' Opinion Divergence [J]. Journal of Accounting Research, 2009, 47 (5): 1317 - 1346.

[128] Konchitchki Y & P N Patatoukas. Accounting earnings and gross domestic product [J]. Journal of Accounting and Economics, 2014a, 57 (1):

76 – 88.

［129］Konchitchki Y & P N Patatoukas. Taking the pulse of the real econo-my using financial statement analysis：implications for macro forecasting and stock valuation ［J］. The Accounting Review, 2014b, 89 （2）：660 – 694.

［130］Konchitchki Y, Yan Luo, Mary L Z Ma, Feng Wu. Accounting-based downside risk, cost of capital, and the macroeconomy ［J］. Review of Accounting Studies, 2016, 21 （1）：1 – 36.

［131］Konchitchki, Y. Accounting and macroeconomy：the housing mar-ket ［J］. 2015, Working paper.

［132］Shivakumar L & Urcan O. Why does aggregate earnings growth re-flect information about future inflation ［J］. The Accounting Review, 2017, 92 （6）：247 – 276.

［133］Nallareddy S & Ogneva M. Predicting restatements in macroeconom-ic Indicators using accounting information ［J］. The Accounting Review, 2017, 92 （2）：151 – 182.

［134］Ball R T, Gallo L & Ghysels E. Tilting the evidence：the role of firm-level earnings attributes in the relation between aggregated earnings and gross domestic product ［J］. Review of Accounting Studies, 2019, 24 （2）：570 – 592.

［135］Gaertner F B, Kausar A & Steele L B. Negative Accounting Earnings and Gross Domestic Product ［J］. Review of Accounting Studies, 2020, 25：1382 – 1409.

［136］Armstrong C, Glaeser S & Kepler J. Accounting quality and the transmission of monetary policy ［J］. Journal of Accounting and Economics. 2019, 68 （2 – 3）.

［137］Dong Y & Young D. Foreign macroeconomic and industry-related information transfers around earnings announcements：Evidence from US-listed non-US firms ［J］. Journal of Accounting and Economics, 2021, 71 （2 – 3）.

［138］ Baker S，N Bloom & S Davis. Measuring Economic Policy Uncertainty ［J］. Quarterly Journal of Economics，2016，131（4）：1593 – 1636.

［139］ Krippner，G R. The Financialization of the American Economy ［J］. Socio-Economic Review，2005，3（2）：173 – 208.